农商互联前沿研究

NONGSHANG HULIAN QIANYAN YANJIU

林榅荷　郑秋锦　著

中国农业出版社
北　京

前言

FOREWORD

农商互联是促进农产品供需平衡、优化农业生产结构、提高农产品供给质量、增加农民收益的重要途径。近年，随着农业生产技术的普及以及“三农”扶持政策的不断优化，福建省各类现代农产品流通方式得到不断发展，包括出现“农批对接”“农社对接”“农超对接”等农产品产销对接渠道，但仍存在许多问题。例如，多个流通环节、多个交易主体导致的复杂性问题会挤占农户与消费者利益，农户与企业组织管理水平差距较大，政策支持力度不足等也使得当前农产品产销对接不紧密、不稳定。反映到实际现象上就是：农产品虽产得出，但产不好、卖不掉、卖不好，这些现象影响了农民增收和乡村发展。

为解决农产品产销对接问题，2018 年 5 月 22 日，商务部印发的《商务部关于推进农商互联助力乡村振兴的通知》提出，推动农商互联作为落实乡村振兴战略，促进农村产业兴旺、农民增收的重要工作。在此背景下，农商互联模式应运而生。该通知指出，将组织全国优秀的大型农产品批发商、连锁超市、电商企业等深入农村，推动新型农业经营主体与农产品流通企业对接，实现农产品优质优价，促进农民增收。2019 年 5 月 15 日，财政部办公厅、商务部办公厅印发了《关于推动农商互联完善农产品供应链的通知》，提出进一步推动农商互联，促进农产品流通企业与新型农业经营主体的对接，提高农产品流通模式中长期稳定的农产品流通模式的比重，构建新型农商关系和农产品现代供应链体系的工作思路。2021 年 9 月 28 日商务部办公厅、国家发展改革委办公厅、中华全国供销合作总社办公厅下发的《关于进一步推动农商互联助力乡村振兴的通知》提出，组织开展形式多样的产销对接活动、推广订单农业、产销一体等长期稳定对接模式，通过形成农商互联模式实现“产+销”一体化经营及应急保供工作。然而，目前福建省对于农商互联模式的运用尚处起步或初级阶段，政府政策都将注意力集中在农商互联模式“有没有”的问题上，而非“怎样做好”的问题上，很少有人去关注其整体体系构建的情况。理论方面，当前研究这一新型农产品流通体系的现状较为欠缺。为尽快在现有的市场条件中推行并完善这一模式，探寻如何构建福建省农商互联体系，并对其进行有效管理，成为一项刻不容缓的工作。因此，本书基于乡村振兴战略背景，对福建省农商互联体系构建进行研究。

农产品流通作为农村产业发展的重要分支，促进农产品流通现代化发展对促进农民增收、产业兴旺具有重要作用，而农商互联模式是当前我国农产品流通现代化发展的渠道创新模式。目前，福建省对于农商互联模式的运用尚处于起步阶段，为进一步完善农商互联模式，探寻农商互联整体体系构建，本书基于乡村振兴战略背景，尝试从演化历程、理论基础、现状分析三个角度解答如何做好农商互联体系构建这一问题，并且在本书最后章节分层提出培育发展农商互联体系的相关建议。本书共分为9章。第一章介绍农产品流通渠道演化历程、路径与机制。第二章介绍农商互联模式研究现状与理论基础。第三章至第六章分别介绍福建省农商互联及其供应链的运行现状、参与主体绩效评价、运行效果评价、利益分配研究等内容。第七章介绍国内外现代农业农商互联模式借鉴。第八章介绍13个具有代表性的福建省农商互联模式案例。第九章对培育发展农商互联体系中遇到的问题提出对策与建议。通过阅读本书，希望读者能够快速了解农商互联整体体系框架。

商务部印发的《商务部关于推进农商互联助力乡村振兴的通知》中明确提出，农商互联是推动乡村振兴战略落实的重要工作。首先，本书以乡村振兴为背景进行撰写，分析福建省农商互联发展现状及其存在问题，结合实际发展历程和情况，基于企业调研及福建省发展实际，探讨福建省农商互联模式分类、演化历程、路径与机制，紧追商务部政策热点是本书特色之一。其次，具有较强时效性与应用性也是本书特色之一。本书设置13个新颖案例，选取典型企业进行案例分析，能够帮助读者开阔视野，引导读者结合实际场景，在实践与理论之间建立有效的桥梁。除此之外，本书主题创新，还具有紧扣学科前沿的特色。但由于本书内容中包含对于农商互联体系构建的原创性探索成果，限于笔者自身能力，本书难免存在一些不足和疏漏，欢迎读者批评指正，与我们一起探讨农商互联体系构建。

本书由福建农林大学经济与管理学院林榅荷，闽江学院新闻传播学院郑秋锦著，其中林榅荷撰写15.2万字，郑秋锦撰写5万字，汤德聪撰写2万字，戴心怡、蔡云英撰写2万字，林榅荷、郑秋锦进行校对与统稿。在本书撰写过程中，受到2021年福建省社科规划青年项目：福建省农商互联绩效优化及政策建议（项目编号FJ2021C092）、福建农林大学福建省一流本科专业建设点旅游管理专业资助，专著可作为“市场营销学”课程参考教材及课后延伸读物。此外，福建省商务厅、福建省批发零售行业协会、福建农林大学经济与管理学院领导对本书给予指导与大力支持，吴晶晶、汤德聪、戴心怡、严颖峥、林巧华、蔡云英、吴惠茹等研究生参与本书的资料收集与部分内容起草，在此一并感谢。

著　者

2022年6月

目录

CONTENTS

第一章

农产品流通渠道演化历程、路径与机制

在乡村振兴战略背景下，作为新型农产品流通关系的农商互联模式应运而生。至今，农商互联模式经历了多方面的演变与成长。改革开放以来，我国农产品流通渠道模式进行了不断的迭代成长，逐步提升农产品流通供应链的横向一体化与纵向一体化，发展出更加适应农产品市场供需格局变化的农商互联模式，促进各主体相互合作，形成更加高效的利益共同体。

第一节　农商互联模式产生背景

习近平总书记指出，“乡村振兴，关键是产业要振兴”。推动农村产业发展是解决我国“三农”问题的重要措施。农产品流通作为农村产业发展的重要分支，是实现农产品生产到销售的必要过程，是实现农产品向货币转换的关键环节，是实现农民持续增收以及农村产业兴旺的重要工作。改革开放后，我国一直积极探索农产品流通体系建设，但新现象和新问题不断出现促使农产品流通方式不断调整、发展和变革，出现了如“农批对接”“农企对接”“农超对接”等农产品流通模式。目前，以家庭为单位的分散小农户仍是我国农产品生产的主要力量，但对其农业降本增效、标准化生产、规模化经营的市场环境仍不适应，导致当前农产品产销对接不紧密、不稳定的问题仍然突出，农产品滞销、贱卖的现象时有发生，影响农民增收和产业发展。为进一步解决农产品流通问题，2018 年 5 月，商务部印发《商务部关于推进农商互联助力乡村振兴的通知》提出，把推动农商互联作为落实乡村振兴战略，促进农村产业兴旺、农民增收的重要工作。因此，农商互联模式也应运而生。农商互联模式是农产品流通企业与新型农业经营主体通过产销对接合作，形成上联生产、下联消费的新型农产品流通关系。

“农商互联”一词于 2018 年由商务部首次提出，且该模式中新型农业经营主体和农产品流通企业两大主体的类别都具有多元性和区域差异性，所以仅以农商互联整体作为研究对象的相关文献不多，但以农商互联中某一主体展开的研究比较丰富，主要可以划分为两部分：①农商互联功能定位。与美国的模式相类似，主要是在生产方和销售方都具备规模经营条件基础上，构建“大生产—大市场”农业格局。但根据我国的实际情况，我国的大生产区别于美国的“大而粗”机械化农业模式，主要往“小而精”的家庭农场、合作社等模式发展。②农商互联中不同主体的相关研究。一类是新型农业经营主体，包括异化机制、发展模式优化等。另一类是农产品流通企业，包括转型与现代化发展、流通效率及演进趋势等。通过相关文献的梳理发现，研究结论都认可农商互联对于主体合作的有利性，但实践过程中，农商互联模式还处于初期阶段，理论研究较少。因此，本书通过梳理农产品流通渠道模式的演化过程，厘清农商互联模式形成路径，研究农商互联模式的运行机制，进一步分析在促进乡村振兴中存在的不足，从而提出农商互联发展的主要路径。

第二节 我国农产品流通渠道模式演化历程

改革开放40多年来，我国农产品流通渠道模式进行了不断的迭代成长，系统梳理其演化历程可以发现：在不同时期，各模式形成的市场客观条件、政策引导与存在的问题不尽相同，但其发展轨迹都呈现出明显的中国特色。

一、“农批对接”模式

1985年开始，我国农产品流通体制进行改革，由统购统销逐渐向市场化自由流通转变，促使粮食、水果、蔬菜等农产品批发市场依托当地农贸集市快速演化形成。“农批对接”模式的重要载体是批发市场，按类型划分为两类：一类是产地批发市场，大多在农产品产地周边，准入门槛低，交易模式灵活，便于农户进行农产品买卖；另一类是销地批发市场，大多在异地农产品销售聚集区，农户无法直接将农产品运往较远的地区销售，而是通过农民专业合作社或农业基地等中介将农产品流通到各地批发市场。“农批对接”模式的出现是小农户连接大市场的第一次重要尝试。随着农产品批发市场转型发展，目前“农批对接”模式仍是我国主要的流通模式，实现农产品由产到销的有效对接。

“农批对接”模式也存在许多问题：第一，产销对接关系不稳定。农户自由进入、退出批发市场，时常发生一次性交易。第二，农产品供需错位。农户无法及时获知市场需求的转变，而批发市场的现货交易模式导致农产品低价滞销。第三，供应链各主体的利益需要层层流通环节成本的不断叠加保障，而农户却始终处于高风险、低收益的弱势地位。

二、“农企对接”模式

20 世纪 90 年代，随着农业市场化不断升级，单一散乱的小农户生产已经无法适应瞬息万变的大市场。2001 年，政府工作报告正式提出推行农业产业化经营，“农企对接”模式由此出现，其落脚点是为了解决农产品产销对接不平衡问题，纵向推行农业生产一体化发展。“农企对接”模式的重要载体是农业龙头企业，其按类型划分为两类：一类是农业生产基地模式，即将农户纳入农业企业的生产基地单元模块中，将农产品种植、加工、销售结合起来；另一类是农民专业合作社介入模式，即通过农民专业合作社帮助龙头企业将分散的农户组织起来。以上两种模式的实质都是合作双方在签订农产品订单协议的基础上，将双方利益连接起来，龙头企业发挥规模优势，代替农户直接进行市场交易，实现农产品流通在商业垂直链条上更好的协作。

由于农户和龙头企业之间“零和博弈”的利益对立实质并未改变，双方合作过程中也存在许多问题：第一，生产监督成本过高。农户抱着以次充优的“搭便车”心态，无法保证产品质量。第二，双方合作关系松散。订单契约约束力不强，农户或龙头企业违约或毁约的情况时常发生。第三，农户积极性不高。农户处于弱势地位使其无法共享产业链协同所产生的额外利润，其收入依然较低。

三、“农超对接”模式

我国连锁超市业态的快速扩张和发展，为农产品流通渠道模式创新提供了基础条件与新路径。2008 年，商务部提出发展农产品“超市＋基地”流通模式。2009 年，中央 1 号文件《中共中央　国务院关于 2009 年促进农业稳定发展农民持续增收的若干意见》中，也提出了推动发展农超对接项目的相关政策。“农超对接”模式创立的目的是横向推动建立农产品产销一体化链条，减少流通环节和交易成本，形成稳定的购销关系。“农超对接”模式按类型划分为三类：第一类是以沃尔玛为代表。沃尔玛是第一个开展“农超对接”模式的企业，通过中介型的农产品龙头企业与农民进行合作，龙头企业发挥农场管理技能，负责农产品存储、运输等过程的质量安全问题。第二类是以家乐福为代表。家乐福通过全国范围筛选产业基础好、农户成员多的农民专业合作社进行合作，把分散的小农户通过种植订单组织到一起进行规模生产。第三类是以麦德龙为代表。麦德龙向上游延伸探索农产品生产基地，由超市提出标准化生产流程，保证农产品从田间到餐桌过程中质量可控、可追溯，形成关系最紧密的“农超对接”模式。

从理论上看，“农超对接”模式能降低交易成本，减少流通环节，政府层面积极推动，但在实践中仍存在不足：第一，农户、合作社、超市三者均为价格敏感型主体，当价格波动较大时，容易发生订单违约行为。第二，权利不对等条件下导致农户与合作社的组织地位关系失衡，也使契约关系不稳定以及收益分配不均衡等问题更加突出。

四、农商互联模式

为进一步解决农产品产销信息不对称和卖难买贵等难题，2018 年商务部提出发展农商互联战略，构建产销稳定衔接机制。农商互联模式本质是以新型农业经营主体形式将分散的农户及农产品统一组织起来，与流通企业达成合作，引导农产品流通以销定产，保证生产更精准、更有针对性。农商互联模式按类型可划分为三类：第一类是订单合作，即不同于传统的农户与龙头企业的订单合作，而是通过新型农业经营主体和流通企业合作形成对等关系的订单合作，加强产销对接的稳定。第二类是“产＋销”全产业链一体化，即农商互联供应链主体通过向产业链其他环节深入，通过扩大经营范围，提供系统性和综合性服务，从而实现规模经济。第三类是股权合作，即通过股权投资合作使合作主体不仅是买卖关系，而且是关系密切的合作伙伴，使利益联结更加稳定。

这一新兴的农产品流通模式，其实际运行效果并不乐观。第一，目前农产品龙头企业大部分实力较弱，农民专业合作社虚设化、异向化严重，而家庭农场过度规模化扩张导致经营困难，最终新型农业经营主体的发展仍处于初级阶段。第二，相关的扶持政策较少，农商互联模式发展动力不足。第三，农商互联模式的合作主体缺乏品牌意识，农产品同质化严重，缺少市场竞争力。

第三节　农商互联模式的形成路径

奥斯特罗姆等提出的“制度安排的需求与供给”分析框架认为，外界因素会影响制度发展，当现有制度模式下供需不均衡时，会诱发新制度需求，推动制度演化。从上述我国农产品流通渠道的演化脉络分析，农产品流通模式的实质是我国社会经济环境下的一种制度安排，但从改革开放以来，制度安排下的产销稳定衔接目标一直未能有效实现。

新模式的潜在利益促使市场主体愿意付出努力，促使现有制度改革，从而推动农产品流通模式不断演化产生农商互联新模式。一方面，农产品流通模式的演化促进供应链的纵向一体化，形成农产品产销一体化，即扩大经营规模，覆盖供应链各环节，属于纵向演化形成的农商互联模式。另一方面，农产品流通模式的演化促进供应链横向一体化，形成对等高效的订单农业，即通过改变与不同主体的合作，不断实现资源配置效率的提高，属于横向演化形成的农商互联模式。

一、纵向演化形成的农商互联模式

纵向演化形成的农商互联模式是以解决信息不对称、提高流通效率为主要目的。在初期“农批对接”模式下，双方是简单的产销关系，分散农户也逐渐难以对接农产品市场发展。为提高生产效率，我国尝试发展以订单农业为主导的“农企对接”模式，但因农户和龙头企业双方只存在简单脆弱的契约关系，该模式未能有效持续、有效对接。在资源互补、分工协作的需求推动下，“农企对接”模式逐渐演化为以产加销全产业链一体化模式为主的农商互联模式。农产品流通企业向生产环节延伸产业链条保障供给稳定性；新型农业经营主体向销售环节延伸产业链条获得销售主导权，最终实现规模经济目标。

二、横向演化形成的农商互联模式

横向演化形成的农商互联模式是以缩短流通环节，加强产销稳定为主要目的。经过多年实践，我国尝试了从“农批对接”模式逐渐演化为“农超对接”模式，这一阶段的演化只解决农产品减少流通环节而提升效率的目的，但仍无法解决产销对接不稳定问题。所以，农产品流通模式继续横向演化，在农端由农户为主导的分散主体演变为规模较大的农民专业合作社、农业产业化龙头企业、家庭农场等新型农业经营主体，在商端由超市主导的单一主体扩大为经营农产品的批发市场、大型连锁超市及批零企业、电商等大型农产品流通企业，于是形成规模较大的、以流通企业和新型农业经营主体对接为主的农商互联模式，以期形成持续稳定的产销关系。此外，农端主体规模的扩大使新型农业经营主体和流通企业处于资本配置、权利较为平等的地位，有效改善了小农户与大资本的矛盾问题。

第四节　农商互联模式的运行机制

农商互联模式是面对农产品市场供需格局变化，各合作主体相互合作形成利益共同体的过程。整个运行机制包含循序渐进形成的三层机制：农商互联模式形成机制、农商互联模式合作机制和农商互联模式保障机制。

一、农商互联模式形成机制

第一层是农商互联模式形成机制，是农商互联模式形成的基础和初期任务，包括外界诱因和自组织。首先，农商互联模式形成受到外界诱发因素影响。由于农产品市场供需格局由卖方市场向买方市场快速转变，以及农产品生产技术提高和农产品供应链分工细化，这一系列外部因素催生农产品流通制度的创新需求，迫使农产品流通模式要进行新的变革。其次，农产品流通各分散主体受外界诱发，自组织建立合作契约，建立一个长期相对稳定的产销对接模式，以实现合作共赢。

二、农商互联模式合作机制

第二层是农商互联模式合作机制，是实现农商互联模式运行的核心，包括分工协作机制、信息共享机制和利益联结机制。首先，建立分工协作机制，优化合作交易模式。在农商互联模式中，合作双方根据自身掌握的核心要素和业务特长分别进入生产环节和市场拓销环节。农产品流通企业负责拓展销售网络，塑造农产品品牌，并为新型农业经营主体提供产品种子、技术及资金等要素。新型农业经营主体负责扩大规模，实施专业化、标准化生产，为企业供给所需的农产品和服务。其次，建立信息共享机制，减少信息不协调的合作障碍。在农商互联模式中，搭建信息共享平台，打通产品、生产、市场、资金、管理等信息的互通渠道，尽量减少资产专用性所产生的额外交易成本，使各主体交易成本降低的同时还获得经营效率的提升。最后，建立利益联结机制，确保利益与付出相匹配。在农商互联模式中，以市场为导向形成利益链条，只要流通企业在市场中获利，利益就会随着利益链分配到合作的各主体中。此外，农产品流通企业和新型农业经营主体通过相互参股控股，也建立健全了风险共担利益共享机制，促使各参与主体努力提升整体效益。

三、农商互联模式保障机制

第三层是农商互联模式保障机制，保障整个体系正常运行，包括信任机制和激励机制。首先，建立信任机制，发展稳定的交易合作。农商互联模式本身就是一种促进长期稳定合作的制度安排，通过完善信息共享机制、利益分配机制、组织沟通机制、管理决策机制等，让各主体在合作过程中逐渐建立相互信任的关系，保障合作的持续性。其次，建立激励机制，从“经济人”最根本的追求利益目的出发，通过合理利益分配的激励措施，对各主体形成激励影响，保障合作的稳定性（图 1-1）。

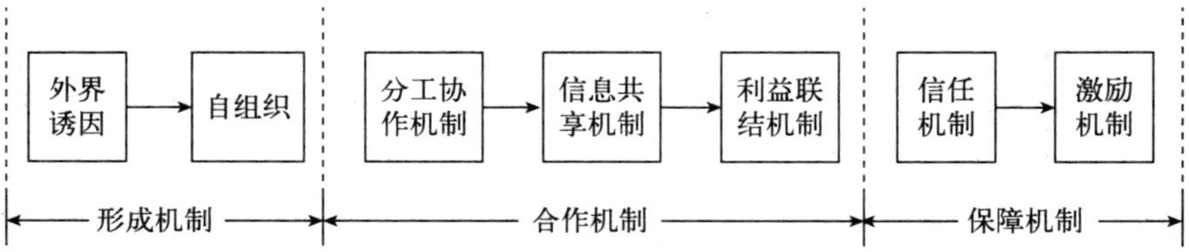

图 1-1　农商互联模式的运行机制

第二章 农商互联模式研究现状与理论基础

在农商互联的相关研究中，学者们从不同时间、不同地域展开了多方面的调查研究，我国农商互联的研究不仅吸收外国的先进经验，而且充分考虑了中国特色。现有研究对农商互联参与主体、发展模式、优化措施、运行效果评价、绩效评价和理论依据等方面做了深入的描述，对农商互联模式形成了更加清晰全面的认识。

第一节　农商互联参与主体与定位研究

1978 年改革开放初期，计划经济下的生鲜农产品供应逐步演变为以零散种植户、零售商贩为主的市场经济供应模式，生鲜农贸市场初现雏形。进入 21 世纪，伴随着农业生产专业化和规模经济化，国家对生鲜龙头企业的扶持力度逐渐加大，“农超对接”在生鲜农产品供应链中逐渐占据了一席之地。除此之外，“互联网＋”时代到来，“B2B”“B2C”“C2C”及“O2O”等开放式生鲜农产品流通模式逐渐兴起和发展。商务部明确指出，“农”主要包括农民专业合作社、农业产业化龙头企业、家庭农场等新型农业经营主体。“商”主要包括农产品批发市场、经营生鲜农产品的大型连锁超市及批发零售企业、农产品电商企业等农产品流通企业。李明贤、刘美伶（2020）在界定“农”这一方主体时，主要将研究视野集中在以家庭为单位的“小农户”上，并提出仅靠科技难以改变小农户低效率的问题，发展具有整合功能的服务组织载体才是小农户与现代农业有效衔接的路径。农商互联模式通过农户与商户订立契约关系，形成产业供应链，最终达到农产品产销的效率最大化。崔丽和胡洪林（2017）在界定二者主体时，将研究方向确定在掌握相关科技的现代农业和类似超市的相关销售场所上。在不同地区，“农”和“商”的主体界定根据地域限制不同、主流农产品供应链模式不同，会有不同的侧重。农商互联是指农产品流通企业与新型农业经营主体进行全面、深入、精准对接，通过发展订单农业、产销一体、股权合作等模式，实现联产品、联设施、联标准、联数据、联市场，打造上联生产、下联消费，利益紧密联结、产销密切衔接、长期稳定的新型农商关系。从商务部对农商互联的定义来看，其本质就是对农产品供应链的整合。

李建平等（2013）提出，中国主要形成了“农超对接”“农批对接”“农工对接”“农产品直销”，以及“农校对接”“农社对接”等农产品产销对接模式。熊会兵等（2011）认为，“农超对接”通过推动商端利用自身在市场信息和管理上的优势，参与农产品生产、加工以及流通的全过程，提供生产技术、物流、市场信息咨询、产品销售等服务，将农户的小生产与大市场有效地联结起来。胡定寰等（2013）认为，“农”端增强农民组织化、提高农产品品质、增加农民收入，“商”端则可以降低质量安全监管的成本、获得稳定的农产品来源。相较于传统的农产品供应链，实现农商互联的农产品供应链具有全面精准、深入紧密、长期稳定等特点。“全面精准”是指各种类型的新型农业经营主体和包括批发、零售、电商等在内的农产品流通企业全面合作，引导农业以销定产，实现农业生产的精准化；“深入紧密”是指以订单采购、产销一体、股权合作等方式开展深层次的合作，农商双方除买卖关系外，还是合作伙伴关系，利益联结更加紧密；“长期稳定”是指通过打造“产＋销”密切衔接的农产品全产业链条，将一次性的、松散的、随机的买卖关系固化为长期稳定的合作关系，形成产业融合发展、产销渠道畅通、生产消费双赢的新型农商关系。

以往的研究已经对农产品供应链整合进行了一定的研究，黄祖辉和梁巧（2007）提出，小农户通过组织形式参与市场比单个农户参与市场能有效降低市场风险，有效改善收入水平和科技能力。Minot（2007）认为，农产品供应链的整合使得各参与主体的相对生产成本和相对营销成本都得以降低，实现互利共赢。胡定寰等（2009）提出，通过农户与商户订立的契约关系，“农”端可以增强农户组织化、产品标准化，“商”端可以增强消费，减少质量控制成本。陈金波等（2017）从“心理契约”视角出发，论证当可以有效抑制农户的机会主义时可以推动农产品标准化的试行，能够在一定程度上促进农产品供应链的规范。崔丽和胡洪林（2017）的研究发现，如果能够处理好农产品供应链中成本分担机制可以帮助各参与主体实现自身效益最大化。综上所述，对于农产品供应链中“农”与“商”而言，如可以建立良好的合作模式将有利于供应链绩效的提升。

虽然农商互联可以有效提升供应链的绩效，但构建农产品流通体系时仍需注意社会经济水平与农业生产方式相适应，从而最大限度发挥农商互联的作用。张文和李录堂（2013）研究提出，由于美国农业高度发达，农产品生产大多以农场为主，生产规模大，所以农产品流通主要采取“农超对接”模式，这种直销比例占到农产品流通总量的78.5%，极大提高了供应链的绩效。李静和盖志毅（2015）提出，日本农产品流通模式主要以农业产业组织为载体，以批发市场的“地产地销”流通模式为主，具备高组织化、高竞争机制、高准入制度、现代化交易模式等特点。马凤棋（2010）提出，“农户＋合作社＋连锁超市”形成的“农超对接”模式较为适合解决我国农产品销售难的问题。目前，从对国内几种比较典型的农超对接模式的阐述不难发现，各流通企业在流通模式上也存在显著差异，如家乐福的“超市＋农民专业合作社＋农户”模式，即通过选择农民专业合作社作为超市与农户的连接；永辉的“超市＋基地＋农户”模式，即直接选择优势产区作为源头基地；沃尔玛的“超市＋龙头企业＋农户”模式，即龙头企业与农户进行订单合作，再向超市输出。美国农业大多是农场主直接与零售商谈判合作，形成“短链”的农商互联，减少流通成本；日本的农业产业组织发展相对成熟，能够较好维护农户利益。所以，美国和日本的农产品流通体系与其农业生产方式较为契合，形成了较高的供应链绩效。相比美国和日本，我国农户大多是小生产且比较分散，所以“农”端与“商”端地位严重不对等，“农”端在谈判议价过程中处于不利地位，大多农户参与积极性不高。由此可以看出，各国由于农业生产方式存在较大的差异，所以不能简单套用其他国家的发展模式，对我国农商互联的研究不仅要吸收外国的先进经验，更应充分考虑中国特色。因此，构建农产品流通企业＋新型农业经营主体的农商互联模式时，应充分重视小农户在我国农业生产中的组织形式。

第二节　农商互联模式主要参与主体

农商互联模式中，流通企业作为农产品销售终端与消费者直接接触，在农商互联中发挥着举足轻重的作用，主要参与主体的类型包括以下几类。

一、农产品批发市场

农产品批发市场按合作类型划分为两类：一类是产地批发市场，大多在农产品产地周边，准入门槛低，交易模式灵活，便于农户进行农产品买卖；另一类是销地批发市场，大多在农产品销售聚集区，农户往往无法直接将农产品运往较远的地区销售，而是通过农民专业合作社或农业基地等中介商将农产品流通到各地批发市场。随着农产品批发市场转型发展，目前“农批对接”模式仍是我国主要的流通模式，实现农产品由产到销的有效对接。

二、农业龙头企业

农业龙头企业按合作类型划分为两类：一类是农业生产基地模式，即将农户纳入农业企业的生产基地单元模块中，将农产品种植、加工、销售结合起来；另一类是合作社介入模式，即通过合作社帮助龙头企业将分散的农户组织来。以上两类企业与农户合作的方式的实质都是合作双方在签订农产品订单协议的基础上，将双方利益联结起来，龙头企业发挥规模优势，代替农户直接进行市场交易，实现农产品流通在商业垂直链条上更好的协作。

三、超市企业

超市企业按合作类型划分为三类：第一类是以沃尔玛为代表。沃尔玛是第一个采用“农超对接”模式的企业，通过中介型的农产品龙头企业与农民进行合作。龙头企业发挥农场管理技能，负责农产品存储、运输等过程的质量安全问题。第二类是以家乐福为代表。家乐福通过在全国范围筛选产业基础好、农户成员多的农民专业合作社进行合作，把分散的小农户通过种植订单组织在一起进行规模生产。第三类是以麦德龙为代表。麦德龙向上游延伸探索农产品生产基地，由超市提出标准化生产流程，保证农产品从田间到餐桌过程中的质量可控、可追溯，形成关系最紧密的农超对接。从理论上看，超市与农户的合作可以降低交易成本，减少流通环节。

四、其他利益相关者

在农商互联模式中，主要的参与主体除了农产品批发市场、农业龙头企业、连锁超市，农户、农民专业合作社、政府、消费者等也发挥着重要作用。

1. 农户

在我国，农户既是一个家庭，又是一个最基本的农业生产单位。农户一般以家庭为单位独立经营，在农业生产中拥有经营权、决策权、收益权，生产积极性高，其生产效率处于较低水平。难以忽视的是，目前以家庭为单位的分散小农户仍是我国农产品生产的主要力量，但对农业降本增效、标准化生产、规模化经营的市场环境仍不适应。因此，导致农户在市场中处于弱势地位，缺乏话语权，在农产品供应链中的大部分利益被中间商、批发商以及终端零售商获取，农户利益受到损害。由此，也进一步导致当前农产品产销对接不紧密、不稳定的问题较为突出，农产品滞销贱卖的现象时有发生，影响农民持续增收和产业发展。

农户处于农产品供应链的源头，其农业生产科技素质与管理水平直接关系产品的数量和质量。因此，农户也是农商互联模式的关键环节，直接影响供应链终端环节消费者所购买的产品质量。近年食品安全问题层出不穷，消费者对食品质量安全的重视程度越来越高。农户作为农产品的生产者，是农产品供应链条的源头，是保证农产品质量安全最为关键的环节。在课题组调研过程中发现，大多流通企业表示，生产环节是提升农产品质量、保证农产品安全的主导环节，流通中的其他环节起到辅助作用。

2. 农民专业合作社

农商互联模式中流通企业与农户之间还可能存在农民专业合作社，其是前二者信息传递与交易合作的桥梁。在我国，农户分散经营，规模小，产品生产单一，难以满足超市大批量、多样化的产品需要，部分流通企业很难直接与单一农户建立合作关系，农民专业合作社等中间组织就由此发展起来。中间组织主要牵头组织农户，化单一农户为集聚农户，扩大农户规模，以实现标准化生产。农民专业合作社代表广大农户利益与流通企业进行交易，既可以提高农户的谈判能力，又可以节约流通企业的交易成本，为企业提供稳定的货源，以保证农商互联模式的发展。

3. 政府部门

政府部门为做好农商互联工作，在其中主要扮演发起者和推动者的角色，发挥引导、规范作用，通过政策制定、宏观调控、市场管控等方式对链条中各参与主体产生间接影响，推动农商互联模式持续健康发展。具体来说，一是通过农商互联典型案例调研，总结、推广农商互联先进经验。二是宣传农商互联政策，动员批发零售企业采购销售农产品。三是做好支持农产品流通企业与新型农业经营主体对接、加强农产品流通基础设施建设、扶持困难地区农产品产销对接、推动农产品流通企业开展品牌推广等相关工作。

4. 消费者

消费者虽不直接参与农商互联模式建设，但其对农产品的需求与购买方式的变化直接影响农商互联模式的发展趋势。随着消费者生活水平的提高，其对农产品品质与食品安全的要求也随之提升。消费者对农产品需求呈现出新鲜、安全、多样的特点，也因此促进农商互联模式的发展。

第三节　农商互联模式研究现状

农商互联发展模式主要包括以下几种类型：一是按照对接程度划分，如浦徐进等（2015）提出，我国生鲜农产品供应链存在三种典型渠道模式，即自产自销模式、松散型“农超对接”模式和紧密型“农超对接”模式。二是按照关键主体进行划分，如石岿然和孙玉玲（2017）通过对“美国生产者＋零售商＋消费者模式”“日本的批发模式”和“荷兰的拍卖模式”三个发达国家农产品流通模式的研究，将我国农产品供应链流通模式分为以批发商为主体的批发模式、以龙头企业为主体的一体化模式和以零售超市为主体的“农超对接”模式。严继超等（2019）也归纳出我国“农超对接”的三种典型模式，即以麦德龙为代表的“农咨公司型”对接模式、以沃尔玛为代表的“大型企业（基地）

型”对接模式和以家乐福为代表的“合作社型”对接模式。三是按照销售渠道进行划分，刘阳阳（2020）将我国农超互联模式归纳为以下四种，即批发市场模式、连锁商超模式、微商以及直播平台模式和社区团购模式。张喜才（2020）提出五条困难地区农产品直销的供应链模式，即“农产品＋直销店”“农产品＋众筹”“农产品＋微商”“农产品＋拍卖”和“农产品＋网红直播”。本书首先分析福建省农商互联发展现状及其存在问题，结合发展历程和实际情况，基于企业调研及福建省发展实际，将福建省农商互联模式分为“生产基地＋龙头企业（批发市场、超市）”模式、“农户＋龙头企业（批发市场、超市）”模式、“农户＋农民专业合作社＋龙头企业（批发市场、超市）”模式。

农产品流通体系的构建必须与社会经济水平和农业生产水平相适应。张文和李录堂（2011）研究提出，美国农业高度发达，农产品生产大多以农场为主，生产规模大，流通方式主要为农场主主导的“产销直挂”模式和超市主导的“直销”模式。朱桦（2013）提出，日本农产品流通模式主要是以批发市场为主的“市场内”流通模式，具备高组织化、高竞争机制、高准入制度、现代化交易模式等优势特点。马凤棋（2010）提出，“农户＋农民专业合作社＋连锁超市”形成的“农超对接”模式能解决我国农产品销售难的问题。学者对国内几种比较典型的“农超对接”模式进行系统的阐述（严继超等，2019；沈敏，2014），如家乐福的“超市＋农民专业合作社＋农户”模式，通过选择农民专业合作社作为超市与农户的连接；永辉的“超市＋基地＋农户”模式，直接选择优势产区作为源头基地；沃尔玛的“超市＋龙头企业＋农户”模式，龙头企业与农户开展订单合作，再向超市输出。美国农业大多是农场主直接与零售商谈判合作，形成“短链”的农商互联，减少流通费用，所以美国的“农超对接”比较成功。相比美国，我国农户大多是小生产且比较分散，因此，作为生产商的小农户与大型零售商地位严重不对等，在谈判议价过程中处于不利地位，所以大多农户参与积极性不高。此外，周焕等（2011）对农商互联提出了创新模式，如“农餐对接”“农企对接”等。

第四节　优化农产品供应链措施研究进展

崔忠付（2019）研究认为，加强产后商品化处理设施建设、大力发展农产品冷链物流、提升供应链终端消费连接和服务能力、提升标准化和品牌化水平、优化农产品供应链产销对接功能，这些措施能够对农产品供应链进行优化。曾定茜等（2020）归纳出针对农产品电商供应链五条优化措施：优化市场细分下的战略定位，深化生鲜电商市场细分；发展集约化、特色化及标准化生鲜产地作业，提升农业现代化装备，提升规模效应下的供应谈判能力；发展大数据、人工智能技术，构建和完善生鲜电商信息共享体系；构建全过程智能监控体系，提升温控技术下冷链物流管理；发展长期契约关系下的生鲜产地直供模式，不断向供应链的生产端延伸。农产品供应链起始于产地预冷、包装、仓储、运输、配送、零售等诸多环节，形成一个产业链结构（丁俊发，2010；Kitinoja，2013；薛建强，2014）。针对这个产业链结构，张喜才（2020）提出，尽快出台政策支持生鲜电商，超市应加快建设前置仓、店仓一体等配送终端，强化产地预冷冷库的建设和体系化，加快建立冷链物流仓储配送体系建设的扶持机制，建立生鲜农产品供应链认证供应机制等优化措施对策。曹裕（2020）则考虑了政府补贴对于供应链优化的影响，提到在集中式供应链中价格弹性对采购数量和企业社会责任总投入量的影响更为显著；而在分散式供应链中加入政府补贴因素，会使总收益呈现倒 U 形的发展趋势，且零售商主导的分散式供应链会因政府补贴的减少表现出迅速下降的趋势。

第五节　农产品供应链运行效果评价研究进展

王明明（2017）选取多家参与“农超对接”的超市、合作社为样本，结合 BSC 模型和 SCOR 模型构建了“农超对接”供应链评价的指标体系，运用 DEA 评价方法，从微观层面和实证视角对“农超对接”供应链运行效果进行评价，发现山东省新鲜蔬菜、水果、生鲜半成品规模未达到效率最优化，新鲜水产品效率有待全面优化，并对此提出了优化“农超对接”供应链的对策。王凯旋（2020）认为，供应链运行效果评价是供应链管理中的重要一环，在充分考虑农产品的特殊性背景下，在传统四维平衡记分卡的基础上构建了六维农产品供应链绩效评价指标体系，结合灰色聚类和模糊综合评价构建了农产品供应链绩效评价模型。邹俊（2018）提出了加强农产品安全供应链的透明度和诚信风险评价体系构建的观点。他通过研究得出，政府部门应及时出台和完善食品安全的相关法律法规、加大对技术研发的投入可以有效提高食品安全供应链的透明度，以此提高供应链效率。加强建设农产品、食品供应链的透明度，使其成为评价供应链运行诚信度和风险的重要指标，这一观点已经得到了国内外学术研究者普遍的认可。Jin 和 Zhou（2014）以日本为例，通过设计和发放调查问卷，研究在提升食品安全供应链透明度方面消费者对食品加工制造流程中的哪些因素最为关注。Wiskerke 和 Dirk（2007）提出，体现可持续发展理念的指标应纳入农产品供应链运行评价体系。隋博文（2017）选取结构方程模型（structural equation modeling，简称 SEM）来作为评价方法，构建指数评价体系，将指标体系划分为财务绩效、运营绩效和绿色绩效。他通过该方法分析得出以下结论：为更好地提高跨境农产品供应链联盟运行效果，首先要基于承诺与信赖创新，重视跨境农产品供应链联盟成员契约精神塑造，完善利益联结机制，确立技术投资保障；其次要基于联盟预期创新，做好联盟成员合作发展长期规划，打造以核心企业为主导的优势互补的联盟集团，提升跨境农产品技术含量与出口竞争力；再次要基于关系资本创新，建立健全联盟成员定期或不定期会晤与合作磋商机制，研发应用跨境农产品流通信息共享平台；最后基于利益分享创新，改进联盟成员利益分享与评估系统，提高风险识别与应对能力。

第六节　农商互联绩效评价相关研究

Beamon（1998）提出，可以从投入产出角度选取评价指标，也可以将指标分为定性指标、定量指标。Junmo（2009）分别采用模糊综合评价法和主成分分析法比较分析了农产品供应链绩效的优势和劣势，为农产品供应链绩效评价研究指明方向。林乐碳（2010）采用 DEA（数据包络分析）模型从内部运行、对接协调、顾客价值、支撑成长四个方面构建了农超对接绩效评价模型。卢志丹（2013）基于模糊综合评价法，从供应链的角度构建了“农超对接”绩效的指标评价体系。殷慧慧等（2015）以黑龙江省哈尔滨市“农户＋合作社＋超市”为例对蔬菜“农超对接”进行绩效评价研究，并采用层次分析法和模糊综合评价法构建评价模型。

综上所述，国内外对农商互联相关领域的研究开展较早，研究结论都认可农商互联对于农户和商户的双重有利性，但农商互联的推行还存在许多困难。以往的评价研究多侧重于农产品供应链绩效以及“农超对接”模式绩效的研究，宏观性的供应链绩效评价及其评价体系对本书的借鉴作用也比较有限，“农超对接”模式也只是农商互联模式中一部分，对于各参与主体的整体评价没有形成系统的权威的评价指标体系和评价方法，且针对区域性（市、县）农商互联模式参与主体的绩效评价研究更为少见。基于此，本书以福建省农商互联模式的实际发展现状与特点为基础，从系统的思想去把握农商互联的各参与主体贡献，通过构建评价指标体系对农商互联模式下参与主体的绩效进行评价与分析，以期能够实现提升福建省农商互联模式下参与主体绩效的目的。

第七节　农商互联的理论依据

农商互联的内涵与模式经历了不断地变化与发展，先前的理论和学者的研究对农商互联的形成原因、定义内容、运作机制等进行了丰富的论述与探究，为农商互联的更新完善提供了理论支撑。在农商互联发展过程中的主要理论依据包括农产品供应链理论、委托代理理论和交易费用理论，通过立足现有的理论，进一步探索农商互联模式的发展方向。

一、农产品供应链理论

1986年，美国物流管理委员会（CLM）将供应链管理定义为在企业组织之外的包括消费者和供应商在内的物流活动，包括从原材料阶段一直到产品最终送到顾客手中所有与物品流动、信息流动有关的活动。农产品供应链的研究始于20世纪90年代初期，农产品供应链包括农产品生产者、初加工者和深加工者、分销商以及最终消费者，这些参与主体有机组合在一起，构成了一个较为完整的农产品供应链条。农商互联就是农产品供应链中的一种简化形式。

农商互联的形成主要是由于商端发生了许多变化，倒逼农产品供应链的创新。具体来看，可以归结为以下原因：①农产品消费者的需求日益多样化。为满足个性化消费，农产品销售者必须紧紧把握消费者需求，同时及时传递给生产端，这就促使农产品从生产到消费的各个环节联系越来越紧密。生鲜农产品是人们日常生活的必需品，关系到农民收入的提高和农村经济的发展，其供应链中生产、销售、物流等环节的运营直接影响人民的生活品质，也是政府和社会关注的重点问题。农产品销售终端通过农商互联模式可以实现农产品的直接采收、直接供应，使生鲜农产品的流通渠道畅通，将新鲜、奇特、优质的农产品直接输送到销售终端，从而建立起渠道优势。②农产品销售的竞争焦点变化。生鲜农产品生产的地域性与消费的普遍性之间的对立，决定了远距离运输成为其供应链运作的必然趋势，如新疆维吾尔自治区的绿色、有机果蔬借助空运、陆运等销往东部各大城市。农产品消费注重新鲜程度，因此农产品的及时供应就成了销售者的竞争关键。为此，农商互联模式不断缩短销售终端与生产端的距离，减少中间环节，促使农产品的供应环节联系越来越紧密。③农产品价格波动较大。农产品不同于工业产品，其生产具有自然和经济双重属性，供应价格波动幅度相对较大。在农商互联模式下，多采用订单农业，由此可以保证具有规模化、基地化种植优势的生产端及时销售产品，保证销售端产品稳定、持续、批量供应，减少价格波动。

农产品供应链不同于工业品供应链，在形成及实际运作过程中也面临一些特殊的困难，主要表现在：①合作难度较大。农产品供应链是从农产品生产开始，经过加工、运输及存储，最后由销售网络把产品送到消费者手中，即从“田间”到“餐桌”的整体功能网链结构。这种结构中包含环节较多，每一环节都有不同类型的参与者，且不同参与者在规模、实力上存在较大的差异，各主体需要不断磨合，保持高度的协调性。对农商互联模式来讲，只要具有共同利益追求的一组合作伙伴通过契约的形式能够达成联结，则在实际运作过程中可以通过遵循协约履行供应链义务，维护合作的权利，来降低供应链上的合作难度。②供应链增值较为困难。从交易价格角度讲，农产品市场类似于完全竞争市场，市场上存在着大量的买者与卖者，农产品价格难以被个体行为影响，农产品加价幅度有限。从交易数量角度讲，农产品自身生产受自然条件影响较大，供给本身缺乏弹性。例如，绿色农产品因新鲜程度较高导致零售价格较高，而较高的零售价格限制了绿色农产品的流通渠道，比较难获取消费者偏向好感。与此同时，每个参与者可以按照自己的意愿自由进入或退出，导致农产品市场交易数量存在较大的不确定性，使得农产品供应链的增值空间相对较小。但是在农商互联模式下，各个参与主体向着共赢的目标出发，在一定程度上会弱化个体非理性行为，在价格的调控上也更具主动性，从而可以增加供应链的价值。

二、委托代理理论

委托代理理论由美国经济学家伯利和米恩斯于20世纪30年代提出，是经济学家深入研究企业内部信息不对称和激励问题发展起来的，主要研究委托代理关系问题。从经济学上讲，委托代理关系泛指任何一种在信息不对称和契约人之间存在利益相冲突的环境中进行的交易，交易中有信息优势的一方称为代理方，另一方为委托方。委托代理关系实质定义为一种契约关系，在让渡某些决策权的基础上，代理人按照委托人的意愿和利益提供服务，委托人根据代理人提供的数量和质量支付相应的报酬。

农商互联将农产品生产方与需求方通过契约或合同形式纳入农产品供应链中，无形中形成了委托代理关系。在这个关系中，作为农产品需求的一方（“商”）以合约、协议等形式委托农产品的生产者（“农”）供应农产品，“农”按照“商”的要求进行农产品的生产及初加工。为了降低“农”与“商”双方违约的可能性，要在签署意向性协议书时适当增加违约类的赔偿条款，同时也要建立激励机制，以调动双方的积极性，最大限度平衡双方的利益。

由此，“农”作为农产品供给的一方由于直接参与农产品生产，对农产品更加了解，处于信息优势一方，在农商互联中成为代理人；而“商”由于远离农产品的实际生产，往往不能获得农产品的全部生产信息，处于信息劣势一方，在农商互联中成为委托人。当然，从农产品需求的角度看，由于“商”直接面对消费者，能更好地获得市场信息，而远离消费者的“农”在农商对接模式中的议价能力则较弱。从农产品需求的角度看，“商”直接与消费者接触，拥有更多的农产品需求信息，处于信息优势一方，成为“农”进行农产品销售的代理人，但是“商”作为农商互联的核心企业，是供应链形成的主导者，在农商互联中作为农产品代理人的身份会弱化。

因此，农商互联中的委托代理问题主要发生在“农”对“商”的代理这个环节上。从时间上来看，委托代理风险可能产生于“农”与“商”双方签约前，由于信息不畅通所造成市场资源配置效率扭曲的现象，使得“商”在寻找合作伙伴的过程中，往往难以发现优质的农产品供给者，并实现有效配对，取而代之的是与一些次级的农产品供给者形成合作关系，即形成逆向选择风险；同样，风险也可能产生在签约后，即“农”为了最大限度增进自身效用，做出不利于“商”的行动，但是由于合同的不确定性、不完全性或者限制性，使负有责任的“农”不需要承受他们行动的全部后果，从而形成败德行为（道德风险）。

三、交易费用理论

交易费用理论又称为交易成本理论，属于近代经济学的范畴，它奠定了现当代产权理论的基础，主要是指企业在交易活动中为了寻找交易对象、谈判、签订合约、监控交易过程等所支付的费用。交易费用理论最早起源于科斯在1937年发表的《企业的性质》一文，科斯在这篇文章中第一次提出了“交易费用”的概念，他指出企业的交易活动具有一定的稀缺性，且可以通过计量方法将其量化比较，而经济学研究的重点正是资源的稀缺性，这篇文章也为近代新制度经济学的产生与发展奠定了坚实的基础。

近年，交易费用理论逐渐被国内外学者应用于企业管理之外的多个领域，部分学者认为，现代农业企业管理理论体系的建立应当以交易费用理论、组织管理理论及新制度经济学相关理论为基础。交易费用经济学领域重要的代表人物是威廉姆森，他对交易费用理论进行了完善，并在此基础上提出了分析交易性质应注重的三个方面：第一，资产专用性。资产专用性是指某一交易活动的永久投资，它是无法回收的。资产专用性的存在是导致交易活动费用增加的直接因素。第二，交易的不确定性。现实中的市场交易有很强的不确定性，这种不确定性越强，交易资产的专用性越强。第三，交易频率。交易频率是指交易活动在一定时间内完成的次数，市场交易活动随交易频率的提高而愈发活跃，其制度成本的回收也越高。

对农产品供应链来说，由于整个供应链系统是由农户、收购商、加工商、零售商等多个参与主体构成的，农产品从产地到达消费者手中需要经过多个环节，因此降低交易费用成为提高农产品供应链整体效率的有效途径。面对农产品价格频繁波动，不同形式的订单农业契约，通过科学分配共享农产品生产经营中的利益，可以有效协调农业供应链，减少市场不确定性带来的负面影响。威廉姆森认为，对于涉及多个参与主体的网链结构，可以尽量将主体间的交易行为内部化，通过链条内部有效的资源配置达到降低交易费用的目的，从而提升供应链的整体绩效水平。

综上所述，国内外对农商互联相关领域的研究开展较早，研究结论都认可农商互联对于农户和商户的双重有利性，但农商互联的推行还存在许多困难：关于农商互联研究还停留在模式发展与应用研究等方面，缺乏具体结合某个区域来做主体关联性的系统体系构建的相关研究。基于此，本书力求从系统的思想去把握农商互联的各个主体，结合福建省农商互联模式的实际情况对农商互联的现有模式进行分析，进一步构建福建省乡村农商互联体系的框架和政策保障。

第三章

福建省农商互联及其供应链运行现状

近年，福建省农商互联及其供应链运行状况得到不断发展。通过不断优化主要的农产品流通模式，福建省农商互联主体数量近几年正在不断增加，且其覆盖范围也在省内逐步扩大，形成了更加持久稳定的农商互联供应链发展模式。本章对福建省农商互联模式及供应链的建设成效、模式及不足进行分析。

第一节　福建省农商互联主体数量与分布

福建省内的农商互联主体数量近几年正在不断增加，且其覆盖范围也在省内各个地区逐步扩大。关于福建省农商互联主体的数量与分布状况，主要是对福建省内三类农商互联参与主体进行调查与观测，分别是农产品流通龙头企业、批发市场和超市。通过统计和比较农商互联主体在福建省各个地级市的门店数量与分布情况，进一步分析福建省农商互联的地区分布差异与发展现状。

一、福建省农产品流通龙头企业数量与分布

福建省有社区生鲜超市、社区团购、农产品供应商等不同品牌类别的农产品流通龙头企业采用农商互联模式。如厦门元初食品股份有限公司作为一家主推自有品牌商品、自建零售渠道、自控供应链的食品零售企业，自 2001 年致力于培育自有品牌，在国际市场、国内批发渠道搜寻国货精品和世界精选农产品，并围绕食品安全打造消费者可识别、供应商可追溯、渠道以品牌作保障的复合型生鲜食品安全管控体系——“元初标准”，做到自控供应链和自有品牌的融合与创新。福建乌状元生态农业发展有限公司致力于提供“安全、营养、健康”的优质猪肉，并在供应商选择、产品监测、差异化服务等方面坚持做到严守品质，所有产品以最新鲜的品质呈现在顾客面前。乌状元门店根植于各社区，力求提供最优质健康的产品体验，因此受到社区消费者的青睐与认可。福州朴朴电子商务有限公司 2021 年建有 270 个前置仓，其中，福州市、厦门市分别拥有 45 个和 35 个。朴朴超市 2021 年商品交易总额达到 150 亿元，其中

平均每个前置仓日均订单量可达 3 500 单。

据福建农林大学海峡商业管理研究中心课题小组（以下简称课题组）不完全统计，截至 2021 年 12 月，福建省各地市主要流通企业共 19 家（表 3－1）。从城市分布来看，福州市 13 家、泉州市 4 家、厦门市 2 家。从品牌类别来看，农产品供应商 12 家、社区团购 4 家、社区生鲜店 3 家。

表 3－1　福建省各地市主要农产品流通企业

序号	总部所在地	企业名称	品牌名称	品牌类别
1	厦门	厦门元初食品股份有限公司	“元初食品”	社区生鲜店
2	福州	福建谊品弘闽科技有限公司	“谊品生鲜”	社区生鲜店
3	福州	福建乌状元生态农业发展有限公司	“乌状元”	社区生鲜店
4	福州	福州朴朴电子商务有限公司	“朴朴”	社区团购
5	厦门	厦门懒得科技有限公司	“懒得”	社区团购
6	泉州	福建慧买买信息科技有限公司	“慧买买”	社区团购
7	泉州	福建省鲜润电子商务有限公司	“鲜润优选”	社区团购
8	泉州	泉州特特商贸有限公司	“特特水果”	水果供应商
9	福州	久泰现代农业有限公司	“久泰”	水果供应商
10	福州	福建海文铭海洋科技发展有限公司	“海文铭”	鲍鱼产品供应商
11	福州	福州优野生态农业有限公司	“优野”	蔬菜供应商
12	福州	福建亿达食品有限公司	“亿达”	海带产品供应商
13	泉州	福建泉州市金穗米业有限公司	“金穗”	大米供应商
14	福州	福州莲心源食品有限公司	“地瓜皇后”	地瓜供应商
15	福州	福建土土优选电子商务有限公司	“土土优选”	农特产品供应商
16	福州	福建安田农业科技有限公司	“安田”	蔬菜供应商
17	福州	福建省龙升农业科技有限公司	“龙升”	蔬菜供应商
18	福州	福建省闽绿立体农业综合开发有限公司	“闽绿”	肉类供应商
19	福州	福州博鸿达食品有限公司	“博鸿达”	肉类供应商

数据来源：根据调研数据整理。

二、福建省批发市场数量与分布

据课题组不完全统计，福建省各地市代表性大型农产品批发市场（营业面积 2 万米^2 以上）有 16 个（表 3－2）。其中，福州市主要的农产品批发市场有 3 个，分别为海峡农副产品批发物流中心、华威新西营里农产品交易中心和名成海峡水产品交易中心。厦门市主要的农产品批发市场有 3 个，分别为闽南农副产品物流中心、厦门中埔蔬菜批发市场和厦门夏商国际水产交易中心。泉州市主要的农产品批发市场有3个，分别为禾恒蔬菜批发市场、禾富农贸城和新华洲水产品批发市场。宁德市主要的农产品批发市场有2个，分别为宁德市华洲水产市场和福建省古田食用菌批发市场。莆田市主要的农产品批发市场有1个，涵江批发市场。龙岩市主要的农产品批发市场有1个，中农批（龙岩）交易城。三明市主要的农产品批发市场有1个，三明名成农副产品批发市场。漳州市主要的农产品批发市场有1个，漳州海峡农博汇。南平市主要的农产品批发市场有1个，南平市天新果蔬批发市场。

表3-2　福建省各地市大型农产品批发市场（营业面积2万$米^2$以上）

序　　号	地　　市	批发市场名称
1	福州	海峡农副产品批发物流中心
2	福州	华威新西营里农产品交易中心
3	福州	名成海峡水产品交易中心
4	厦门	闽南农副产品物流中心
5	厦门	厦门中埔蔬菜批发市场
6	厦门	厦门夏商国际水产交易中心
7	泉州	禾恒蔬菜批发市场
8	泉州	禾富农贸城
9	泉州	新华洲水产品批发市场
10	宁德	宁德市华洲水产市场
11	宁德	福建古田食用菌批发市场
12	莆田	涵江批发市场
13	龙岩	中农批（龙岩）交易城
14	三明	三明名成农副产品批发市场
15	漳州	漳州海峡农博汇
16	南平	南平市天新果蔬批发市场

数据来源：根据调研数据整理。

三、福建省超市数量与分布

福建省有永辉、新华都、沃尔玛等大型超市公司与合作社、农产品直采直供基地直接开展农商互联模式合作。其中，永辉超市生鲜品类达到4 000～6 000种，其每家门店中生鲜面积占总面积的40%～50%，2020年其蔬果等生鲜品类实现销售收入414.81亿元，占总收入50%以上。据不完全统计，2020

年上半年永辉从国家级贫困县采购特色产品价值合计达 45 787 万元。

据课题组不完全统计，截至 2021 年 12 月，福建省各地市营业面积达 2 000 米^2 以上的连锁超市门店总数为 466 家（表 3-3），从城市分布来看，福州市 107 家、泉州市 99 家、厦门市 48 家，分别位居前三。从福建省主要连锁超市品牌门店数方面来看（表 3-4），永辉超市门店数位居全省连锁超市门店数榜首，共计 117 家；其次是新华都 74 家，沃尔玛 22 家，来福隆 20 家。从福建省 18 家主要连锁超市品牌企业的总部所在地分布来看，福州 6 家，泉州 3 家，厦门 3 家，宁德 2 家，漳州 2 家，莆田 1 家，龙岩 1 家。

表 3-3　福建省各地市营业面积达 2 000 米^2 以上连锁超市门店数

序　号	地　市	门店数（家）
1	福州	107
2	厦门	48
3	泉州	99
4	漳州	29
5	三明	32
6	龙岩	33
7	莆田	45
8	宁德	35
9	南平	35
10	平潭	3

数据来源：根据调研数据整理。

表 3-4　福建省主要连锁超市品牌门店数

序号	总部所在地	公司名称	超市品牌	门店总数（家）
1	福州	永辉超市股份有限公司	永辉超市	117
2	福州	新华都实业集团股份有限公司	新华都	74
3	福州	沃尔玛（福建）商业零售有限公司	沃尔玛	22
4	泉州	泉州来福隆综合超市有限公司	来福隆	20
5	泉州	中闽百汇（中国）零售集团有限公司	中闽百汇	19
6	泉州	泉州鲤城福德龙商贸有限公司	福德龙	18
7	宁德	宁德惠客多超市发展有限公司	惠客多	17
8	福州	福建大润发商贸有限公司	大润发	16

（续）

序号	总部所在地	公司名称	超市品牌	门店总数（家）
9	福州	福建冠业投资发展有限公司	冠超市	14
10	漳州	福建吉马集团有限公司	吉马购物	14
11	龙岩	福建省米兰春天量贩有限公司	米兰春天	14
12	莆田	莆田凤凰百货有限公司	凤凰百货	13
13	福州	福州兴福兴超市有限公司	兴福兴	12
14	厦门	厦门夏商百货集团有限公司	夏商民兴超市	10
15	漳州	漳州市恒晟商贸发展有限公司	恒晟超市	9
16	宁德	福建华宁购物广场有限责任公司	华宁超市	7
17	厦门	厦门市天虹商场有限公司	天虹超市	6
18	厦门	厦门闽篮超市有限公司	闽篮超市	5

数据来源：根据调研数据整理。

第二节　福建省农商互联主要模式

福建省地处祖国东南沿海，在北纬 23°33′～28°19′、东经 115°50′～120°43′，地处中南亚热带，热量足、雨量丰，利于提高农业产量；倚山滨海，山海资源丰富，为农业全面发展提供了广阔前景。2021 年，福建省全年粮食播种面积达 1 252.6 万亩[①]、总产量 506.4 万吨，茶产业突破千亿元，创建特色农产品优势区 84 个、现代农业产业园 60 个，组织实施现代农业重点项目 425 个，新建标准化生产基地 500 多个，农业发展势态良好。福建省的农商互联模式主要分为“生产基地＋龙头企业（批发市场、超市）”模式、“农户＋龙头企业（批发市场、超市）”模式、“农户＋专业合作社＋龙头企业（批发市场、超市）”模式。

一、“生产基地＋龙头企业（批发市场、超市）”模式

“生产基地＋龙头企业（批发市场、超市）”模式是最新兴起的农业产业化的形式之一。以公司或集团企业为主导，以农产品加工、运销企业为龙头，重点围绕一种或几种产品的生产、加工、销售，与生产基地和农户实行有机的联合，进行一体化经营，形成“风险共担、利益共享”的经济共同体。这种形式在种植业、养殖业，特别是外向型创汇农业中最为流行。由公司强化农业资源

① 亩为非法定计量单位，1 亩＝1/15 公顷。——编者注

开发，增加产出，并使其增值；统一组织运销，尤其适合在市场风险大、技术水平高、分工细、专业化程度高以及资金技术密集型生产领域中发展。因此，这种类型对公司各方面的要求较高。它应以充足的资金为基础，以先进技术和高新技术为先导，具有高效率的管理能力，从而达到产品的高技术含量、高产出率、高附加值、低成本，在国内外市场畅销。该模式的主要特点是企业与农产品生产基地和农户结成紧密的贸工农一体化生产体系，其最主要和最普遍的联结方式是合同。企业与生产基地、农村或农户签订产销合同，规定签约双方的责、权、利；企业对基地和农户具有明确的扶持政策，提供全过程服务，设立产品最低保证，并保证优先收购；农户按合同规定，定时定量向企业交售优质产品，由企业加工，出售成品。

金穗米业有限公司作为福建省最大的大米加工企业，2001 年以来，其在东北三省建立了大面积的粮食生产基地，金穗米业积极响应省内关于拓宽山海协作大通道的要求，通过政府搭桥、企业唱戏的方式，在闽北环境较好的三明市泰宁县的龙湖、下渠、开善等乡镇建立了 65 900 亩无公害水稻和绿色食品水稻生产基地，并在泉州市罗东、金淘、英都、官桥等乡镇建立订单粮食生产基地 1.2 万亩，带动农户 2.3 万户。永辉超市在 2000 年时基于从“田头”到“超市”采购思路，建立了产地化采购的雏形。由种植农户直接将绿叶菜为顾客送货上门，省去了中间环节、提高了商品品质并确保了商品能足量供应。2011 年至今，永辉超市在“直采自营”的基础上不断总结创新，最终从“外采—内采—供应商采购”模式转变为“全国直采—区域直采—供应商采购”模式，以顾客的需求为导向，直采自营。福建华威现代物流有限公司则利用新西营里农产品交易中心“全品类、一站式”食材采购供应链的规模优势，积极建立农特馆对口产业帮扶，帮助定西市临洮县将甘肃省特色农产品向福建省市场推广。截至 2019 年 5 月，农特馆共计销售 570 万元，总计帮扶 498 户建档立卡贫困户。福建海文铭海洋科技发展有限公司以入股、提供鸡饲料的方式，与福州市闽清县当地养殖大户合作，共建鲜鸡养殖基地，以及产业扶贫。每年通过提供 200 多吨鲍鱼内脏加工而成的鸡饲料，在合作共赢的同时，从养殖户收购散养一年以上的“走地鸡”，从源头把控了鸡肉品质，一年鲜鸡的使用量可达到 10 万只。

二、“农户＋龙头企业（批发市场、超市）”模式

“农户＋龙头企业（批发市场、超市）”模式常被称为“分包制”或“订单农业”。这种组织安排的特点是农户家庭分工生产农副产品，龙头企业专事农副产品的加工和销售。除此以外，龙头企业还有可能向农户提供一些产前和产中的服务，如农用物资采购、农业技术服务等。双方的权利义务关系完全由契

约界定。农户按照契约规定生产某些品种、产量的农副产品，企业按照契约规定收购、加工、销售并提供相应的服务。

“农户＋龙头企业（批发市场、超市）”模式在一定程度上缓解了“小农户”与“大市场”间的矛盾。它在维持农户作为农业生产基本组织单元的同时，发挥龙头企业的优势进行农副产品的加工、销售，并连接农户进入市场。既保证单元利益和生产特点的独立性与自主性，又适应市场网络和农副产品加工销售的规模性，给双方都带来了利益。

福州莲心源食品有限公司旗下的“地瓜皇后”品牌正是以打造六鳌地瓜的供应链为中心，通过标准化种植、规模化加工、品牌销售一体化服务为国人提供安全、美味、营养的地瓜产品，同时拓宽区域农产品的销售渠道，最终达到带领农民增收的目的。该公司通过与农民签订合作协议后，向其出售优质的地瓜种苗进行种植，并通过互联网团购向农民提供低于市场价格的农具以及农药、化肥，农民只需严格按照公司合同要求进行种植即可。久泰现代农业有限公司采取的做法是由公司向合作的农户统一提供自主研发的产品种子，并根据标准生产流程对农户进行农技指导服务，让不会种植的农户也能根据生产流程精确地完成农事任务，合理用药、精准施肥。接下来，在种植全过程配备专业的管理人员进行定期跟踪抽检和技术指导，对种植过程没有达到标准要求的农户会进行引导，如果有一些严重违反操作程序的行为，刚开始会警告引导，但情节严重的话会弃单，要求农户归还种子，解除合同关系。福州泽霖食品有限公司产品“闽洋海蜇”选用捕捞野生海蜇作为原材料，在福建平潭、福清、东山、漳浦、诏安一带无污染的深海海域采集或者向渔民收购野生海蜇，根据各个海域的特点，选择在合适的时间与各海域的渔民合作，进行捕捞，确保了在淡季也同样可以获得高品质的海蜇，从而在源头保证优质海蜇的供应。同时，福州泽霖在世界各地海边建设闽洋合作加工厂，到了海蜇捕捞季节就会输出技术、提供设备、就地加工，及时锁住海蜇的鲜味，确保海蜇品质。福建海文铭海洋科技发展有限公司每年与当地的各大养殖户签订购销合同，以销扶贫。海文铭自有鲍鱼育苗基地，通过为农户提供鲍鱼种苗和底价合同的方式，与连江、平潭和宁德等地的鲍鱼养殖户达成长期合作，一年可收购1 000多吨。若是市场价格高，海文铭也会适当提高价格收购，反之则会按照合同价收购，确保了农户的利益和食材来源的稳定性与安全性。

三、“农户＋专业合作社＋龙头企业（批发市场、超市）”模式

农民专业合作社是农民互助性服务组织，连接龙头企业和家庭农场，起到桥梁和纽带的作用，在组织和动员农民生产方面具有天然的优势。与传统的“农户＋龙头企业（批发市场、超市）”的农业产业化经营模式相比，“农户＋

专业合作社+龙头企业（批发市场、超市）”的农业产业化经营模式具有明显的优越性。首先，公司（企业）通过农民专业合作社这一主体来管理或衔接广大农户（社员），可以大大降低公司（企业）直接与分散农户打交道的成本，市场交易成本会大大降低。其次，通过农民专业合作社这一载体，公司（企业）和农户的连接空间很大。比如，公司（企业）和农户可以共同入股合作社，这样既可以使公司（企业）通过购销合同或技术扶持等机制来稳定上下游关系，又可以通过股权这一利益纽带，深化公司（企业）与农户之间的关系。再次，通过农民专业合作社这一载体和平台，可以为农户（社员）提供多种专业化的服务，进而形成“生产在户、服务在社”“生产小规模、服务规模化”的新型农业规模经营形态和新型农业双层经营体制。简单来说，这一新模式突破了传统的“农户+龙头企业（批发市场、超市）”的农业产业化经营模式的局限性，使农业产业化经营过程中的公司（企业）与农户的利益关系更为紧密，产业化经营中的农户经营、合作经营和公司经营三种经营制度实现有机结合，制度优势得到充分发挥。

永辉超市的采购方式特立独行，采用全国统采、区域直采、供应商采购、联营多种模式相结合，积极把控商品质量。大批量、易保存的基础商品全国统采，即产地直采或合作采购；不易长时间保存的商品区域直采，即批发市场直接采购，有的地方还聘请了采购代办，负责对零散农户的产品进行收购和集中；而供应商采购主要是将部分小农户集中为合作社，培育成供应商。为了充分保障大米品质，泉州金穗米业有限公司把水稻种植基地建设作为公司核心竞争力，金穗水稻专业合作社联合社实行生产、购销、信用“三位一体”联合发展，帮助广大社员实现了增产增收。每到收割季节，联合社以高于市场价的价格从社员那里集中收购稻谷，加工成精米，提高产品附加值以后，以“金穗米业”的品牌统一对外销售，有效提高了社员们的收入。为社员提供从种子到大米的一条龙服务，走出了一条致富新道路。

第三节　农商互联现有模式的不足

农商互联模式的形成是乡村振兴背景下“新农业”发展的表现，促进农村经济有效提升。目前，我国农商互联体系建设尚处在探索阶段，虽然总体的运行机制更加高效，但针对部分地区农商互联模式的开展与实践情况，课题组调研发现存在以下不足。

一、政府政策保障措施欠缺

当前，我国各级政府对于培育和发展农商互联模式的支持和引导不足，发展和保障措施依然欠缺，对于一些典型模式未能形成有效的宣传推广，无法形成区域带动效应。一方面，农村科技、人才引进、信息渠道等基础设施建设还不够完善，导致农业产业经济发展的整体支撑能力较弱，市场竞争力不足。另一方面，大多地域的农村普惠金融改革还未有效实施，与新型农业经营主体相关的信用评估体系、信用合作服务缺乏，导致贷款、融资等难题与日俱增，阻碍农商互联模式向更深层次发展。

二、合作双方组织化程度不高

现阶段大多农民专业合作社、家庭农场（农业大户）等新型农业经营主体处于“小、碎、弱”的经营状态，未能实现规范化、规模化的种、养能力，难以在生产端与消费端形成有效匹配，与商贸流通企业合作规模小，合作面窄，这也进一步导致商贸龙头企业一方独大，各合作主体优势没有得到充分融合，农商互联模式发展根基不稳固。在乡村振兴的政策契机下，需要进一步完善新型农业经营主体与商贸流通企业的有机衔接，保护农户和新型农业经营主体的合作利益，带动农民及新型农业经营主体参与农商互联模式的积极性。

三、农产品品牌化建设不完善

现有农商互联模式中，大多数参与主体品牌意识薄弱，企业品牌规模较小、知名度不高、实力亟待加强。许多农商互联模式下的企业农产品精加工能力弱，大多数农产品仅仅停留在简单粗加工和原料购买层次，产品附加值低，产品售价减去合作成本后的利润寥寥无几。

四、市场参与主体各部分之间联结不紧密，合作共赢能力亟待增强

目前，农商互联体系的建设仍然处于探索阶段，还没有完全形成“研发＋生产＋加工＋销售＋服务”一条龙的农商互联组织体系。农商互联体系各成员之间分工模糊，还存在着产业结构单一、发展类型较少、效益低等问题，大多数农产品仅仅停留在简单粗加工和原料购买层次，导致产品的产业链条短、产品附加值低；农产品的品牌资源还没有进行有效整合，各主体缺乏品牌培育意识，导致农产品品牌规模小、知名度低，产业之间联结不够紧密，实力亟待加强。另外，现阶段普通农户依然不具备法人资格，无法取得统一的社会信用代码，主要的生产经营活动都依赖于龙头企业，导致龙头企业一家独大；农民专业合作社还没有形成完全规范化的运作机制，相关服务设施不配套，提供社会化、专业化的服务能力依然较弱，纽带作用还不能很好地发挥；家庭农场（农业大户）从业人员素质不高、数量不足，其规模化的种、养能力仍然不足，导

致农商互联体系发展的根基不稳固。以上因素削弱了农商互联体系的整体竞争力，市场参与主体各部分的优势还没有得到充分融合。

五、产品标准体系不完善，质量不稳定

鲜活农产品的生产，受天时的影响比较大。虽然经过二十多年“菜篮子”工程的建设和农产品标准化基地建设，福建省农业生产技术水平和成品标准程度依然较低。合作社是对分散农户的组织化，但合作社中参与对接的农户在种、养过程，采摘时间，加工和包装过程并没有可以依循且得到统一执行的科学标准。因此，在产品等级、均一度方面与企业的要求不一致。另外，连锁超市对农产品安全和质量有着近乎苛刻的要求，比如家乐福对水果尺寸要求精确到毫米、需要提供采摘期和休药期之类信息的“身份证明”。此外，家乐福还建议农民避免家禽、宠物等进入菜地、避免使用重金属和农药残留的箱子装果蔬，以免污染食品造成检测超标，这些无疑增加了合作社与之对接的难度。

六、地方政府和相关部门重视程度不够，发展保障措施不够

培育和发展农商互联体系离不开地方政府和相关部门的支持和引导，当前很多地方政府和相关部门对培育和发展农商互联体系重视程度不够，发展和保障措施依然欠缺。一方面，农村科技、人才、信息等基础设施建设还不够完善，农产品精深加工的能力还比较弱，农产品的品牌资源还没有得到充分的整合，大部分新型农业经营主体还没有组建科技研发团队，科技研发经费投入不足，从而导致农业产业发展的整体支撑能力较弱，市场竞争力不足；另一方面，农商互联体系的发展需要大量的资金，福建省农民专业合作社大多处于散、小状态，实力不强，注册资本普遍偏低，多集中在10万～50万元，农村的金融环境还没有建立起来，农业产业化联合体内部缺乏有效的信用评估体系、信用合作服务等因素，导致农村金融资源供应不足、金融服务缺位，农业和农村经济产业化发展难以获得良好的信贷支持和服务，融资难题日益凸显，阻碍了农商互联体系向更深层次发展。因此，培育和发展农商互联体系，迫切需要加强农村的基础设施建设和优化农村的资本结构，增强地方政府和相关部门对农商互联体系的支持和引导。

第四节　福建省农商互联供应链运行成效

福建省农商互联供应链发展至今为福建省带来了多方面的成效，在政策支持体系、农产品流通水平、消费方式、供应链设施、产销对接等方面都得到了

一定的提升与完善，形成了更加持久稳定的农商互联供应链发展模式。

一、政策支持体系初步形成

早在 2014 年，中央 1 号文件《关于全面深化农村改革加快推进农业现代化的若干意见》就提出了加强农产品电子商务建设，并且相关概念也在之后连续几年出现在中央 1 号文件中。2020 年，中央 1 号文件《中共中央 国务院关于抓好“三农”领域重点工作确保如期实现全面小康的意见》再次提出要“发展富农乡村产业”，文件指出支持各地立足资源优势打造各具特色的农业全产业链，建立健全农民分享产业链增值收益机制，文件建议扩大电子商务进入农村的覆盖面，支持供销合作社、邮政快递企业等延伸乡村物流服务网络，加强村级电商服务站点建设。商务部更是在 2018 年、2019 年分别发布了《关于推进农商互联助力乡村振兴的通知》《关于推动农商互联完善农产品供应链的通知》，将农商互联作为促进农民增收、助力乡村振兴的重要工作。2020 年 2 月，商务部办公厅、财政部办公厅发布《关于疫情防控期间进一步做好农商互联完善农产品供应链体系的紧急通知》。通知指出，各地可根据本地实际情况，在 2019—2020 年服务业发展资金支持农商互联工作事项中合理安排一定比例资金用于支持保供工作。商务部流通产业促进中心于 2020 全国农商互联暨精准扶贫产销对接大会期间，举办了全国农商互联助农直播带货大赛。

福建省也相继出台了《福建省商务厅　福建省农业厅深化农商协作大力发展农产品电子商务工作方案》《关于加快构建政策体系培育新型农业经营主体的实施意见》《关于实施乡村振兴战略的实施意见》等相关文件，深化“互联网＋农业”发展思路，通过农业大数据的应用，加快农业信息化发展，培育新型农业经营主体，助力农商互联模式的构建。

二、农产品流通现代化水平不断提高

随着基础设施的不断升级，福建省农产品供应链体系日益完善，农村物流网点增多，物流效率提高，冷链等物流服务也为农产品生鲜配送提供了条件。2019 年年底，福建省冷库容量约 505 万吨。其中，≥－2 ℃的高温库 94.5 万吨，≤－18 ℃的低温库 366.5 万吨，预冷库 44.0 万吨；共有冷藏运输车辆 2 792 辆。全省 5 000 吨以上库容的企业 165 家，5 家企业上榜 2018 中国冷链物流企业百强。2019 年福建省生鲜食用农产品的综合冷链流通率 35.3％，居全国前列；水产品冷链流通率达 75％，高于全国平均水平约 30 个百分点；肉类冷链流通率为 38％，略高于全国平均水平；果蔬冷链流通率 7.3％，与全国平均水平相当。根据 2019 年福建省国民经济和社会发展统计公报的数据，

2019 年福建省全年交通运输、仓储和邮政业实现增加值1 484.58 亿元，比上年增长 9.5%。全年货运量 133 692.85 万吨，货物周转量 8 296.63 亿吨。全年沿海港口新增货物通货能力 744 万吨，沿海港口完成货物吞吐量 5.95 亿吨，比上年增长 6.6%。邮政业务总量 646.01 亿元，比上年增长 29.5%。仓储物流和交通运输的发展，为农产品高效流通奠定了基础。新型流通模式和业态蓬勃兴起，物流体系的完善和农村电商的发展促使农产品流通现代化水平不断提高。

三、网购消费方式壮大福建省农产品消费市场

网络消费对农产品市场的影响不断扩大，已成为促进福建省消费增长的重要力量，网上购买农产品数量和类别与日俱增。根据阿里研究院公布的“2019 中国淘宝村”名单，全国共 4 310 个淘宝村，福建省就有 318 个，数量居全国第六。正因为阿里巴巴与福建省各级政府部门通力合作，为福建省电子商务，特别是农村电子商务打下了良好的基础，为帮助福建省滞销农产品上线，发挥了重要的作用。2020 年第一季度福建省农产品网络零售额达 28.7 亿元。据不完全统计，2019 年各地通过收购贫困户自产农特产品、发展“电商＋基地＋农户”模式或吸收用工等方式，带动贫困户 1 590 人增收 1 135 万元，人均增收 7 100 元。新冠疫情暴发后，电商销售农产品优势更加凸显，各地区农产品通过“直播带货”的方式意外走红，2020 年 3 月起，柘荣、建宁、霞浦、云霄、古田、顺昌等重点县主要领导纷纷化身主播推介当地特色农产品，带动农产品网络销售，取得较好成效。

四、农产品农商互联供应链设施逐步健全

农产品农商互联供应链的畅通，需要供应链设施的完善作为支撑。在生产端，农产品生产日益规模化、专业化以及智能化，已经初步建成“一品一码”农产品全过程追溯体系。以泉州为例，截至 2020 年 5 月 31 日，全市已有 2 044 家农产品（水产品）生产单位纳入省级追溯体系管理平台，赋码 83 683 个批次。在信息渠道上，福建省电话宽带等业务也发展迅猛。根据 2019 年福建省国民经济和社会发展统计公报的数据，2019 年年末全省电话用户总数5 484 万户，同比增长 3.7%；（固定）互联网宽带接入用户 1 779 万户，同比增长 9.2%；移动互联网用户 3 915.8 万户，移动宽带用户普及率为 104.4%，比上年提高 3.5 个百分点。宽带和电话的普及，让农商互联“商”端和“农”端沟通更为便捷，市场需求和农产品价格也变得更加透明。同时，交通运输和仓储物流等发展，也是农商互联供应链基础设施建设中的重要助力。

五、农产品流通企业和新型农业经营主体对接取得成效

2020年福建省商务厅积极推动阿里、京东、朴朴、永辉等电商平台，助力销售重点县农产品，还举办了5场闽货华夏行活动和第二届商博会，优先安排重点县企业参展，并给予免费的展位支持，支持重点县农特产品进中石化、中石油加油站便利店，加快产销对接。农商互联模式的快速发展也催生出一批优秀的企业。以福州莲心源食品有限公司为例，莲心源以打造六鳌地瓜供应链为中心，通过标准化种植、规模化加工、品牌销售一体化服务，拓宽区域农产品的销售渠道，在淘宝上线企业店铺，成为京东、每日优鲜等电商平台供应商；线下给各类大中小商超、便利店、批发店稳定供货，最终达到带领农民增收的目的。在2020年新冠疫情暴发的情况下，农商互联为农产品滞销更是做出了巨大贡献。以福州优野生态农业有限公司为例，疫情防控期间优野采购消化了建阳、建瓯、长乐等地区积压菜量约120吨，并且保证了收购价。农商互联模式下，新型农业经营主体和农产品流通企业的对接探索取得了初步成效。

第五节　农商互联供应链运行存在的问题

尽管福建省农商互联模式的建设取得了一定成效，但是仍然存在标准化水平低、农产品品牌建设相对滞后、农村物流配送体系不够完善、“农”端与“商”端产销脱节、专业人才匮乏、服务体系不健全等问题。

通过问卷调查和实地走访的形式，课题组选择水果品类，选取福建省新型农业经营主体、专业大户、家庭农场、农业产业化龙头企业等30家作为调研对象，对其水果农商互联供应链运行情况进行调研，接受调查数量最多的是新型农业经营主体，其数量占比为56.67%，其次是农民专业合作社，占比为26.67%，专业大户、家庭农场、农业产业化龙头企业数量较少，分别占比10.00%、3.33%、3.33%，该问卷也为福建省农商互联供应链发展存在的问题研究提供参考。

一、新型农业经营主体销售渠道单一，市场主体合作共赢能力亟待增强

销售渠道是农产品销售的重要环节，目前福建省仍存在农户销售渠道单一或无固定销售渠道等问题。在水果农商互联供应链运行调研中，虽然在销售渠道上，涵盖了超市、电商、自媒体平台以及批发零售等渠道，但在每个主要渠道上进行细分，又会发现主要渠道比较单一。如在电商渠道，福建省大部分水

果农户通过拼多多和淘宝这两大电商平台进行水果销售，分别占比为77.78%和66.67%。在超市销售中，新华都（占比为66.67%）、兴福兴（占比为66.67%）、永辉超市（占比为66.67%）以及大润发超市（占比为33.33%）选择接收农户的水果，其他销售多为当地门槛较低的小型超市，而麦德龙、沃尔玛则较少接收福建省农户的水果，主要合作的超市还是以本土超市为主。在关于供销脱节原因的调查中（表3-5），43.33%的果农认为“没有固定的销售渠道”，80.00%的果农认为“销售渠道单一，无多渠道销售”，46.67%的果农表示他们仍采用“传统营销模式”。因此，福建省农商互联模式的建设，还需要农产品流通企业和新型农业经营主体之间加强合作交流，同时拓宽农产品销售渠道。

表3-5　供销脱节的原因分析

供销脱节的原因	占比（%）
没有配套的物流和冷链措施	53.33
没有固定的销售渠道	43.33
销售渠道单一，无多渠道销售	80.00
产销信息不对称，获取信息途径少	76.67
传统营销模式	46.67

二、“农”端与“商”端之间信息不对称，产销脱节

新型农业经营主体和农产品流通企业之间缺乏信息交流的渠道，同时由于新型农业经营主体接收到市场信息有限，这使得农户在生产上具有一定的盲目性、跟风性，生产行为常常滞后于价格的变化，难以及时调整种植的结构。根据调查问卷，有86.67%的果农在水果成熟后才得知水果滞销，这体现了果农和市场间存在着信息脱节的问题。遇到重大气象灾害时，农户难以对农产品市场形势做出判断，无法及时关注价格的波动情况，更不能及时做出有效的风险规避措施。在上市时间安排上，农户们也难以做到错峰上市。在商户端，商户也难以将销售中遇到的品质、消费者喜好等问题及时反馈给农户。产销环节之间的脱节，进一步加大了农产品滞销的风险（图3-1）。

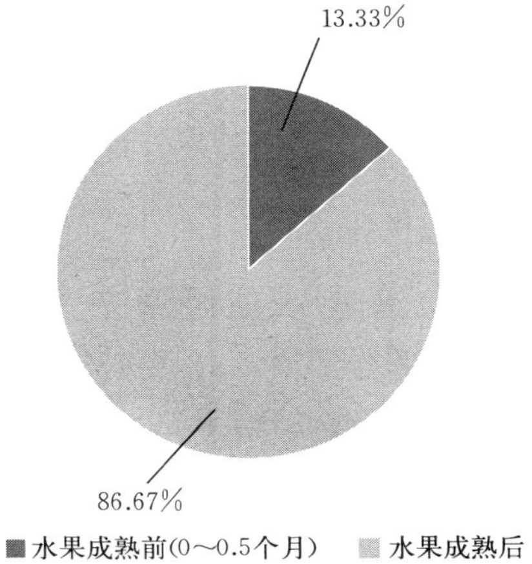

图3-1　果农意识到水果滞销的时间

三、农村物流配送体系相对落后

虽然近年物流行业一直在迅速发展，但由于农产品自身的复杂多样性，对其物流服务的包装、运输、储存、配送等环节提出了较高的要求。农村物流配送体系主要存在以下问题：第一，农村物流基础设施建设不足，流通网点分布不均，在福建省一些乡镇，“最后一公里”的问题还是没有解决。第二，农产品的保鲜技术及储存方法相对落后，尽管在国家政策层面上支持冷链物流的发展，各物流企业也重视冷链物流服务，但冷链物流基础设施建设仍然不足，难以真正实现农产品从生产端到零售端的全链条冷链化。第三，农产品初加工水平低，大多数农产品依旧是以散装的原产品形式进入终端市场，物流端包装专业能力不足，为农产品运输、装卸增加了难度，农产品运输成本和损坏率上升。在关于福建省水果滞销的问卷调查中，有53.33%的果农认为，没有配套的物流和冷链措施是造成水果供销脱节的原因。

四、标准化生产水平相对不足

福建省大多数农产品存在规模小、生产空间分散、机械化水平低等问题，农产品未能实现标准化生产，导致产品质量难以把控，这成为农商互联模式发展的一大瓶颈。首先，生鲜农产品品质易受到自然环境的影响，不同生长环境对农产品的口感、外观都会造成影响。其次，福建省农业生产仍然以分散种养为主，这也导致了机械化管理难以推行。以上原因，都一定程度上制约了农产品标准化生产的推行。农民专业合作社是对分散农业经营主体的组织，但合作社中参与对接的农业经营主体在种植与养殖过程、采摘时间、加工和包装过程并没有可以依循且能够统一执行的科学标准，这使得农户在产品等级、均一度等方面与企业要求不一致。在商户端，大型商超在农产品安全和质量上都有着严格的要求，这些无疑增加了农商互联的难度。

五、农产品品牌建设不平衡

良好品牌是进行市场竞争的有利法宝。福建省在自然资源和生态资源上有着得天独厚的优势，再加上工艺技法的传承，造就了诸多农产品区域品牌。然而在品牌建设上，仍存在农产品品牌发展意识不够、品牌保护不足等问题。大多数新型农业经营主体把运营重心放在追求企业利润上，还未认识到品牌建设的重要性，且农产品品牌建设需要花费大量资金和精力，因此其往往不愿意在品牌建设上进行大量的投入。同时，福建省农产品企业品牌发展品类间不平衡，茶叶类农产品企业品牌显著强势，品牌数量多且品牌价值高，而果品类农产品企业品牌则较为弱势，品牌数量少且品牌价值低。根据中国农业品牌研究中心公布的数据，在2020年中国茶叶企业产品品牌价值评估中（所涉及的品牌只包括在中国内地注册的茶叶企业产品品牌），福建有19个茶叶产品品牌进入全国百强，且品牌价值都在亿元以上。在2020年中国果品企业自主品牌价值评估中（所涉及的品牌只包括在中国内地注册的果品企业自主品牌），福建仅有3个果品品牌进入全国一百五十强，其中品牌价值在亿元以上的果品品牌只有1个（表3-6、表3-7）。

表3-6　福建省入选2020年中国茶叶企业产品品牌价值评估结果（全国百强）

排名	品牌名称	品牌价值（亿元）	排名	品牌名称	品牌价值（亿元）
3	新坦洋	12.46	43	隽永天香	3.54
4	崟露	12.19	44	福百祥	3.51
8	品品香	9.74	60	晒白金	2.48
11	鼎白 Dingbai	8.12	68	天醇	2.21
15	御茶园	6.92	70	裕荣香	2.1
19	满堂香	5.05	74	三泉	1.98
29	誉达	4.37	84	银龙	1.59
34	张元记	3.94	95	闽津	1.19
36	瑞达	3.81	99	裕园	1.07
37	多奇 Duoqi	3.8			

数据来源：根据中国农业品牌研究中心的研究数据整理所得。

表3-7　福建省入选2020年中国果品企业自主品牌价值评估结果（全国一百五十强）

排名	企业名称	品牌名称	品牌价值（万元）
6	厦门福慧达果蔬股份有限公司	SUNLOVIT 新乐仕	119 500.00
64	福建省永春鑫山农林专业合作社	八闽鑫山	6 820.72
73	厦门鑫金鹭果蔬贸易有限公司	鑫金鹭	6 072.85

数据来源：根据中国农业品牌研究中心的研究数据整理所得。

六、专业人才队伍建设的不足

从福建省从事农产品生产和经营的主体来看，仍存在从业人员文化素质普遍不高的情况，大部分农业经营主体没有组建研发团队，科技研发经费投入不足。农商互联模式的建设，对农产品标准化、农产品品牌建设、农产品网络营销等方面都提出了有关专业人才方面的需求，不仅需要精通网络信息技术或者品牌建设，还需要通晓农业经济专业知识。农产品生产经营企业大多远离城市，青年人才返乡意愿有限，且这类人才在一线城市往往能够获得高薪酬的工作，而农产品生产与经营行业的利润偏低，很难提高薪酬吸引和挽留专业技术人才；且农产品生产销售的周期长，营销措施、品牌建设等短期内难以看到成效，这使得下乡支援的人才或者怀揣梦想回乡创业的人才难以为继，农产品生产和经营人才匮乏问题难以解决。

七、农业社会服务体系不健全

培育和发展农商互联模式离不开农业社会化服务体系的构建，然而当前农商互联模式构建的发展和保障措施依然欠缺。农商互联模式的构建需要大量的资金，福建省农民专业合作社大多处于分散且规模较小的状态，注册资本普遍较少，农村的金融环境还没有建立起来，农业产业化联合体内部缺乏有效的信用评估体系，农村金融资源供应不足、金融服务缺位，农业和农村经济产业化发展难以获得良好的信贷支持和服务。融资难题日益凸显，阻碍了农商互联模式向更深层次发展。农户自行组建的合作社，提供服务的能力有限，难以承担起提供法律咨询、集中采买、技术咨询和培训及市场议价等责任，农户间行业协会建设也不足。因此，培育和发展农商互联模式，迫切需要加强农村的基础设施建设和优化农村的资本结构，增强地方政府和相关部门对农商互联模式的支持和引导。

第四章

福建省农商互联模式参与主体绩效评价

福建省农商互联参与主体绩效水平整体向好，但各地市之间的农商互联参与主体水平不平衡，为更好地进行福建省农商互联模式参与主体绩效评价，本章采用网络 DEA 分析法进行分阶段分析，主要分析福建省各地级市在不同年份的整体绩效与阶段绩效。

第一节　先验研究与研究思路改变

通过对福建省数十家农产品流通企业进行访谈（如优野蔬菜、朴朴超市、永辉超市），并进行相关数据的收集，得到初步相关评价指标（表 4-1）。在实际收集数据过程中，许多企业反馈，无法提供相应数据，主要是因为目前福建省农产品流通企业大部分属于中小微企业，除永辉超市之外，各公司的财务披露系统尚不成熟，各公司在统计口径方面存在较大差异。因此，课题组为继续分析农商互联参与主体绩效，转变了研究思路。

表 4-1　初步数据问卷

农业产销衔接	农产品营销
采购人员数量（人）________	营销费用（元）________
对新型农业经营主体入股金额（元）________	营销推广人员数量（人）________
与新型农业经营主体合作数量（家）________	农产品研发及技术推广费用（元）________
入股新型农业经营主体的分红（元）________	品牌农产品销售额（元）________
订单农业销售额（元）________	品牌农产品数量（SKU）________
扶贫地区特色农产品销售额（元）________	农产品销售总额（元）________
订单履约率（%）________	

（续）

农产品流通技术	财务绩效
信息化建设投入金额（元）________	利润增长率（%）________
冷链建设投入金额（元）________	总销售额增长率（%）________
仓储、物流人员数量（人）________	净资产收益率（%）________
抽检不合格次数（次）________	商品毛利率（%）________
抽检合格率（%）________	
农产品标准条款数量（条）________	
农产品成品率（%）________	
库存周转率（%）________	

过去许多研究认为，从农产品供应链视角出发可以在一定程度上分析出农商互联参与主体的绩效。同时，该研究思路可以依靠福建省各地市的统计年鉴数据进行分析，从而在数据可靠性上保证评价的客观性，可以比原研究思路更好确定各参与主体的整体绩效水平。农商互联的参与主体主要由新型农业经营主体和农产品流通企业组成，而现实中这两者分布广、数量大（截至 2020 年，福建省农民专业合作社数量已达 19 338 家），从个体层面上确定绩效水平不现实。从理论上看，农商互联的参与主体绩效反映出的是其在农产品供应链中展现出的水平，可以不用从个体层面去确定参与主体的绩效。所以，本书研究的新思路并没有忽视研究计划书的研究目的，反而是在对原研究思路进行更深层次思考后得出的更优解，在保证研究可行性的前提下分析农商互联各参与主体在农产品供应链中的作用，从而得出参与主体绩效判断的依据。随着研究思路的变化，原先计划采用的三角模糊层次分析法不再适用于本书研究，因为该方法具有较强的主观性，为更好分析该命题，本书继而采用网络 DEA 分析方法进行分阶段分析（具体原因在本章第三节中体现）。

第二节　农商互联与农产品供应链

《商务部关于推进农商互联助力乡村振兴的通知》中指出，农商互联是农产品流通企业与新型农业经营主体进行全面、深入、精准对接，发展订单农业、产销一体、股权合作等模式，实现联产品、联设施、联标准、联数据、联市场，打造上联生产、下联消费，利益紧密联结、产销密切衔接、长期稳定的新型农商关系。其中，“农”主要包括农民专业合作社、农业产业化龙头企业、家庭农场等新型农业经营主体，“商”主要包括农产品批发市场、经营生鲜农产品的大型连锁超市及批发零售企业、农产品电商企业等农产品流通企业。透过农商互联的定义，“推广新型模式”与“构建新型农商关系”是工作重点。赵晓飞（2012）提出，国内外农产品供应链的整合与优化主要集中在农产品供应链成员关系、组织模式、信息管理及模式创新等方面，因此农商互联实质为对农产品供应链的整合与优化。

农产品供应链常年存在集约化、联盟化的渠道链条缺失，渠道成员间关系不稳定，各主体间信息流通不畅，服务体系不完善以及质量安全管理体系欠缺等问题，面对这些问题，整合与优化农产品供应链的研究已取得一定进展，农产品供应链一般由组织整合、信息整合和资源整合三部分组成。从组织整合来讲，组织化有利于农产品供应链各环节管理，确保农产品质量安全，有利于降低市场准入风险，改善收入水平与科技能力。张晓林（2015）提出，提高农产品流通企业组织化程度与主体规模能有效提升对农产品流通产业链的主导能力。饶志伟（2011）运用“供应链一体化”思维，阐述了“生产环节”与“流通环节”整合能及时获取市场信息，减少盲目生产而导致的亏损。Minot（2007）认为，农产品供应链的整合使得各参与主体的相对生产成本和相对营销成本都得以降低，实现互利共赢。从信息整合来讲，韩燕（2009）提出，信息不对称是导致农产品生产和流通过程中质量安全问题的根本原因，通过信息整合可提高农产品质量安全保障水平。从资源整合来讲，朱雪丽（2020）从“互联网＋”视角阐述了智慧物流能够整合农产品供应链优势资源，解决传统生鲜产品供应链损耗严重与效率低下问题。综上，优化“农”与“商”之间的关系，形成良好的合作模式能够实现组织整合、信息整合和资源整合，进而提高农产品供应链绩效。由于大市场与小生产之间不对等合作关系的存在，组织整合、信息整合和资源整合的主导者通常都是农产品流通企业，因此农产品流通企业的资本投入是整合与优化农产品供应链的关键因素，可作为衡量农商互联绩效的重要指标。

第三节　研究方法与指标变量选取

在进行福建省农商互联模式参与主体绩效分析时，通过对各类研究方法进行适应性分析，最终选择以数据包络法（DEA）作为福建省农商互联参与主体绩效分析的研究方法，以福建省 9 地市统计年鉴数据作为研究的数据来源，结合先前研究选择适用的指标进行福建省农商互联两阶段（生产阶段、销售阶段）的绩效水平分析。

一、研究方法

数据包络法（DEA）是一种检验力较强的分析方法，比传统的计量经济方法如回归分析和简单比率分析更适合于绩效衡量活动。DEA 是一种数学方法，使用线性规划技术将输入转换为输出，目的是评估可比组织或产品的绩效。在数据包络分析中，每个决策单元（DMU）可以自由选择输入和输出的任意组合，以最大化其相对效率。相对效率或效率得分是总加权输出与总加权输入的比率。DEA 是非参数框架下估计系统效率的常用方法，自 1978 年首次应用以来，其在多个研究领域得到了推广，且受到了广泛的认可。然而，传统的 DEA 模型只能评估某一过程中的效率水平，将投入指标放入一个“黑箱”中考虑产出指标的效率，没有考虑“黑箱”中发生了什么，这曾经对于 DEA 模型而言是一项优势，但随着学术界所考虑的问题愈发复杂，需要对“黑箱”内的内容进行分解，因而衍生出了网络 DEA 模型。

网络 DEA 模型中如果存在投入过度或产出不足时（即存在非零松弛），可能会导致网络 DEA 模型高估评价对象的绩效水平，因此本书采用 Tone（2009）提出的非径向 SBM 两阶段网络 DEA 模型，在一定程度上保证绩效评价的效率。

对于由 k 个节点（$k=1$，…，K）组成的 n 个决策单位 DMU_s（$j=1$，…，n）。令 m_k 和 r_k 分别作为到节点 k 的投入量和产出量。用（k，h）表示节点 k 到节点 h 的连接关系，同时用 L 表示连接集。观测数据为 $\{X_j^k \in R_+^{m_k}\}$（$j=1$，…，n；$k=1$，…，K）（DMU_j 在节点 k 的投入量），$\{y_j^k \in R_+^{r_k}\}$（$j=1$，…，n；$k=1$，…，K）（DMU_j 在节点 k 的产出量）和 $\{z_j^{(k,h)} \in R_+^{t_{(k,h)}}\}$ [$j=1$，…，n；（k，h）$\in L$]（从节点 k 到节点 h 的连接变量），此处 $t_{(k,h)}$ 为连接关系（k，h）变量个数。本文采用规模报酬可变的假设，将生产可能性的集 $\{(x^k, y^k, z^{(k,h)})\}$ 定义为

$$x^k \geqslant \sum_{j=1}^{n} x_j^k \lambda_j^k (k=1,\cdots,K), y^k \leqslant \sum_{j=1}^{n} y_j^k \lambda_j^k (k=1,\cdots,K),$$

$$z^{(k,h)} = \sum_{j=1}^{n} z_j^{(k,h)} \lambda_j^k [\forall (k,h)] (\text{作为节点 } k \text{ 的产出量})$$

$$z^{(k,h)} = \sum_{j=1}^{n} z_j^{(k,h)} \lambda_j^h [\forall (k,h)] (\text{作为节点 } h \text{ 的投入量})$$

$$\sum_{j=1}^{n} \lambda_j^k = 1 (\forall k), \lambda_j^k \geqslant 0 (\forall j,k)$$

$\lambda^k \in R_+^n$ 表示对应于节点 k（$k=1$，…，K）的权重，DMU_o（$o=1$，…，n）可以由以下公式表示：

$$x_o^k = X^k\lambda^k + s^{k-} \ (k=1, \cdots, K), \ y_0^k = Y^k\lambda^k - s^{k+} \ (k=1, \cdots, K)$$
$$e\lambda^k = 1 \ (k=1, \cdots, K), \ \lambda^k \geqslant 0, \ s^{k-} \geqslant 0, \ s^{k+} \geqslant 0, \ (\forall k)$$
$$X^k = (x_1^k, \cdots, x_n^k) \in R^{m_k \times n}, \ Y^k = (y_1^k, \cdots, y_n^k) \in R^{r_k \times n}$$

其中，s^{k-}（s^{k+}）为投入（产出）的松弛变量。对于连接变量的约束条件而言，采用 LF 来连接各节点，表示连接变量可以自由决定同时保持投入量和产出量的连续性，具体公式表达如下

$$Z^{(k,h)}\lambda^h = Z^{(k,h)}\lambda^k, \ [\forall \ (k, h)]$$
$$Z^{(k,h)} = [z_1^{(k,h)}, \cdots, z_n^{(k,h)}] \in R^{t_{(k,h)} \times n}$$

考虑到投入量和产出量可能具有的松弛性，为更准确评估，本文采用无方向的网络模型，具体模型如下式所示

$$\rho_o^* = \min_{\lambda^k, s^{k-}, s^{k+}} \frac{\sum_{k=1}^{K} w^k \left[1 - \frac{1}{m_k}\left(\sum_{i=1}^{m_k} \frac{s_i^{k-}}{x_{i_0}^k}\right)\right]}{\sum_{k=1}^{K} w^k \left[1 + \frac{1}{r_k}\left(\sum_{r=1}^{r_k} \frac{s_t^{k+}}{y_{t_0}^k}\right)\right]}$$

此处 $\sum_{k=1}^{K} w^k = 1$，$w^k \geqslant 0 (\forall k)$，其中 w^k 为节点 k 的相对权重以表示该节点的相对重要性。同时，将 ρ_o^* 定义为决策单元 DMU_o 的无方向效率，如 $\rho_o^* = 1$，则表示决策单元 DMU_o 总体有效率，其各节点的表示式为

$$\rho_k = \frac{1 - \frac{1}{m_k}\left(\sum_{i=1}^{m_k} \frac{s_i^{k-*}}{x_{ii}^k}\right)}{1 + \frac{1}{r_k}\left(\sum_{r=1}^{r_k} \frac{s_r^{k+*}}{y_{r0}^k}\right)} (k = 1, \cdots, K)$$

此处的 s^{k-*} 与 s^{k+*} 分别为最优投入与最优产出的松弛变量。

二、指标和变量选取

1. 指标选取

本书数据来源于福建省 9 地市统计年鉴数据，包括 2015—2019 年相关统计数据，其中限额以上农产品批发零售企业用合并果品、蔬菜、肉、禽、蛋、奶及水产品批发零售企业的数据来表示，具体变量数据如表 4-2 为 2015—2019 年福建省数据描述性统计值所示。第一阶段投入量为农业从业人员、限额以上批发农产品企业总资产、主要农作物播种面积，同时将第一阶段的产出变量（农业总产值）作为两阶段中的连接变量作为第二阶段的投入量，第二阶段的产出量为农业增加值、限额以上农产品批发企业营业收入。

表 4－2　2015—2019 年福建省数据描述性统计值

指标名称	变量名称	均值	最大值	最小值	标准差
投入量	农业从业人员（人）	658 119.3	1 024 800	81 206	246 883.9
	限额以上批发农产品企业总资产（万元）	211 661.7	871 787	7 919	243 668
	主要农作物播种面积（亩）	2 811 680	6 710 094	325 378	1 421 851
两阶段连接变量	农业总产值（万元）	4 459 797	9 349 221	455 355	2 329 816
产出量	农业增加值（万元）	2 602 973	5 439 008	261 091	1 349 096
	限额以上农产品批发企业营业收入（万元）	662 113	2 959 996	39 535	611 508.2

数据来源：根据福建省 9 地市统计年鉴数据所得。

由于农产品流通通常是以城市为单位进行流通，为保证农商互联参与主体绩效评价方式符合客观现实，本书使用地市级统计年鉴数据。从表 4－2 数据可知，各项指标的最大值与最小值之间的差距较大，且标准差均大于各项指标的中值，表明福建省 9 地市在农业生产规模、农产品流通企业规模及农业总产值方面均存在明显的不平衡现象。福建省农业从业人员数量由 2015 年的 5 980 874 人下降到 2019 年的 5 809 271 人，播种面积由 2015 年的 29 006 132 亩下降到 2019 年的 24 720 123 亩，但限额以上农产品批发企业的总资产由 2015 年的1 707 786 万元上升到 2019 年的 2 228 687 万元，农业总产值由 2015 年的 34 337 059 万元上升到 2019 年的 46 365 645 万元。

2. 投入产出变量的选择

虽然已有的研究已经对农产品供应链绩效进行详尽探讨，但主要还是聚焦于供应链的绩效结果评价，缺乏供应链过程绩效的讨论。农商互联涵盖农产品从生产到销售的全过程，因此如果运用过去的研究结果对农商互联进行理论解释，将难免导致结果上的失真。因此，有必要对农商互联绩效评价方法采用分阶段的研究工具进行分析，因此本书将通过网络 DEA 模型对农商互联绩效进行评价。参考陈超（2020）、郭海红（2019）、李爱军（2017）关于农产品流通的研究所提出研究框架，同时考虑由于在农产品流通过程中生产端至消费端的全流程，农商互联表示的是一种新型农业经营主体和农产品流通企业紧密合作形成的行为模式，因此本书将农商互联绩效划分为两阶段的绩效水平，分别为生产阶段绩效与销售阶段绩效，具体网络结构如图 4－1 所示。其中，生产绩效的投入指标包括农业从业人员、主要农作物播种面积、限额以上农产品批发零售企业总资产，以农业总产值作为产出指标，以此来衡量生产阶段绩效。然后，将农业总产值作为连接生产阶段绩效与销售阶段绩效的指标，以限额以上农产品批发零售企业营业收入以及农业增加值作为销售阶段的产出指标。

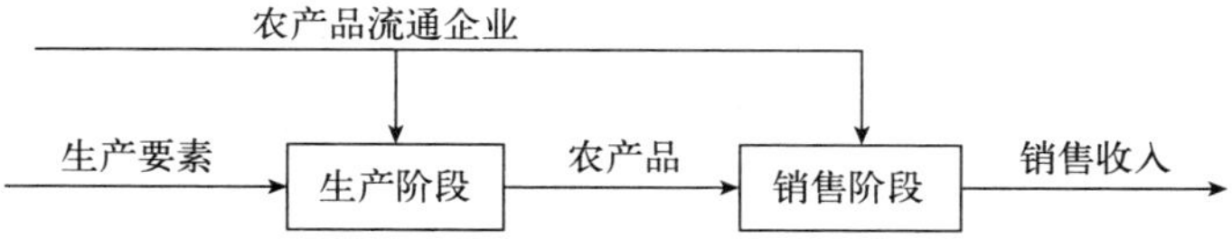

图 4－1　农商互联两阶段网络框架

第四节　福建省农商互联参与主体绩效分析与聚类分析

本节对福建省 9 地市农商互联参与主体绩效的评价，主要通过分析各地级市在不同年份的整体绩效与阶段绩效，并且采用 K－均值聚类分析，将 9 个地市聚成三类，对其农商互联参与主体绩效进一步分析。

一、绩效分析

如图 4－2 所示，福建省 9 地市的农商互联参与主体绩效在 2015—2019 年持续向好发展，福建省农产品流通企业如雨后春笋，涌现出一批全国知名的企业，如永辉超市、朴朴超市、元初食品等。同时，福建省一批地理标志农产品开始走向全国，福鼎白茶、古田银耳、宁德大黄鱼等农产品不仅在福建省在其他省份也获得了较高的知名度和美誉度。如图 4－2 所示，福建省农商互联参

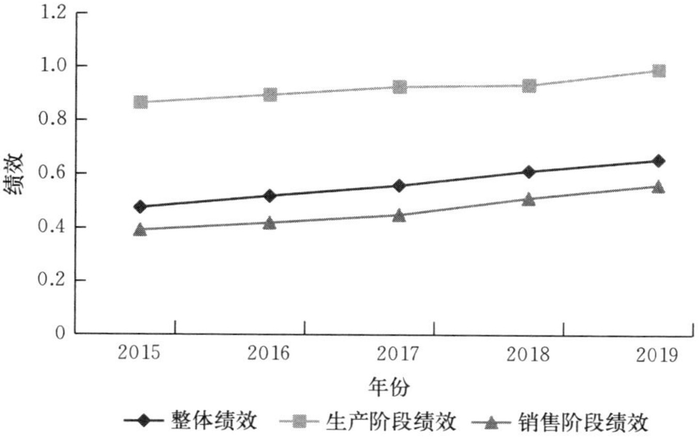

图 4－2　农商互联参与主体整体绩效与分阶段比较

与主体整体绩效折线走势显示，2015—2019 年福建省农商互联参与主体绩效发展向好，说明经过农产品流通企业与新型农业经营主体的共同努力，成就了福建省农产品供应链绩效水平的持续与稳步上升。

如图 4-2 中分阶段平均值的折线所示，农商互联参与主体整体绩效水平处于生产阶段绩效与销售阶段绩效中间，而生产阶段绩效远高于销售阶段绩效，表明销售阶段绩效仍有很大的提升空间。虽然 2015—2019 年福建省在农业生产方面的生产要素的投入逐年递减，但农业总产值逐年递增，表明福建省近年的农业生产效率得到了提升，一方面固然是农业生产技术的进步所带来的提升，另一方面也有赖于产销模式的进步所带来的管理效率的提升。

如表 4-3 所示，2015—2019 年福建省 9 地市农商互联参与主体分阶段绩效均值，展示了福建省农商互联参与主体的整体绩效以及分阶段绩效的平均值，可以发现各地市间的生产阶段绩效差值远小于销售阶段绩效的差值，表明农商互联参与主体整体绩效的差异主要来源于销售阶段绩效的差异。将福建省 9 地市按近 5 年的平均值进行排序，农商互联参与主体整体绩效按从高到低的顺序排名为厦门市、福州市、漳州市、莆田市、龙岩市、泉州市、三明市、宁德市、南平市。其中，福州市与厦门市分别为闽东北与闽西南的中心城市，分别为各自地区的农产品中心市场，因此这 2 个地市的农商互联参与主体整体绩效较高。此外，由于漳州市相较于其他城市与厦门市的距离具有区位优势，厦漳之间农产品流通成本低，且厦门市农业规模较小，漳州市的农产品可以流通至厦门市以满足厦门市的需求，因此其农商互联参与主体绩效仅次于福州市与厦门市。对于三明市、宁德市与南平市而言，其虽拥有丰富的农业资源，但却受制于交通不便，许多农产品流通成本相对较高，因此在销售阶段的绩效偏低，这也就导致了其农商互联参与主体整体绩效排名在福建省内处于末尾。

表 4-3　2015—2019 年福建省 9 地市农商互联参与主体分阶段绩效均值

地市名称	整体绩效	生产阶段绩效	销售阶段绩效
福州市	0.815	0.825	0.807
厦门市	0.976	0.984	0.968
莆田市	0.560	1.000	0.403
漳州市	0.746	0.898	0.650
三明市	0.477	0.935	0.343
南平市	0.137	0.795	0.085
宁德市	0.330	0.983	0.200
龙岩市	0.534	0.995	0.373
泉州市	0.494	0.876	0.362

二、聚类分析

为了对福建省9地市农商互联参与主体绩效有进一步的认识，本书对福建省9地市农商互联参与主体整体绩效以及分阶段绩效，通过SPSS进行聚类。采用K-均值聚类分析，将9个地市聚成3类，结果如表4-4所示。

表4-4 福建省9地市农商互联参与主体绩效聚类分组情况

类　别	地市名称
第一类	厦门市、福州市、漳州市
第二类	莆田市、龙岩市、泉州市、三明市、宁德市
第三类	南平市

第一类地市包括厦门市、福州市、漳州市，整体绩效和两阶段效率相对较高。虽然厦门市的生产阶段绩效相对福建省其他城市的优势不是特别明显，且福州市和漳州市的生产阶段绩效相对其他城市在福建省9地市排名中也只处于中下游水平，但是厦门市、福州市与漳州市的销售阶段绩效具有较高的水平，分别为0.968、0.807、0.650（图4-3），因此农商互联参与主体绩效水平较高。由此可知，农商互联参与主体绩效水平的高低主要取决于销售阶段绩效，此类地市要想保持良好的农产品产销关系，应注重农产品流通龙头企业的培育，持续提高农产品的附加值，在农副食品加工、农产品品牌建设方面进行投入以进一步提高销售阶段绩效。

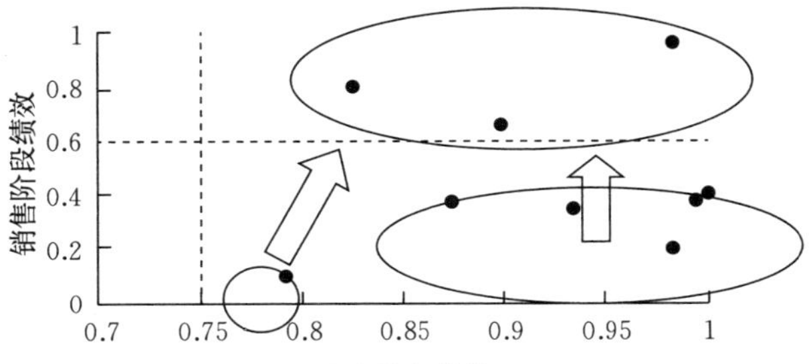

图4-3 福建省农商互联参与主体分阶段绩效散点图

第二类地市包括莆田市、龙岩市、泉州市、三明市和宁德市，生产阶段绩效水平较高，但销售阶段绩效水平与第一类地市存在一定差距。这类地市虽然在农业生产方面的效率相对第一类地市没有明显的差别，甚至莆田市在2015—2019年的生产阶段绩效水平均处于福建省的最高水平，但由于产销衔接的效率不足，导致销售阶段绩效偏低，从而影响了其农商互联参与主体整体绩效。因此，第二类地市应扩大农业新型经营主体的规模，提高订单农业的比例，以促进农产品供应链的稳定性。

第三类地市为南平市，生产阶段绩效和销售阶段绩效均处于最低水平。南平市在生产阶段以及销售阶段的投入产出比相对福建省其他地市都较低，其生产阶段绩效为 0.795，销售阶段绩效为 0.085。因此，对于南平市而言，要积极探索农业新技术的应用，提高农业生产效率，吸引农产品流通企业到农村中与农业生产者达成紧密合作，利用“一村一品”“农村电商”等可以降低农产品供应链成本的流通方式充分发挥该市的农产品的潜在价值。

第五节 结论与政策建议

本书将农商互联与农产品供应链的相关研究结合起来，创新性地将农产品流通划分为生产阶段及销售阶段，并提出一个适用于农商互联参与主体绩效评价的理论框架。运用非径向 SBM 两阶段网络 DEA 模型对 2015—2019 年福建省 9 地市统计年鉴数据进行分析，并采用聚类分析对福建省农商互联参与主体绩效水平进行分类从而提出改进路径，一方面首次测度了福建省 9 地市农商互联各阶段的绩效水平实现应用创新，另一方面在一定程度上打开了农产品流通中相关绩效评价的“黑箱”实现理论创新。结果表明：一是通过分阶段评估福建省 9 地市农商互联参与主体绩效符合理论与现实的预估，可作为市域级别农商互联参与主体绩效的良好评价工具。该绩效评价工具数据来源于统计年鉴，数据源易得且客观，从而可以更具体地服务于实践。二是福建省农商互联参与主体绩效水平整体向好，但各地市之间的农商互联参与主体水平不平衡，且销售阶段绩效水平均具有一定的提升空间。三是可按照农商互联参与主体整体绩效以及分阶段绩效将福建省 9 地市聚类成 3 类，不同类型的地市可按照不同的工作重点提升农商互联参与主体绩效。

综上，本书提出如下建议：

第一，发挥农产品流通企业对农产品供应链的整合和优化作用。由于大市场与小生产之间矛盾的产销关系的存在，农产品流通企业通常在农产品供应链中为主导角色。从长远来看，为提高农商互联参与主体整体绩效，农产品流通企业应充分发挥自身在农产品供应链中的资源配置作用，一方面通过发展订单农业、协助农业技术扩散等方式共同与新型农业经营主体加强农业生产管理创新，从而提高生产阶段绩效；另一方面通过提高农产品附加值、降低流通成本等方式提高销售阶段绩效。

第二，促进区域经济协同发展，提高农产品供应链效率。福建省 9 地市之间的农业生产规模、农产品流通规模以及农商互联参与主体绩效水平均存在发展不平衡现象。因此，需发挥区域带动作用，就福建省而言，可发挥福州市与厦门市的带动作用，利用“闽东北”与“闽西南”区域协同发展，加快周边城市与核心城市的农产品供应链一体化，对于福建省整体农产品供应链而言，可以实现规模效率优势，降低农产品供应链成本，使分工更加明确，从而提升整体农商互联参与主体绩效。

第三，因地制宜地针对不同农商互联参与主体绩效特点提出改进路径。由于农商互联参与主体整体绩效以及分阶段绩效之间差异的存在，本书将福建省9地市聚类成3类并根据其特点提出相应的改进路径。根据资源的稀缺性，需要在提升农商互联方面侧重不同的资源投入。对于第一类地市应着重提高农产品附加值，第二类地市应着重扩大新型农业经营主体的规模，第三类地市应着重农业生产新技术的应用以及降低供应链流通成本。

第五章

福建省农商互联供应链运行效果评价

——以永辉超市为例

在进行福建省农商互联供应链运行效果评价的过程中，永辉超市作为国内首批将生鲜农产品引进现代超市的流通企业之一，其农产品供应链经营模式与运行效果值得进行深入调查研究。

第一节　永辉超市农产品供应链与消费者感知价值

永辉超市抓住了“农改超”政策的机遇，成为首批将生鲜农产品引进现代超市的流通企业之一。针对市面上大型超市在生鲜产品经营上力不从心、本土化不足的弱点，永辉超市以“农改超”的形式诞生，把生鲜农产品搬进现代超市，突出生鲜农产品主业，进行连锁化和专业化发展。经过20多年的发展，永辉超市将生鲜赢利的观念引入现代商超的生鲜经营中，聚焦生鲜农产品销售，建立起庞大的生鲜农产品供应链体系，严格把控生鲜农产品生产、运输、储存、销售、物流等环节，降低采购成本和生鲜损耗率，使生鲜农产品的利润最大化得以实现，形成了特有的“永辉模式”。“永辉模式”通过整合采购管理、物流管理和销售管理三大供应链核心环节，以零售终端作为供应链的主导者，实现了生鲜农产品流通的低成本和高效率，并由此发展出了永辉食品工业、富平云商、永辉彩食鲜等供应链品牌。

一、永辉超市农产品的采购管理

在采购管理上，区别于其他企业的“以采定销”，永辉超市将全国统一采购、区域直接采购、基地采购、供应商采购、联营采购等多种模式相结合，依托成熟“买手”团队的自营直采能力，扁平化对接供应商，深度发掘农产品中的精品，以超市为中心、以顾客为导向，以销定采，通过“田间定制”的订单农业模式，采购到最新鲜、质量最优、价格最便宜的农产品。其采购团队十分了解全国主要生鲜集散地和各种生鲜的属性，知道生鲜农产品每年的产量、产出时间和大概价格，他们经常与产地合作，将整个果园或是菜地的全部产品购买下来，成为永辉的供应基地。其采购团队还会经常到田间地头考察农产品的质量，如果农户的农产品质量达到永辉的标准，其便会与农户签订协议，收购农户的产品；若是整村的某个农产品都达到永辉的采购标准，采购人员就会指定一名村民作为农户经纪人，让他组织村民一起给永辉超市供货，永辉通过“超市＋农户”“超市＋农民专业合作社”的农商互联模式，将零散的农户集中了起来，不断向上整合生鲜农产品供应链。

与此同时，永辉超市还在全国各地拥有蔬菜种植基地、水果储存配送中心、粮食加工厂、豆制品生产加工厂、养殖基地、活鱼配送基地等，安排专业的种植人员指导农户进行科学生产，定期组织农业专家推广新技术，通过“超市＋生产基地”的农商互联模式，实现了农产品在基地直接采购，确保农产品质量的同时降低了采购成本。

二、永辉超市农产品的物流管理

在生鲜农产品的运输方面，永辉拥有完善的配送车队、物流配送中心和冷链配送系统，确保了农产品在物流和中转中均处于最适合的温度。为了降低运输过程中农产品的损耗，永辉超市会要求农户在集散地进行去泥、打捆包装等简单处理，确保运走的农产品都是适合售卖的商品。在运输配送环节，对于销量较大的农产品，直接根据门店的需求配送到指定的门店；对于销量较小的农产品，则先配送到物流配送中心，再根据门店的其他生鲜品种需求，进行拼车配送，每日安排 1～2 次针对门店的农产品配送。精心设计的运输配送模式较好地控制了成本，降低了运输过程的损耗，提高了运输效率。

三、永辉超市农产品的销售管理

农产品配送至永辉门店后，由员工进行收货和剥皮、包装等精加工，将菜品分为精品菜和普通菜两种，精品菜的价格更贵、质量更优，采用精美的小份包装；普通菜则整齐地摆放在货架上，供顾客挑选（图 5 - 1）。在上货过程中严格遵守先进先出的原则，首先将残次品移出货架，放到过磅处旁边降低价

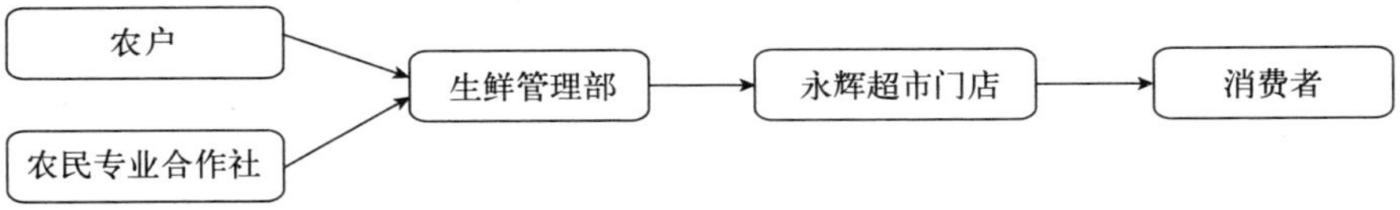

图 5 - 1　永辉超市生鲜农产品供应链结构

格进行出清处理；其次将旧货放在顾客最容易拿到的位置，保证先进先出。在生鲜农产品的定价方面，采取因时定价的方法：每日开店前，生鲜经理按照采购价格与市场行情逐一定价；销售过程中，根据农产品的新鲜程度进行调价；临近打烊，卖场理货员可以与顾客议价，经生鲜经理同意后可给予一定的折扣，对于较不新鲜的商品，则采用均一价出清和组合出清。在购买方式上，永辉超市线上、线下提供同样的产品，统一品牌形象，消费者可以到永辉门店自由选购农产品，也可以在永辉生活小程序或应用上下单选购产品。

四、消费者感知价值

20世纪80年代Forbis和Mehta（1981）首次提出消费者感知价值，指出消费者感知价值是“消费者在了解核心产品与其他产品的综合信息的情况下，愿意支付商品的最高值”。随着理论的发展，学术界普遍接受Zeithaml（1988）的理论，他认为顾客感知价值就是消费者基于所能感知到的利益与其在获取产品或服务时所付出的成本进行权衡比较下，对产品或服务效用的总体评价。因此，消费者感知价值就是消费者所感知到的利得与利失之间的权衡，是指消费者对公司所提供的产品或服务的主观认知。本书采用财政部办公厅和商务部办公厅联合发布的《关于推动农商互联完善农产品供应链的通知》中的“2019年供应链体系建设区域运行效果目标”作为测量指标体系（表5-1），以“永辉超市产销一体化程度情况”“永辉超市农产品产地商品化设施使用情况”“永辉超市农产品冷藏仓储能力”“永辉超市标准化的农产品品种数量情况”四个指标测量消费者感知的供应链运行效果产出；以“永辉超市改造农贸市场或社区菜市场等零售网点情况”“永辉超市带动农民收入水平”两项指标测量消费者感知的供应链运行效益；以“我到永辉超市门店购买农产品十分便利”“使用线上永辉生活小程序或App购买农产品十分便利”“购买永辉生鲜农产品物流配送及时、迅速”三项指标测量消费者对生鲜农产品便民销售情况满意度指标，以此来研究在农商互联的视角下永辉超市生鲜农产品供应链运行效果的消费者感知价值。

表5-1　2019年供应链体系建设运行效果目标

	年度目标
总体目标	目标1：农产品流通成本明显降低，流通效率明显提高，产销对接更加顺畅 目标2：农产品产后商品化处理水平明显提高 目标3：农产品流通企业与新型农业经营主体利益联结更加紧密，产销衔接更加紧密

（续）

	一级指标	二级指标	三级指标	指标值
运行效果指数	产出指标	数量指标	围绕本地特色农产品形成的产销一体化农产品供应链条数	≥4
			项目实施主体（地区）农产品产地商品化设施使用率	提高 30%以上
			项目实施主体（地区）农产品冷藏仓储能力	提高 30%以上
		质量指标	形成全链条标准化的农产品品种数量	≥2
	效益指标	经济效益指标	项目带动农民收入水平	提高 5%以上
		社会效益指标	建设改造农贸市场、社区菜市场等零售网点数量	≥40
	满意度指标	服务对象满意度	消费者对农产品便民销售情况满意度	≥80%

数据来源：由财政部办公厅和商务部办公厅所得。

第二节　消费者感知供应链运行效果评价问卷设计与发放

为了更好地评估福建省农商互联供应链运行成效，本书以永辉超市为研究案例，观察永辉超市作为国内首批将生鲜农产品引进现代超市的流通企业之一，在引入农商互联供应链后取得的绩效，据此设计了关于永辉超市供应链运行效果的消费者感知问卷进行大众调查与数据收集。

一、问卷设计框架

课题组本次调查以“农商互联视角下永辉超市供应链运行效果的消费者感知评价”为调查问卷的标题，问卷的内容主要分为三部分：第一部分是问卷的导语部分和问卷说明，导语部分主要阐述调查问卷的使用意图，问卷说明部分阐述了“农商互联”和“生鲜农产品”的定义，以期让被调查者更乐意参与本次调查。第二部分主要调查被调查者的基本情况和消费者在永辉超市购买农产品的体验，基本情况主要包括消费者的年龄、性别、职业、家庭月收入等，消费者在永辉超市购买农产品的体验调查包括到永辉超市购买农产品的频率、原因，对农商互联的了解程度及永辉超市农产品是否价格更便宜、质量更优。第三部分是问卷的核心部分，主要参照2019年5月15日财政部办公厅和商务部办公厅联合印发的《关于推动农商互联完善农产品供应链的通知》中的“2019年供应链体系建设区域绩效目标”，将消费者在农商互联视角下永辉超市供应链运行效果的消费者感知指标细分为消费者感知的供应链运行效果产出指标、效益指标和农产品便民销售情况满意度指标三个一级指标，采用了李克特5级评分法，测量消费者对农商互联视角下永辉超市供应链运行效果的感知。

为了保证问卷的有效性，在问卷初稿设计完成后，课题组将问卷提交给相关领域的专家考量问卷的合理性并提出相应的修改意见；同时在正式调查之前进行了预调查，通过预调查调整了意思表达不清、难以理解的题目，删除了相似的问题，确定了最终的调查问卷。

二、问卷发放与回收

本次调查是在2020年3月1日至4月10日进行的，调查采用实地调查和发放网络问卷两种方式进行。实地调查发放问卷50份，回收50份，主要在永辉超市门口进行，选取购买生鲜农产品的消费者作为调查对象，邀请他们参与本次调查，并在调查过程中对被调查者进行了一定的指导，确保他们理解问卷的内容，保证数据的真实性。网络问卷的发放对象主要选择对永辉超市比较熟悉、有一定文化水平的受访者，主要通过微信等平台，对曾经有在永辉超市购买过农产品的消费者进行调查，共发放调查问卷250份，回收问卷250份。因此，线上、线下共发放问卷300份，剔除回答不完整、前后矛盾或是答题时间少于1分钟的问卷6份，经反复筛选确定了有效问卷294份，问卷有效率为98%，问卷发放和回收情况如表5-2所示。

表5-2　调查问卷发放和回收情况统计

项　　目	发出问卷数（份）	回收问卷数（份）	问卷回收率（%）	有效问卷数（份）	问卷有效率（%）
实地问卷	50	50	100.00	48	96.00
网络问卷	250	250	100.00	246	98.40
合计	300	300	100.00	294	98.00

第三节　农商互联视角下永辉超市供应链运行效果的消费者感知评价分析

通过对问卷数据进行分类与统计，直观地了解农商互联参与主体中永辉超市的供应链运行效果，整理归纳永辉超市供应链中的消费者基本特征与消费特点，并获得消费者对永辉超市供应链运行效果的评价。

一、样本基本情况

课题组根据表5-3统计的样本人口统计特征，分析被调查者的基本情况，如性别、年龄、受教育程度、职业、家庭收入等，以此推断被调查者是否具有代表性与可靠性。在性别结构上，由于我国当前仍以女性购买生鲜农产品为主，所以本次调查结果显示男性107人、女性187人，被调查的女性消费者是男性消费者的1.75倍，较符合我国当前购买生鲜农产品的主要群体是女性的现状。在年龄结构上，21～35岁年龄段的消费者居多，占到被调查者总量的65.99%，50岁以下的被调查者占到了89.12%，说明到永辉超市购买生鲜农产品的消费者大多数是中青年。在受教育程度上，77.55%的被调查者拥有大学专科或本科的学历，能够较好地理解问卷中题目的意思，并完成本次的调查。在职业方面，受笔者本人是学生身份的影响，44.90%的被调查者是学生，比例最高，但为了确保职业类型的多样性，受访者中企业职工、个体工商户、农民、政府机关或事业单位员工分别占比为20.75%、17.01%、8.16%、7.82%。在家庭月收入上，家庭月收入在5 001～15 000元的群体居多，家庭月收入在25 001元以上的占比为10.54%，说明在市场经济的发展下，人民的生活水平正日益提高。在购买经历上，84.01%的被调查者曾经在线上或线下购买过永辉超市的农产品，若没有永辉超市购买农产品经历的则结束问卷。在购买频率上，45.35%的受访者每周至少到永辉超市购买2～3次。

表5-3 样本人口统计特征

描述指标		频数	百分比（%）	累积百分比（%）
性别	男	107	36.39	36.39
	女	187	63.61	100.00
年龄	20岁及以下	15	5.10	5.10
	21～35岁	194	65.99	71.09
	36～50岁	53	18.03	89.12
	51～65岁	21	7.14	96.26
	66岁及以上	11	3.74	100.00
学历	初中及以下	19	6.46	6.46
	中专或高中	26	8.84	15.31
	大学专科或本科	228	77.55	92.86
	研究生及以上	21	7.14	100.00

（续）

描述指标		频数	百分比（%）	累积百分比（%）
职业	政府机关或事业单位员工	23	7.82	7.82
	企业职工	61	20.75	28.57
	个体工商户	50	17.01	45.58
	农民	24	8.16	53.74
	学生	132	44.90	98.64
	离退休人员	2	0.68	99.32
	其他	2	0.68	100.00
家庭月收入	5 000 元及以下	82	27.89	27.89
	5 001～15 000 元	129	43.88	71.77
	15 001～25 000 元	52	17.69	89.46
	25 001～35 000 元	18	6.12	95.58
	35 001 元及以上	13	4.42	100.00
购买经历（线上与线下）	有	247	84.01	84.01
	没有	47	15.99	100.00
购买频率	每天都去	14	5.67	5.67
	每周 2～3 次	98	39.68	45.35
	每周一次	76	30.77	76.12
	每月一次	42	17.00	93.12
	其他	17	6.88	100.00

二、消费者对永辉超市农产品供应链的基本感知

当受访者被问及到永辉超市购买农产品的原因，68.83%的消费者认为永辉超市的生鲜农产品品质有保障，61.54%的消费者认为品种多，47.37%的消费者认为价钱便宜，45.34%的消费者认为到永辉超市购买生鲜农产品距离近或购买方便（图 5-2）。永辉的生鲜农产品优势得益于供应链模式，在农商互联的模式下，农产品产销对接紧密，品质得到保障，降低了商家的成本，给消费者带来了良好的农产品购买体验。但就消费者对永辉超市农商互联的了解程度来看，消费者对永辉超市农商互联的了解程度不高，仅有 10.53%的被调查者表示非常了解农商互联模式，33.60%的被调查者表示不了解（图 5-3）。

农商互联模式提高了农产品的供给质量和效率，让消费者买到物美价廉的农产品，当被问及“永辉超市农产品是否比其他地方（如农贸市场）价格便宜”时，26.72%的被调查者表示赞同，48.18%的人认为“差不多”，仅有

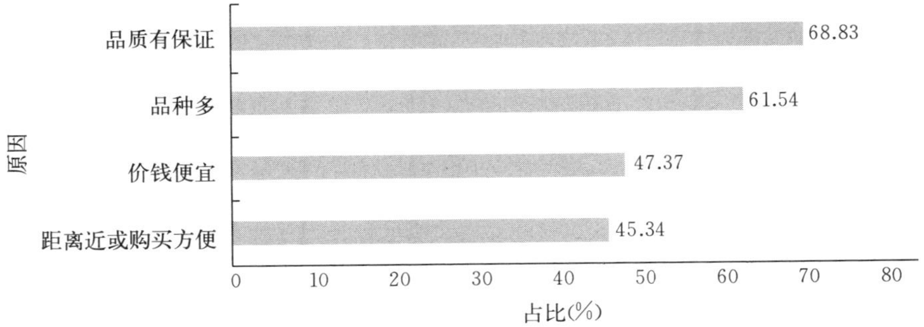

图 5-2　消费者选择到永辉超市购买农产品的原因

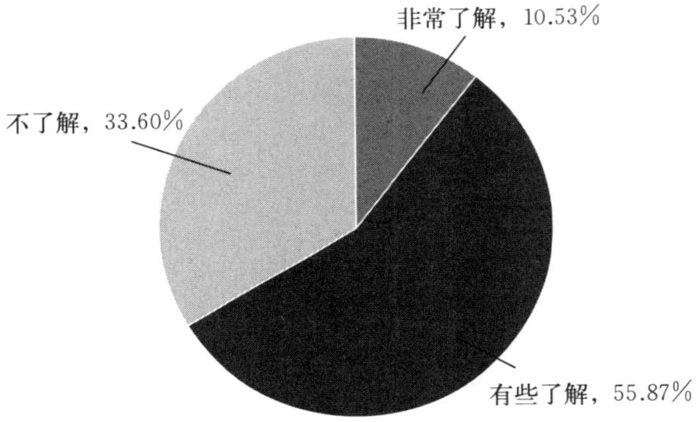

图 5-3　消费者对农商互联模式的了解程度

7.69%的人认为“比其他地方贵”（图 5-4）。在永辉超市农产品质量是否更优质的问题上，34.01%的被调查者认为“永辉超市的农产品比其他地方品质好”，50.61%的人认为“差不多”，仅有 4.45%的人认为“比其他地方品质差”（图 5-5）。

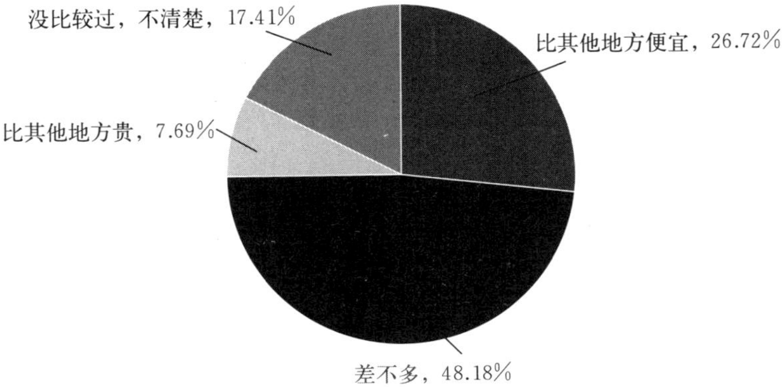

图 5-4　农产品价格是否更便宜

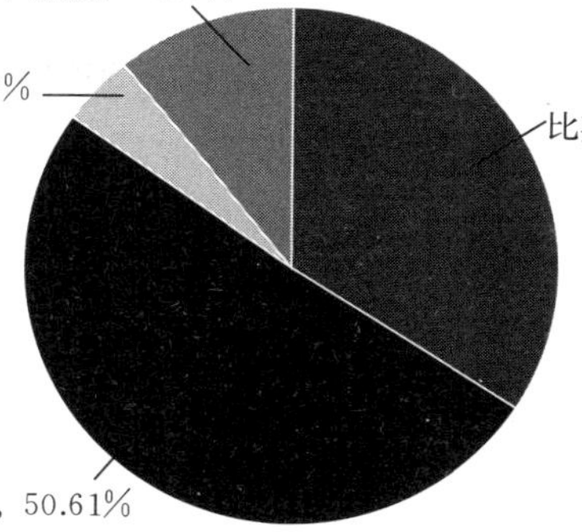

图 5-5　农产品品质是否更优

三、永辉超市供应链运行效果的消费者感知评价分析

运用 SPSS 统计软件对测评体系各要素进行均值和标准差分析，各个测量指标的均值主要是使用测量指标的得分进行计算，对指标体系中的 3 个一级指标和 9 个测量指标进行了描述性统计分析，包括每个测量指标的加总平均值和标准差，统计结果如表 5-4。由表 5-4 中可以看出，12 个测量指标均值均位于 3.5～4.0，说明消费者感知的永辉超市供应链运行效果较高。所有测量指标的标准差均小于 1，说明消费者对永辉超市农产品供应链运行效果感知差距不大。

表 5-4　变量的描述性统计分析

一级目标	测量指标	均　值	标准差
供应链运行效果产出指标	1. 永辉超市产销一体化程度情况	3.696 4	0.716 3
	2. 永辉超市农产品产地商品化设施使用情况	3.664 0	0.788 9
	3. 永辉超市农产品冷藏仓储能力	3.870 4	0.780 5
	4. 永辉超市标准化的农产品品种数量情况	3.874 5	0.819 3
供应链运行效果效益指标	1. 永辉超市改造农贸市场、社区菜市场等零售网点情况	3.664 0	0.741 1
	2. 永辉超市带动农民收入水平	3.647 8	0.766 0
农产品便民销售情况满意度指标	1. 到永辉超市门店购买农产品十分便利	3.838 1	0.873 1
	2. 使用线上永辉生活小程序、App 购买农产品十分便利	3.894 7	0.935 4
	3. 购买永辉生鲜农产品物流配送及时、迅速	3.813 8	0.863 5

在供应链运行效果产出目标上，如图 5-6 所示，115 位消费者感知永辉超市产销一体化程度较高。“产销一体化”是指为了实现“产＋销”一体化的

经营模式，“商”端建立自有基地或者与生产基地合作，向生产环节延伸产业链条。永辉超市在全国建立农产品生产、加工、配送基地，因此较好地实现了产销一体化。“商品化设施使用情况”是指农商互联的参与主体在产地就近建设改造具有产后商品化处理功能设施，如产地集配中心、冷库、产地仓等。永辉旗下的供应商品牌“彩食鲜”，作为国内领先的大型一站式食材解决方案服务商，依托永辉集团的全球供应链实力，拥有超过 30 000 个 SKU（库存单位)，并通过自建工厂、仓储、物流、配送体系，创新升级了高效率、高品质的农产品供应链，因此农商互联模式下永辉超市农产品产地商品化设施使用情况较高。在本次调查中，110 位消费者感知永辉超市农产品商品化设施使用情况较高，34 位消费者感知使用情况高。“农产品冷藏仓储能力”是指农商互联的“商”端践行现代冷链物流管理理念、标准和技术，建设农产品冷链物流集散中心，配备预冷、低温分拣加工、冷藏运输、温度监控等冷链设施设备，建立覆盖农产品加工、运输、储存、销售等环节的全程冷链物流体系，使之具有集中采购和跨区域配送能力。“彩食鲜”在全国 13 大区域建立了 6 大中央生鲜工厂，工厂内冷链设施配备完善，并采用全程冷链、新鲜直送的配送方式，确保食材的新鲜。在本次调查中，消费者感知的永辉超市农产品冷藏仓储能力较

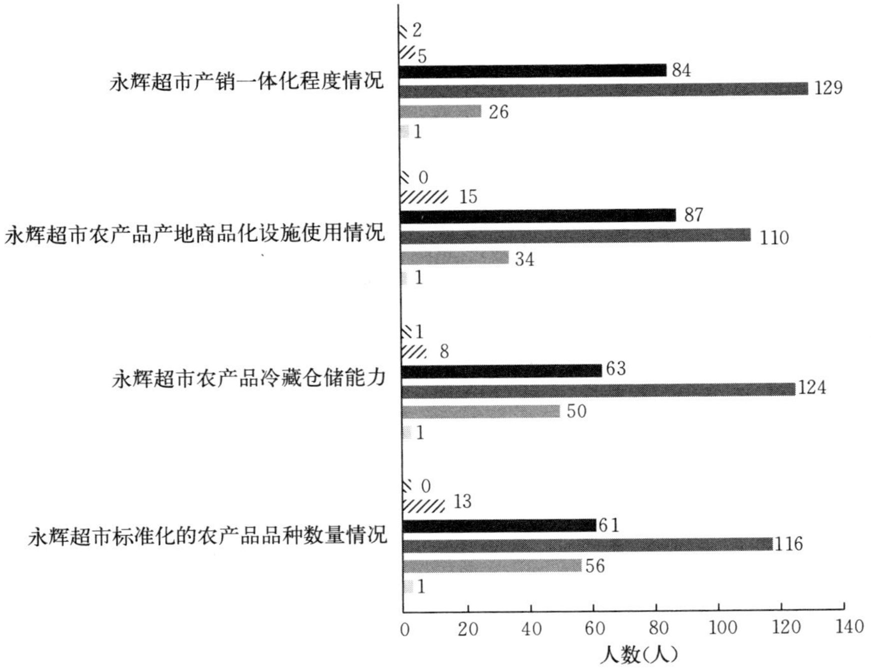

图 5-6　消费者感知的永辉超市农产品供应链产出运行效率

强和强的分别为 124 位和 50 位。“标准化的农产品”是指拥有国家标准、地方标准、团体标准和企业标准有机结合的全产业链标准体系认证的农产品，消费者感知永辉超市标准化农产品数量较多和多的分别为 116 位、56 位。综合这 4 个指标，可以得出消费者感知农商互联模式下永辉超市农产品供应链产出运行效率较高的结论。

在供应链运行效果效益目标上，93 位消费者感知“永辉超市改造农贸市场、社区菜市场等零售网点的情况”一般，115 位消费者则认为较强。消费者感知永辉超市带动农民收入水平提升较强和强的分别为 113 位和 30 位（图 5－7）。永辉超市积极发挥自身优势、主动履行社会责任，大力推动产业扶贫，扶持贫困地区发展特色产业，让产得出卖不出、产得好卖不好的优质农产品走出大山，帮助当地农民在致富路上迈出了坚实的一步。在“中国柿乡”陕西省渭南市富平县成立富平永辉现代农业发展有限公司，培育推广富平柿产品生产、科研、品牌打造、观光旅游等，帮助当地村民依靠柿业致富。在中国黄芪蜜之乡甘肃省定西市岷县，永辉启动岷县永辉千吨中蜂药蜜产业扶贫项目，在产地设立蜂蜜产品深加工车间，产业化发展中蜂药蜜，帮助岷县中蜂药蜜等优质农产品打通农商互联通道，进入全国各大商超。项目建成后解决了当地 10 000 户蜂蜜养殖户的养殖产品销售问题，至少带动 5 000 户农户创收。在防控新冠疫情期间，永辉超市启动“线上助农计划”，在全国范围内开展爱心助农，助销农产品，解决农产品因疫情期间道路不通而导致的滞销问题。综合以上 2 个指标，可以得出消费者感知农商互联模式下永辉超市农产品供应链效益运行效率较高的结论。

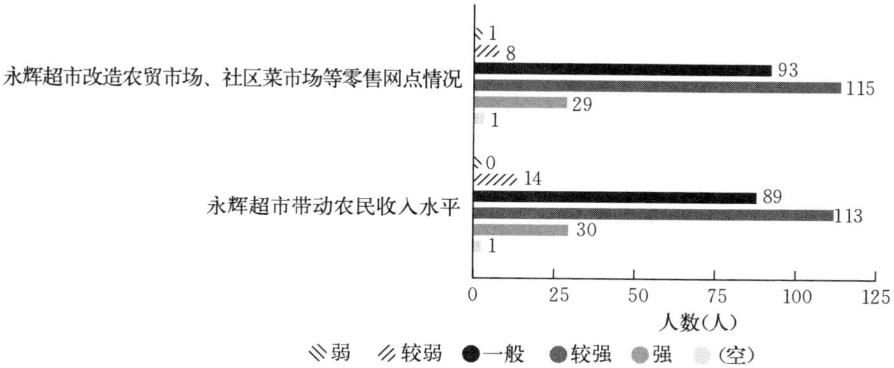

图 5－7　消费者感知的永辉超市供应链效益运行效果

目前，永辉超市已在全国 29 个省份的 532 个城市开了 926 家门店，且新增门店数量逐年增长。因此，大部分消费者认为到永辉超市购买农产品十分便利。与此同时，永辉超市开发了永辉生活小程序和 App、京东到家等线上平台，消费者线上下单产品后，可以选择门店自提或送货上门。线上下单后，可以指定配送的时间段，可以实时接收到产品的物流信息，商品的配送最快半小时送达，这种模式大大迎合了快节奏生活下消费者的需求，因此 105 位消费者对“使用线上永辉生活小程序、App 购买农产品十分便利”表示比较同意，67 位表示完全同意。127 位消费者对“线上购买永辉生鲜农产品物流配送及时、迅速”表示比较同意，65 位表示“物流配送速度一般”，说明永辉超市的线上物流配送速度还是有一定的提升空间。综合以上 3 个指标，线上平台方便了消费者购买农产品，消费者感知的永辉超市农产品便民销售情况满意度较高（图 5－8）。

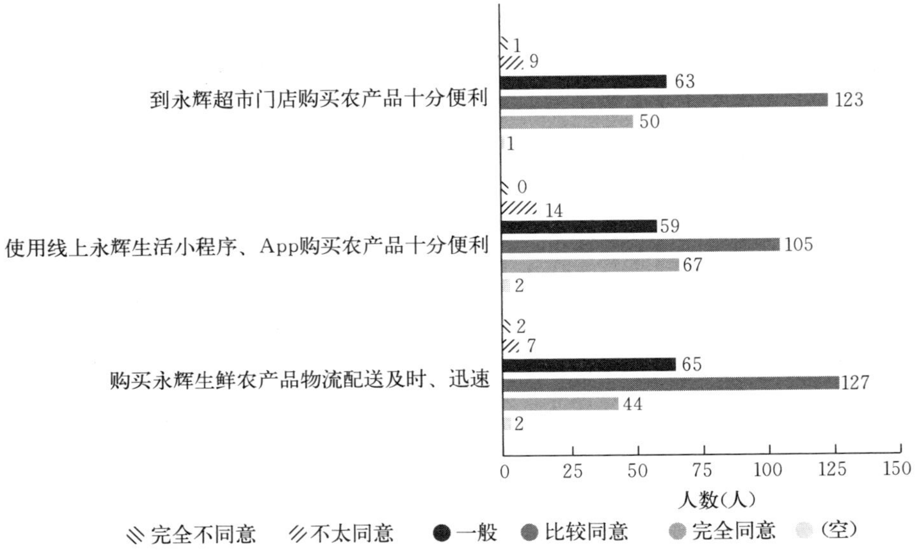

图 5－8　消费者感知永辉超市农产品便民销售情况满意度

第六章

“农户+合作社+电商”模式下的农商互联供应链利益分配研究

农商互联供应链健康可持续发展对于农民增收和农业发展具有重要意义。然而，供应链在运作过程中常常会因链上各节点企业追求“自身利益最大化”而进行独立决策，导致整个供应链的不稳定，因此制定科学合理的分配策略是很有必要的。针对农商互联供应链的收益分配问题，在传统 Shapley 值法的基础上，考虑风险承担、努力程度、资金投入及信息获取能力，引入综合修正因子，建立了改进 Shapley 值法来确定收益分配系数，研究农产品生产质量水平对供应链利润的影响，并进一步讨论产品质量额外投入的增值分配问题，进而实现供应链上各主体利益的合理分配，最后通过实际算例进行分析，验证方法的合理性和有效性。

第一节　国内外农产品供应链利益分配相关研究

农产品流通现代化是实现我国农业现代化发展的重要内容，但目前我国从事农业生产的主要还是以弱小、散乱的农户为主，小农户无法适应大市场，产销衔接不紧密、不稳定的问题严重。为解决我国农产品流通衔接问题，2018年商务部印发《商务部关于推进农商互联助力乡村振兴的通知》，“农商互联”模式应运而生。该通知指出，“农”主要包括农民专业合作社、农业产业化龙头企业、家庭农场等新型农业经营主体，凝聚小农户的“小生产”发展为现代化的“大生产”；“商”主要包括农产品批发市场、经营生鲜农产品的大型连锁超市及批发零售企业、农产品电商企业等农产品流通企业，通过新型农业经营主体与农产品流通企业合作对接，可以解决小农户与大生产之间的流通衔接问题。农商互联模式为农产品流通现代化发展提供了一个新方向，但在实践中，农商互联模式刚刚起步，农商互联供应链利益分配机制不合理是制约农商互联发展的重要问题。因此，研究农商互联供应链利益分配对改善新型农业经营主体与农产品流通企业合作，提高各主体合作收益，促进该模式持续稳定的运行有重要意义。

“农商对接”作为一种新型的现代化流通模式，展现出极大的优势。然而，在“农商对接”的实践当中，供应链中的利益分配仍存在很大问题。在农商互联供应链的认识上，农商互联是国外普遍采用的一种农产品流通模式，美国、荷兰、日本等发达国家的先进农商互联供应链已提供成功范例，韦闻佳等（2013）从组织结构、运作模式、物流配送、信息平台角度阐述发达国家农产品供应链运作情况。学者研究提出，“农超对接”供应链广泛运用于我国农产品流通市场，较适合我国国情，但在实践中，稳定供应难、契约关系短、权利不平等问题突出，“农超对接”的产销关系仍不稳定。农商互联是新型农业经营主体与农产品流通企业合作的新型流通方式，可以规避农产品产销不对称、不稳定的问题，但其高效运行依赖于农商互联供应链的有效对接与合理利用。

在农产品供应链利益分配的问题上，国内外学者的研究成果主要可分为以下几个方面：①Shapley 值法。李治等（2019）运用 Shapley 值分配方法，以奶牛产业链为研究对象，根据各主体对合作联盟的贡献程度确定利润分配方案。杨怀珍等（2017）运用传统的 Shapley 值对“农超对接”供应链各成员进行利益分配，并运用 TOPSIS 法进行修正实现整体均衡分配方案。学者研究证明，运用带综合修正因子的 Shapley 值法设计农产品供应链利益分配模型可以有效促进各节点利益公平分配。②演化博弈。杨松等（2019）运用演化博弈理论，从农产品供应链质量的视角研究“农超对接”供应链协调机制。屠文娟等（2019）运用演化博弈模型探讨农户与合作社形成的二级供应链利益分配机制。③收益共享契约。王志刚等（2013）运用 Stackelberg 博弈模型对农民专业合作社和超市形成的两级鲜活农产品供应链协调机制进行分析，并研究收益共享契约机制下的具体收益分享系数实现双方共赢。郑琪等（2019）考虑“农超对接”模式下的信息不对称，研究在收益共享契约下的生鲜农产品供应链利润分配机制，实现双方利润的帕累托最优。④综合方法。李泉林等（2016）分别采用 Shapley 值、加权 Shapley 值及 Owen 值设计三种简单且易操作的农产品供应链利益分配机制。周业付（2016、2017）分别采用 Stackelberg 博弈模型和 Shapley 值模型分别对纵向和横向两个维度构成的供应链联盟主体间利益分配进行研究。

综上所述，国内外学者关于农商互联供应链模式及利益分配的问题研究提供了一定的方法思路和理论基础，但对于农商互联供应链利益分配仍存在待深入研究的问题。在当前农产品供应链联盟利益分配的研究中，Shapley 值法是一种主流常见的方法。但该方法在运用的过程中忽略了供应链联盟形成后利益增加源头，各主体对于联盟稳定性的贡献大小不一。因此，还应考虑不同因素对其分配结果进行修正以使各主体的利益分配更公平、合理。本书针对传统 Shapley 值法的不足，结合新零售下供应链特点，在供应链收益分配基本原则的基础上，综合考虑了风险承担、努力程度、资金投入及信息获取能力 4 个影响因素，建立了修正 Shapley 值法的供应链收益分配模型，并对产品质量额外投入的增值分配问题进行研究，从而使各供应链成员的收益更加公平合理。

第二节 研究方法

通过学习和借鉴国内外学者关于农商互联供应链利益分配问题的方法思路和理论基础，结合新零售下供应链特点，本书在供应链收益分配基本原则的基础上，综合考虑了风险承担、努力程度、资金投入及信息获取能力 4 个影响因素，建立了修正 Shapley 值法的供应链收益分配模型。使用 shapley 值法以及改进 shapley 值法进行供应链收益分配研究。

一、Shapley 值法

Shapley 值法于 1953 年由 L. S. Shapley 提出，是解决合作博弈中各主体间利益分配问题的常用方法。Shapley 值法是按照各主体对收益的贡献程度来进行分配的。

在 Shapley 值法中，设集合 $I=(1, 2, 3, \cdots, n)$，Shapley 值 $\varphi(v)$ 为供应链合作下各方的收益，记 $\varphi(v)=[\varphi_1(v), \varphi_2(v), \cdots, \varphi_n(v)]$，$v(x)$ 为合作 I 的实值函数，其中 n 为供应链合作成员的个数，$\varphi_i(v)$ 表示在合作 I 下第 i 个企业的利益分配值。Shapley 值法成立的条件为：

$$V(N) \geqslant \sum v(i), i=1,2,\cdots,n \quad (6-1)$$

$$\varphi_i(v) \geqslant v(i) \quad (6-2)$$

$$v(N)=\sum \varphi_i(v) \quad (6-3)$$

其中，公式 6-1 表示成员加入的供应链总收益不少于各成员单独运作产生的效益之和，并且成员参与供应链的合作收益一定为非负数；公式 6-2 表示成员从供应链中分配的收益值一定不小于成员单独运作产生的效益值；公式 6-3 表示供应链的总收益等于各成员从供应链中分配到的收益值之和。Shapley 值法可用数学模型表示为：

$$w(|s|)=(|s|-1)!(n-|s|)!/n! \quad (6-4)$$

$$\varphi_i(v)=\sum_{s \in S} w(|s|)[v(s)-v(s \setminus i)] \quad (6-5)$$

其中，$w(|s|)$ 为加权因子，$|s|$ 为供应链子集 s 元素个数，n 为供应链合作成员个数，$v(s)$ 为供应链子集 s 产生的效益，$v(s \setminus i)$ 为供应链子集 s 中除去成员 i 产生的效益。

二、Shapley 值法改进

Shapley 值法考虑了供应链合作成员的期望边际收益，避免了平均分配，但是考虑因素单一，忽略了风险、资金投入等因素对收益分配的影响。参与农产品供应链联盟的各个成员在资金投入、风险承担、努力程度等均存在差异，信息获取能力对各成员的期望收益值存在影响，郑琪等（2018）研究了各参与主体的风险偏好程度对农产品供应链利润的影响。因此，本书从风险承担、努力程度、资金投入及信息获取 4 个因子对传统 Shapley 值法进行修正，用 TOPSIS 法确定收益分配系数。

第三节　基于改进 Shapley 值法的“农户＋合作社＋电商”模式下的供应链利益分配模型

本文研究由农户、合作社和电商组成的三级农产品供应链，其中农户为农产品的生产者，合作社为农产品的加工运输者，电商为农产品的买卖者。在一个合作周期里，电商根据市场行情来确定农产品的订购数量 q，农户则以 p_1 价格把生产好的农产品销售给合作社，合作社经过加工处理以后，以 p_2 价格销售给电商，电商再以销售价格 p_3 销售给消费者。本文考虑农产品在生产过程中的产品质量额外投入系数 x，生产质量水平 $y(x)=1-e^{-x}$，$y\in[0,1)$。Chambers 等（2006）将产品质量投入与成本的关系定义为 $c_1=\delta x^2$，δ 为产品质量投入对生产成本的影响系数。假设农产品市场需求函数用加法形式表示，即 $Q=\alpha-\beta p_3+\gamma(1-e^{-x})$，$Q=q$。其中，$\alpha$ 为市场初始需求量，β、γ 分别表示为市场需求量对价格和产品生产质量的敏感系数；合作社对农产品进行加工处理的成本为 c_2，运输成本为 c_3，电商的销售投入成本为 c_4。

一、分散决策下各方主体利益情况

$$\pi_1=(p_1-\delta x^2)\,q \tag{6-6}$$

$$\pi_2=(p_2-p_1-c_2-c_3)\,q \tag{6-7}$$

$$\pi_3=(p_3-p_2-c_4)\,q \tag{6-8}$$

将 $Q=\alpha-\beta p_3+\gamma(1-e^{-x})=q$ 代入公式 6-8 得：

$$\pi_3=(p_3-p_2-c_4)(\alpha-\beta p_3+\gamma(1-e^{-x})) \tag{6-9}$$

将公式 6-9 的 π_3 对 p_3 求二阶导数，得 $\frac{\partial\pi_3}{\partial p_3}=-2\beta<0$，即分散决策下电

商的利润函数 π_3 是价格 p_3 的凹函数，令 $\frac{\partial \pi_3}{\partial p_3}=\alpha-\beta p_3+\gamma(1-e^{-x})-(p_3-p_2-c_4)\beta=0$ 得最优零售价格 $p_3^*=\frac{\alpha+\gamma(1-e^{-x})+\beta(p_2+c_4)}{2\beta}$，进而推得最优订购量 $q^*=\frac{\alpha+\gamma(1-e^{-x})-\beta(p_2+c_4)}{2}$，把 q^* 代入公式 6-7 得

$$\pi_2=\frac{(p_2-p_1-c_2-c_3)\left[\alpha+\gamma(1-e^{-x})-\beta(p_2+c_4)\right]}{2} \tag{6-10}$$

对公式 6-10 求关于 p_2 的一阶导数并令其等于 0，得到合作社销售给电商的最优价格为 $p_2^*=\frac{\alpha+\gamma(1-e^{-x})+\beta(p_1+c_2+c_3-c_4)}{2\beta}$ 把 q^*、p_2^* 代入公式 6-6 得

$$\pi_1=(p_1-\delta x^2)\frac{\alpha+\gamma(1-e^{-x})-\beta(p_1+c_2+c_3+c_4)}{4} \tag{6-11}$$

对公式 6-11 求关于 p_1 的一阶导数并令其等于 0，得到农户的最优价格为：

$$p_1^*=\frac{\alpha+\gamma(1-e^{-x})+\beta(\delta x^2-c_2-c_3-c_4)}{2\beta}$$

将 p_1^*、p_2^*、p_3^* 代入公式 6-9、6-10、6-11 得农户、合作社和电商的最优期望收益分别为：

$$\pi_1^*=\frac{\left[\alpha+\gamma(1-e^{-x})-\beta(\delta x^2+c_2+c_3+c_4)\right]^2}{16\beta} \tag{6-12}$$

$$\pi_2^*=\frac{\left[\alpha+\gamma(1-e^{-x})-\beta(\delta x^2+c_2+c_3+c_4)\right]^2}{32\beta} \tag{6-13}$$

$$\pi_3^*=\frac{\left[\alpha+\gamma(1-e^{-x})-\beta(\delta x^2+c_2+c_3+c_4)\right]^2}{64\beta} \tag{6-14}$$

对公式 6-12 求关于 x 的一阶导数并令其等于 0，得到农户的产品质量投入系数最优值为：

$$x^*=lambertw\left(\frac{\gamma}{2\delta\beta}\right) \tag{6-15}$$

二、集中决策时多方所获利益

当农户、合作社和电商形成联盟以后，各方在做决策时是从供应链整体利益最大化出发。运用前面的假设条件，可以计算得出“农户＋合作社＋电商”农商互联模式下的供应链整体收益为：

$$\pi=(p_3-\delta x^2-c_2-c_3-c_4)\left[\alpha-\beta p_3+\gamma(1-e^{-x})\right] \quad (6-16)$$

对公式 6－16 求导可以得出在三方集中决策下电商的最优售价为：

$$p_3^{**}=\frac{\alpha+\gamma(1-e^{-x})+\beta(\delta x^2+c_2+c_3+c_4)}{2\beta}$$

最优订购量为：

$$q^{**}=\frac{\alpha+\gamma(1-e^{-x})-\beta(\delta x^2+c_2+c_3+c_4)}{2}$$

把 p_3^* 代入公式 6－16 得供应链整体最优收益为：

$$\pi^{**}=\frac{\left[\alpha+\gamma(1-e^{-x})-\beta(\delta x^2+c_2+c_3+c_4)\right]^2}{4\beta} \quad (6-17)$$

对公式 6－17 求关于 x 的一阶导数并令其等于 0，得到供应链的产品质量额外投入系数最优值为：

$$x^{**}=lambertw\left(\frac{\gamma}{2\delta\beta}\right) \quad (6-18)$$

三、Shapley 值法的各主体利益分配情况

将农户、合作社和电商分别用 1、2、3 为代码表示，该联盟中有 3 个成员，该成员集合一共可形成 8 个子集。本文只用 Shapley 值法计算三者形成联盟集中决策时的各个参与主体所得到的收益值。

在农户、合作社和电商三方共同达成联盟协议集中决策下，供应链整体最优收益值为：

$$v(1,2,3)=\frac{\left[\alpha+\gamma(1-e^{-x})-\beta(\delta x^2+c_2+c_3+c_4)\right]^2}{4\beta} \quad (6-19)$$

同时，计算在 4 种不同合作状态下各主体所得利益，根据 Shapley 值法原理可以得到形成联盟后农户、合作社和电商各自收益值为：

$$\varphi_1(v)=\frac{21\left[\alpha+\gamma(1-e^{-x})-\beta(\delta x^2+c_2+c_3+c_4)\right]^2}{192\beta} \quad (6-20)$$

$$\varphi_2(v)=\frac{33\left[\alpha+\gamma(1-e^{-x})-\beta(\delta x^2+c_2+c_3+c_4)\right]^2}{384\beta} \quad (6-21)$$

$$\varphi_3(v)=\frac{21\left[\alpha+\gamma(1-e^{-x})-\beta(\delta x^2+c_2+c_3+c_4)\right]^2}{384\beta} \quad (6-22)$$

四、改进 Shapley 值法利益分配

在基础 Shapley 值法上，引入综合影响因子到收益分配模型中加以修正。

改进 Shapley 值法的模型如下：

$$\varphi'_i\ (v)=\varphi_i\ (v)+v\ (I)\ \Delta\lambda_i \tag{6-23}$$

$$\Delta\lambda_i=\lambda_i-\frac{1}{n} \tag{6-24}$$

$$\lambda_i = C_i/\sum_{t=1}^{n} C_i \tag{6-25}$$

其中，$\varphi'_i\ (v)$ 为修正后第 i 个成员在供应链中应该得到的期望收益分配方案，公式 6-24 表示第 i 个成员的综合评价值与平均水平值的差值，且 $\sum_{t=1}^{n}\Delta\lambda_i = 0$；公式 6-25 为第 i 个成员的影响因素综合评价值，且 $\sum_{t=1}^{n}\lambda_i = 1$，$C_i$ 为 TOPSIS 法计算的贴近度系数。

第四节　实证研究结果

假设某农产品的市场需求量与销售价格、产品质量水平的关系满足 $Q\ (p_3,\ x)=8\,000-200p_3+600\ (1-e^{-x})$，即 $\alpha=8\,000$，$\beta=200$，$\gamma=600$，农户投入成本 $c_1=\delta x^2=5x^2$，合作社的加工成本为 $c_2=2$ 元/千克，运输成本为 $c_3=1$ 元/千克，电商的销售投入成本为 $c_4=2$ 元/千克。假设在一段时期内，3 家成员的风险承担、努力程度、资金投入及信息获取的情况，如表 6-1 所示，并假设通过 Delphi-灰色关联度法确定修正因子的权重为 $\omega_i=(0.27，0.24，0.23，0.26)$。

表 6-1　原始数据

合作主体	风险承担	努力程度	资金投入	信息获取
农户	0.7	0.4	0.4	0.3
合作社	0.4	0.5	0.6	0.4
电商	0.5	0.3	0.4	0.5

从前文可知，产品质量额外投入系数的最优值为 $x^{**}=lambertw\left(\frac{\gamma}{2\delta\beta}\right)=0.236\,8$，代入前文公式可得：

1. 分散决策下各方主体利益情况

$$\text{农户最优收益 } \pi_1^*=\frac{[\alpha+\gamma\ (1-e^{-x})-\beta\ (\delta x^2+c_2+c_3+c_4)]^2}{16\beta}$$

$$=15\,622\text{ 元，} p_1^*=17.96\text{ 元/千克}$$

$$\text{合作社最优收益 } \pi_2^*=\frac{[\alpha+\gamma\ (1-e^{-x})-\beta\ (\delta x^2+c_2+c_3+c_4)]^2}{32\beta}$$

$$=7\,811.1 \text{ 元}，p_2^* = 29.80 \text{ 元/千克}$$

$$\text{电商最优收益 } \pi_3^* = \frac{[\alpha+\gamma(1-e^{-x})-\beta(\delta x^2+c_2+c_3+c_4)]^2}{64\beta}$$

$$=3\,905.6 \text{ 元}，p_3^* = 36.22 \text{ 元/千克}$$

$$q^* = 883.26 \text{ 千克}$$

2. 集中决策下供应链的最优收益值

$$\pi^{**} = \frac{[\alpha+\gamma(1-e^{-x})-\beta(\delta x^2+c_2+c_3+c_4)]^2}{4\beta} = 62\,489 \text{ 元}$$

$$q^{**} = 3\,535.2 \text{ 千克}，p_3^{**} = 22.96 \text{ 元/千克}$$

3. 传统 Shapley 值法的各主体利益分配情况

$$\text{农户收益 } \varphi_1(v) = \frac{21[\alpha+\gamma(1-e^{-x})-\beta(\delta x^2+c_2+c_3+c_4)]^2}{192\beta}$$

$$=27\,339 \text{ 元}$$

$$\text{合作社收益 } \varphi_2(v) = \frac{33[\alpha+\gamma(1-e^{-x})-\beta(\delta x^2+c_2+c_3+c_4)]^2}{384\beta}$$

$$=21\,481 \text{ 元}$$

$$\text{电商收益 } \varphi_3(v) = \frac{21[\alpha+\gamma(1-e^{-x})-\beta(\delta x^2+c_2+c_3+c_4)]^2}{384\beta}$$

$$=13\,669 \text{ 元}$$

4. 改进 Shapley 值法各方利益分配情况

根据 TOPSIS 法计算得贴近度 $C=(0.534\,9, 0.456\,3, 0.406\,2)$，根据公式 6-24、公式 6-25 得修正系数 $\Delta\lambda=(0.049\,4, -0.006\,8, -0.042\,6)$，代入公式 6-23 得各主体利益分配情况如下：

$$\text{农户收益 } \varphi'_1(v) = \varphi_1(v) + v(I)\Delta\lambda_1 = 30\,426 \text{ 元}$$

$$\text{合作社收益 } \varphi'_2(v) = \varphi_2(v) + v(I)\Delta\lambda_2 = 21\,056 \text{ 元}$$

$$\text{电商收益 } \varphi'_3(v) = \varphi_3(v) + v(I)\Delta\lambda_3 = 11\,007 \text{ 元}$$

5. 产品质量额外投入系数对各方收益的影响

分散决策下产品质量额外投入系数对各方收益的影响如图 6-1 所示，集中决策下产品质量额外投入系数对各方收益的影响如图 6-2 所示。不管是分散决策下还是集中决策下，产品质量额外投入系数对各方的收益影响均是凸曲线。

分散决策下及集中决策下产品质量额外投入的增值分配如表 6-2 所示，可知分散决策下产品质量额外投入的增值小于集中决策，分散决策下对增值的分配比例为农户：合作社：电商=4：2：1，集中决策下的分配比例为农户：合作社：电商=2.76：1.91：1。

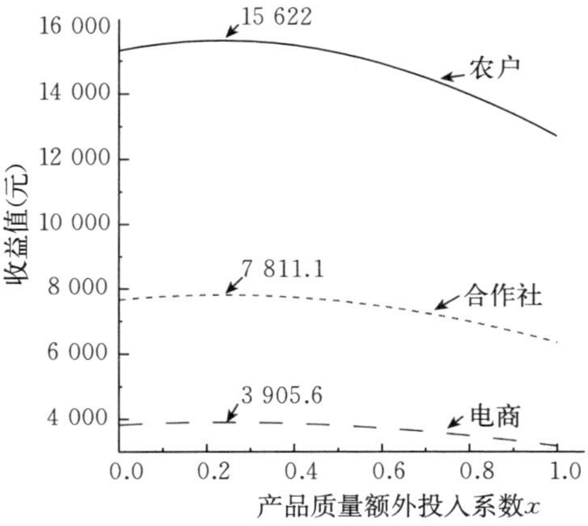

图 6－1 分散决策下 x 各方收益的关系

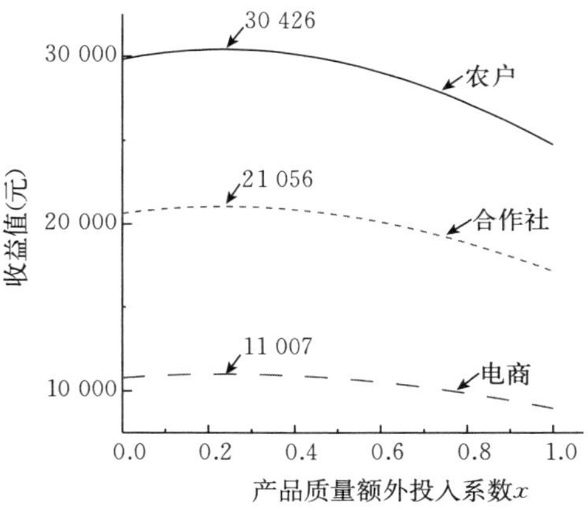

图 6－2 集中决策下 x 各方收益的关系

表 6－2 产品质量额外投入的增值分配

系数 x	分散决策			集中决策		
	农户	合作社	电商	农户	合作社	电商
0	0.0	0.0	0.0	0.0	0.0	0.0
0.05	117.3	58.7	29.3	228.5	158.1	82.7
0.10	206.7	103.4	51.7	402.7	278.7	145.7
0.15	268.4	134.2	67.1	522.7	361.7	189.1
0.20	302.3	151.2	75.6	588.8	407.5	213.0
0.25	309.7	154.9	77.4	603.2	417.4	218.2
0.30	287.9	144.0	72.0	560.8	388.1	202.9
0.35	240.2	120.1	60.0	467.8	323.7	169.2
0.40	165.9	82.9	41.5	323.0	223.5	116.9
0.45	65.4	32.7	16.3	127.3	88.1	46.1
0.50	−60.8	−30.4	−15.2	−118.5	−82.0	−42.9
0.55	−212.2	−106.1	−53.0	−413.3	−286.0	−149.5
0.60	−388.1	−194.1	−97.0	−755.9	−523.1	−273.5

第五节 讨论与结论

从前文的实证研究结果可知，集中决策下的整体收益 62 489.0 元明显优于分散决策下的整体收益 27 338.7 元（表 6－3）。这与已有的研究结果一致，说明本书的研究方法是合理的，同时也说明 Shapley 值法在供应链利益分配方案中的价值和优势。“农商互联”供应链分散决策下，各成员对利益的争夺导致供应链总利润损失；集中决策下，农户、合作社、电商等经营主体分别在生产环节、交易环节、销售环节以产品品质创新、生产方法创新、产业组织创新、销售市场创新的方式创造出足够的溢价超额利润。同时，集中决策下单位农产品的零售价小于分散决策下单位农产品的零售价格，即 $p_3^{**}=22.96$ 元/千克$<p_3^{*}=36.22$ 元/千克，说明顾客可以以更低的价格购买农产品，从而能够实现顾客和农商供应链达成共赢。

表 6－3　不同决策状态下的收益值

单位：元

合作主体	分散决策	合计	集中决策			
			传统 Shapley 值法	改进 Shapley 值法	产品质量增值分配	合计
农户	15 622.0		27 339.0	30 426.0	30 530.7	
合作社	7 811.1	27 338.7	21 481.0	21 056.0	20 992.5	62 489.0
电商	3 905.6		13 669.0	11 007.0	10 965.8	

在保证“农商互联”，即农户、合作社和电商形成供应链联盟三方总收益最大的同时，必须保证三方收益分配的公平、合理，否则供应链联盟不可持续。传统的 Shapley 值法在运用的过程中忽略了供应链形成后利益增加源头，即各参与主体的风险承担、努力程度、资金投入及信息获取是不相同的，各主体对于联盟稳定性的贡献大小不一。改进的 Shapley 值法考虑了这些因素对其分配结果进行修正以使各主体的利益分配更公平、合理。如表 6－3 所示，改进后的 Shapley 值法计算农户、合作社、电商所得收益分别从原来分散决策时的 15 622.0 元、7 811.1 元、3 905.6 元上涨到 30 426.0 元、21 056.0 元、11 007.0 元，三方参与主体的收益都有所增长，形成联盟后各自收益的增长将有助于农商供应链的稳定。因此，改进 Shapley 值法比传统 Shapley 值法更优越。

产品质量额外投入的增值分配的合理性直接关系到农户提高产品质量的积极性进而影响供应链的收益。杨怀珍和刘瑞环（2018）研究了超市努力水平对农产品市场需求的影响，并提出基于努力成本分担的收益共享契约，实现供应链上各成员共赢。史保阳和史保莉（2019）构建了包含农户的生产努力水平的消费者效用函数，并使用收益共享契约对供应链进行协调。以上均采用契约的形式保证了付出努力方的收益，确保了付出努力方的积极性。如表 6－2 所示，产品质量额外投入的增值分配中，分散决策下农户占比为 57%，集中决策下农户占比为49%，为进一步调动农户的积极性提高生产质量水平，应把农户的分配占比提高。本书建议取分散决策下农户的分配占比57%。如表6-3所示，考虑产品质量增值重新分配后农户所得收益从原来的30 426.0元上涨到30 530.7元，这有利于调动农户的积极性，同时又能保证农商供应链的稳定。

综上，本书针对“农户＋合作社＋电商”这一典型“农商互联”模式，运用博弈论和Shapley值法相结合的方法对农商互联供应链收益分配进行分析，考虑供应链各成员的风险承担、努力程度、资金投入及信息获取能力的不同，引入综合修正因子，建立改进Shapley值法来确定收益分配系数，探讨农产品生产质量水平对供应链利润的影响及产品质量额外投入的增值分配问题，这些是本书的特色之处。当然，本书也存在一些局限性。如本书将研究对象的情况进行了简化处理，而在现实生活中，情况往往复杂得多，仅从市场需求量、市场价格、产品质量来衡量市场供需变化是不够全面的，未来还应考虑更多的因素（如突发事件对市场需求量的影响等）。此外，本书考虑的是单一对接模式，实际上是多种模式并存的。尽管存在这些局限性，但本书提出的方法的合理性和有效性还是较高的，对促进农商互联供应链中各成员合作的稳定性具有一定的理论价值和参考意义。

第七章

国内外现代农业农商互联模式借鉴

农商互联模式形成至今，在不同国家中演变出各具特色的农产品流通模式，为我国农商互联的深入发展提供借鉴。国外典型的包括美国和日本两种发达国家的农产品流通模式，国内的许多企业也发展出具有品牌特色的运营模式。这些国家与企业的农商互联模式都是在自身的基础条件上进行变化与改进，值得借鉴。

第一节　国外典型现代农业农商互联模式分析

在发展国内农商互联模式的过程中，一直将国外典型国家的农商互联发展模式作为参考与学习对象。美国的家庭农场及日本的农协产销对接，两种发达国家的农产品流通模式为国内的农产品流通模式发展带来了借鉴作用。

一、美国家庭农场模式

美国农业以家庭农场为主，约占各类农场总数的 87%，其余 13%是以家庭农场为依托的合伙制农场和公司制农场。美国农业部将家庭农场定义为：由主要经营者及与主要经营者有血缘、婚姻关系的人们拥有一半以上的农场所有权的农场。美国家庭农场的经营者有主要经营者和辅助经营者的差别，每个家庭农场都有一位主要经营者；以主要经营者为核心将与主要经营者有血缘、婚姻关系的人员纳入家庭成员，且不以共同居于一户为条件，同时不要求“以家庭成员提供劳动力为主”。美国家庭农场表现出以下特征及相应效果：

1. 农场经营规模化

美国家庭农场以大中型为主，平均规模达 475 英亩[①]，大农场规模达 3 000～4 000 英亩，从数量优势逆向发展为经营规模优势，集约经营成为其主要经营方式。越来越多的家庭农场主通过租赁土地扩大农场规模，小型家庭农场的数

---

① 1 英亩＝4 046.86 米^2。——编者注

量在不断减少，大中型家庭农场的数量相对固定且规模不断扩大，土地经营进一步集中。大农场占美国农场总数的1/4，生产能够满足全国85%的农产品需求量，足见家庭农场实际上也能像公司农场、农工商企业一样适应大规模的经营要求，同时不同于以往杂乱无序的耕作方式，美国家庭农场转化为不同农产品特性采用相应的生产种植模式，进而提升资源利用率并节约经营成本，最终实现整体经济效率的提高。

2. 生产区域专业化

美国国土辽阔、资源丰富，但地区差异明显，矛盾凸显。为趋利避害，美国逐渐形成10个农业专业化特定生产区，各区根据自然条件和资源禀赋来选择生产1～2种农产品，形成区域化种植格局，从而提高农业生产力。生产单一品种的农场占农场总数的93%。品种的单一化要求规模经济，同时专业化能提高经营者的生产技术和管理水平，并能减少购买多种农业机器的资金而有助于集约生产。品种的单一化也促进了生产工艺的专业化，如育种、整地、播种、施肥、防治病虫害、收割、运输、储藏、加工、销售等工序都可以实行专业化经营，大大提高了劳动生产率。

美国水果专业化生产都以区域化布局为基础，每一树种甚至品种均安排在最适宜的区域集中种植，使得自然资源得到合理充分的利用，为果品的优质高效打下了良好的基础。以华盛顿州的苹果产业为例，华盛顿州的自然条件最适宜苹果生长，其苹果产量占到全美鲜食苹果的50%以上。近年，华盛顿州的果农户数逐渐减少，而每户的果园规模则不断扩大，平均果园面积达600亩左右。区域化布局和专业化生产，使得苹果种植可以大规模应用生物和物理防治措施，减少传统农药施用量，获得更好的苹果品质。

3. 以市场为导向

美国家庭农场生产的农产品以销售为最终目的，因此美国家庭农场主要采用订单式生产，以销定产。同时，美国农场土地产权清晰，经营者对农场具有自主支配权，可根据市场需求的变化而采取自主决策，改变生产及经营管理方式，依靠市场实现利润最大化。此外，美国地租、农机、农药、化肥、灌溉等费用相对稳定，但劳动力成本非常高。因此，美国家庭农场坚持效益最大化原则，严格控制生产成本，根据生产规模和季节性需求，降低劳动力资本投入，尽量减少雇工，经营者及其家庭成员一般都充分参与到生产中。

4. 农业社会化服务体系健全，农民依靠组织、抱团发展

随着农场的经营规模化，各种农业服务组织也应运而生。借助完善的社会化服务体系，家庭农场经营者往往只需承担某一产品某些环节的生产活动，通过与专业服务机构签订合同的方式，把种子培育，生产工具供应，农作物生产、加工、运输、销售等分解出去，交给农业专门服务机构承担，进一步实现

农业生产产前、产中、产后服务一体化。目前主要的服务组织类型包括各类大型生产资料公司，为农民提供信贷的银行、信用社，农民自己组织的各类合作社，农民自己组织的各类协会、农贸市场等。

华盛顿州苹果美名远扬，还离不开农业合作社和农业协会组织。随着产业规模的发展壮大，华盛顿州果农逐渐意识到了分散经营的弊端，为了发挥地方优势、增强区域凝聚力。1937 年，美国华盛顿州苹果协会宣告成立。这“半官方半民间”的协会一经成立，便开始着手推广使用“华盛顿”这一标识，对华盛顿州苹果的品牌之路进行顶层设计和落地实施，包括品牌的 logo、包装，产品的标准、营销策划等。在产业链上游，负责指导生产者的生产，推广一些新的技术，如 CA（气调）贮存技术，以保证苹果的品质。在产业链中游，同时负责监督苹果采摘的时间和质量标准。在产业链下游，负责对超市进行培训，管理华盛顿苹果的贮藏与运输的方法与方式，保证全年供应新鲜的苹果。

农业合作社对中小农户意义更大，这些中小农户往往缺乏仓储和运输能力，农民在收获后须及时将苹果送至临近合作社仓库，合作社再将农产品整合打包出售，才能在市场上获得更强议价能力。农业合作社掌握当地多年产销数据，在需求方面统一与食品加工厂、超市、餐馆甚至国外进口商洽谈供货协议，减少食品供应链的非必要环节。农业合作社负责产品营销，而农业协会组织负责售前与售后服务，使得华盛顿州农民的利益有了更大的保障，水果产业也成为当地的主导产业。

5. 农业机械化、科技化、信息化

在机械化方面，20 世纪 20 年代美国就已开始用机械运输农产品，使用简易的牲畜屠宰、水果包装生产线。20 世纪 40 年代，开始启用大型的农业机械，如拖拉机、收割机等。20 世纪五六十年代，农业机械化水平已经很高。各种大田作物从整地、施肥、打药、中耕、收获、运输和加工已全部实现机械化；畜牧业的饲料加工、投料、挤奶、粪便清洗、屠宰、加工和包装等也都实现了机械化。20 世纪 70 年代，最难实现机械化生产的棉花和烟草收获也实现了机械化。近年，美国在推广使用计算机管理、自动化作业、转基因品种等现代高新技术方面做出了巨大努力。

在科技化方面，美国家庭农场无论规模大小都会使用小型现代化农业生产工具，80%的家庭农场将全球定位系统、物联网、生物技术等高新技术与收割机、播种机、拖拉机等传统的机械设备良好对接，实现农业生产的智能化管理，极大促进生产的信息化、机械化水平，更加有利于其高效经营，从而提高农产品产量和生产效率。

同时，在信息化方面，美国家庭农场基于“信息高速公路”和“计算机集成自适应生产”模式，经营者可以通过互联网及时掌握各类农业发展信息，进而科学制定合理种植方案，确保农业生产周期与产品市场有效衔接，实现利润最大化。

二、日本农协产销对接模式

日本作为典型的农业资源稀缺的国家，人口密度大，耕地资源十分有限且逐年减少，日本家庭农场平均耕地面积不足3公顷，农业主产区北海道面积略大，为28公顷，其余地区均在2公顷左右。这种小规模生产面临抵御市场风险差、市场劣势等问题，而日本农业协同组合（农协）则在很大程度上解决了这些问题。

在世界各国的农业经济合作组织中，日本农协无论规模还是组织能力都颇为强大，而且富有特色。农协是“农业协同组合”的简称。1949年日本颁布实施了《农业协同组合法》。根据此法，日本各地陆续建立起规模和影响最大、组织基础最广泛的农民互助合作组织。日本通过以农协为运作主体，以配送为主要销售形式，承接订单，通过一些平台获得订单，寻找销路，实现农产品配送。表现出以下特征：

1. 以“农业者”为主体，农民自主管理与国家政策管理相结合

日本农协是农民参加的自主、自助、自制性组织，其成员既是生产者，又是消费者，主要从事农产品的销售，农业生产所需肥料、农药及农机器具的采购，金融、技术与经营指导等活动，从而为农户提供产、供、销、服务和一定的行政辅助功能，发挥着农户与市场、农户与政府之间的中介和纽带作用。与中国的协会性质相似，但作用范围更广、功能更加强大。日本在农业领域利用国家机关和农协实行市场经济和计划经济相结合的方式，通过这种机制，日本实现了大多数作物的生产管理、产量控制、销售价格和销售渠道的大部分计划控制。日本农协通过发挥农户与市场之间的桥梁作用，在农产品的生产和销售过程中，从产量、品种、时间等要素入手，结合市场经济的机能，疏通了小规模农户进入大流通市场的渠道。不仅如此，农产品定价主要由农协主导，这在一定程度上较好地保证了农民的利益。

这种方式下，农民可以避开其不擅长的市场、价格预测，专注于种植技术和提高品质，使得农民有稳定利益，消费者也能购买到品质优良的农产品，达到双赢。当种植方和消费方都能达到满意，中间环节也就容易理顺，为了减少流通环节，日本地方政府还提倡农产品直销和农产品拍卖，使得农民的利润空间更大，农资企业也可以顺利发展，从而实现良性循环。

2. 从产到销，为农提供全面服务

在生产方面，为减少生产资料流通中的环节并降低成本，根据会员的需要，农协会组织农用生产资料的集中采购，由农协统一与生产厂家订货，再分

售给各会员。对加入农协的农民，其日常生活用品由农协组织统一购买，可以享受出厂价或批发价。农协还会对农民的生产进行全面指导，包括生产技术的提高、生产计划的安排制定、种植业结构调整等。同时，利用农协自身优势进行农产品的开发，使组织起来的农民增加收入。

在销售方面，日本约有 60%的农产品是通过农协进入市场的，集中销售农产品是农协重要的日常工作。农协销售的农产品包括大米、蔬菜、花卉、水果等；销售的方式包括超市销售、批发市场销售和直接销售。通过集中销售既可以防止中间商的压质压价，也能避免各组合之间的相互压价竞争，保护农民的利益。作为农村生产和流通的实际组织者，农协通过发挥农户与市场之间的桥梁作用，在农产品的生产和销售过程中，从产量、品种、时间等要素入手，结合市场经济的机能，疏通了小规模农户进入大流通市场的渠道。农协集中联合购买生产资料，更是个体农户所无法做到的。总之，农协在从生产到流通的整个过程中发挥了个体农户无法承担的功能，在一定程度上或在某些方面实现了“规模效益”。

3. 社会化服务功能

日本的法律规定农协可以自办信用事业。农协从组建后就建设自己的金融系统，它以独立于商业银行的方式，组织农协会员手中的剩余资金，开展以农协会员为对象的信贷业务，包括养老等几乎全部的生产和财产保险业务。目前，不同层级的日本农协机构有 500 多个，覆盖了 99%以上的农户。在农协的协同作用下，日本农场形成了抵御市场风险的能力。同时，在共济和社会福利方面，农协建立了风险基金制度，号召会员发展互助协作精神，共同解决面临的问题，并确保农民由于意外灾害或事故遭受损失时能得到一定补偿，提高了农业抵御自然灾害的能力。

4. “一村一品”种植规模化

“一村一品”运动于 1979 年在日本大分县率先发起，目的是立足本地资源优势，发展具有地方特色的主导产品和主导产业，提高农民收入，振兴农村经济。“一村一品”的思路也同样运用在了水果种植上，政府鼓励农民种植具有特色的精品水果，极大地避免了产品同质化，从而获得竞争优势。

以日本大分县马路村为例，马路村曾经由于地理位置不佳、产业发展受限制，但采用“一村一品”农业发展模式实现了年产值 2 亿元。由于马路村山林茂密，水源无污染，所产柚子的营养成分比市场上其他柚子高很多，马路村选定柚子作为发展水果产业的主要产品。通过对柚子进行二次加工，如果汁、果酱，开发柚子香皂、化妆水等，不断提高柚子产业的附加值，实现柚子的生产、加工、销售一条龙。除此之外，马路村还通过统一广告、海报和宣传口号等，扩大品牌知名度。将整个村落的形象和柚子结合起来，勾起消费者的“乡恋”情节，吸引大批的游客前来体验乡村情怀。马路村将“一村一品”的模式运用到了极致，使得柚子成为马路村的特色，也带动了马路村经济的发展。

第二节　中国现代农业农商互联模式的经验启示

中国现代化农业农商互联模式的探索过程中，既学习了国外先进的发展经验，又结合了自身实际进行调整与创新。通过持续学习与不断改进，走出了一条具有中国特色的农商互联发展道路，收获的经验启示如下。

一、大力发展家庭农场，培育新型农业经营主体

我国“人多地少”的国情适合以中小型家庭农场为主的发展模式。我国绝大部分家庭农场还处于起步阶段，经济效益低。大力发展家庭农场，体现我国对农业发展的重视，有利于提升农业的地位和优化产业结构，为转变经济发展方式，推动经济可持续发展奠定基础；有利于在经济增速放缓的经济形势下挖掘农业发展的潜力，推动农业可持续发展，加快我国农业现代化步伐。促进家庭农场发展最直接的目标就是提高家庭农场的经济效益，最直接的意义就是培育新型农业经营主体，培养现代职业农民，增加农民收入，缩小城乡收入差距，统筹城乡发展。在经济发展新常态下，家庭农场作为新型农业经营主体，能有效增加农民收入，推动农业可持续发展。促进我国家庭农场的发展，不仅要合理借鉴国外经验，而且要立足于国情，实现创新驱动。

二、加大政府政策扶持力度，推动农商互联

国家政策扶持决定着现代农业未来发展的趋势。通过政策引导、市场参与的方式，推动农商互联，促进农产品流通企业与新型农业经营主体进行全面、深入、精准对接。家庭农场作为新型农业经营主体，将迎来更好的发展机遇和政策支持。同时，产权边界明晰的土地制度是一项关键性制度设计，一方面，政府对农地的发展权有一定的控制、管理和收益；另一方面，保障农地所有者拥有土地收益分配、处分、转让、租赁、抵押、继承等方面的完整且有保障的权利。对于我国而言，只有完成土地确权、登记、颁证等工作，建立完善的土地流转交易机制与退出机制之后，农户的农场才能快速发展。可借助财政补贴等改善当地的交通、通信、物流等农业发展的基础设施条件，优化农业经营主体的经营环境。与此同时，政府要制定合理的人才发展战略，改善农村创业环境，落实财税优惠、创业贷款等政策，以吸引大学生等高素质人才到农村发展。

三、适度规模化经营，推动生产经营专业化

经营专业化、现代化是推动农业发展的重要动力，农场的发展受益于农业生产专业化、规模化以及农业科技的进步。因此，可根据各地区资源禀赋、社会经济条件以及市场需求等进行区域分工，优化农场区域布局，构建专业化农场，形成规模经济。同时，专业人才是农场持续发展的人力保障，加强现代农业科技人才的培养，特别是基层农技推广人才的培养，加大力度培育高素质农民，提高农民的知识水平和农业专业技能，高素质的农业领域专业人才为农场的快速发展提供了有力的支持和帮助。

四、提升生产、流通标准化水平

农产品产销对接问题并不能靠减产解决。关键是标准化，包括生产加工冷链等环节的标准化，也包括流通环节的标准化等体系。流通环节的标准化在整个体系是最重要也是最直接的；加工环节的标准化是最能规范市场定价的；源头生产环节的标准化则是最长远和根本的选项。通过“标准化”强化调配能力，实现全国农产品的产销调控。例如，掌握某个市场的某种农产品在某一天、某个时间段价格如何波动，市场需求还差多少；该种产品全国有多少产地已经或将要种植多少，品质如何；已经在运输过程中的又有多少，目的地是否饱和，中途应如何换市，换市后的价格是多少等。

五、推进农业科技创新发展

通过加大对农业科技发展的投入，抢占现代农业科技制高点，加快推进农业领域前沿技术研究和推广，为农业的发展提供生物科技、现代化信息技术和高科技装备等支持；积极培育和引进适应性强的优良品种；同时，加强农业资源利用、农业生态修复、灾害疫病防控和农产品质量安全等领域的研究，为农业农商产销对接发展提供良好的生态环境和社会环境。

六、完善农业社会化服务体系

健全的农业社会化服务体系是农业农商对接的必要支撑，无论美国家庭农场还是日本农协产销对接模式的发展都离不开健全的农业社会化服务体系的支持。实现农业社会化服务体系的规模化，重点是产前的农业技术服务组织，产中的播种、收割服务组织，产后的销售、运输、包装、加工服务组织。通过形成利益紧密联结、产销密切衔接、长期稳定的新型农商关系，借助农业社会服务组织，实行分工和专业化，提高劳动生产率，降低成本，加强农产品产后商品化处理等流通设施建设，重点发展订单农业、产销一体、股权合作等长期稳

定农产品流通模式，广泛调用商业、运输、银行信贷等方面提供的优惠条件，提升农产品的市场竞争力。

第三节　福建省农商互联模式典型成功案例

福建省地处我国东南沿海，在北纬 23°33′～28°19′，东经 115°50′～120°43′，地处中南亚热带，热量足、雨量丰，利于提高农业产量；倚山滨海，山海资源丰富，为农业全面发展提供了广阔前景。2018 年，福建省全年粮食播种面积 1 251 万亩、总产量 499 万吨，茶产业突破千亿元，创建特色农产品优势区 84 个、现代农业产业园 526 个，组织实施现代农业重点项目 425 个，新建标准化生产基地 2 818 个，农业发展态势良好。福建省的农商互联模式主要分为"生产基地＋龙头企业（批发市场、超市）"模式、"农户＋龙头企业（批发市场、超市）"模式、"农户＋农民专业合作社＋龙头企业（批发市场、超市）"模式。

一、永辉超市的"生产基地＋超市"模式

永辉超市是我国内地首批将生鲜农产品引进现代超市的流通企业之一，生鲜的经营模式为自主经营；具有品质新鲜，质量优；开架式销售，让顾客充分自选；薄利多销，价格低廉；品项齐全，流量大；全天候经营，供给足等特点。每家门店中生鲜面积都达到 40%～50%，生鲜品类达到 4 000～6 000 个。永辉超市采用"营采合一"的经营模式，结束每日的采购工作后，采购人员会回到门店与营运人员共同探讨商品保鲜技术与销售方式、共同研究顾客的需求，及时总结做好每日的营运与次日的采购。2011 年至今，永辉超市在"直采自营"的基础上不断总结创新，最终从外采、内采、供应商采购模式转变为全国直采、区域直采、供应商采购模式，以顾客的需求为导向，直采自营。大批量、易保存的基础商品全国统采，即产地化直采或合作采购；不易长时间保存的商品区域直采，即批发市场直接采购；有的地方还聘请采购代办负责对零散农户的产品进行收购和集散；而供应商采购主要是将部分小农户集中为合作社，培育成门店供应商，通过"田间定制、订单农业"，采购到最有价值的商品。

二、海文铭公司的"生产基地＋龙头企业"模式

福建海文铭海洋科技发展有限公司是一家致力于鲍鱼全产业链研究、生产、推广以及其他相关中高端食材深加工的海洋科技型企业。旗下拥有鲍鱼育苗基地、出口鲍鱼养殖基地和占地 60 亩的现代化生产工厂。其冷冻佛跳墙系列产品深受市场认可，2018 年销售 100 多万份，销售额占海文铭总销售额的

40%左右。海文铭通过工业化的研发生产，一方面使农产品增值，另一方面扩大农产品销售的空间，延长农产品销售的时间。此外，海文铭依托“生产基地+龙头企业”的商业模式，占股生态养殖基地及与各大种养殖户签订购销合同。海文铭以入股、提供鸡饲料的方式，与闽清当地养殖大户合作，共建鲜鸡养殖基地，实现产业扶贫。每年提供200多吨鲍鱼内脏加工而成的鸡饲料，在合作共赢的同时，要求养殖大户提供的均是散养一年以上的“走地鸡”，从源头把控鸡肉品质，一年鲜鸡的使用量可达到10万只。针对冷冻佛跳墙系列产品和其他产品中所使用到的福建当地原材料，如鲍鱼、香菇、蹄筋、海参等食材，海文铭分别与莆田、漳州、霞浦等地各大种养殖户每年一签合同，一年可收购干香菇近几十吨、海参200吨、杏鲍菇400吨，以销扶贫。海文铭自有鲍鱼育苗基地，通过为农户提供鲍鱼种苗和底价合同的方式，与连江、平潭和宁德等多地的鲍鱼养殖户达成长期合作，一年可收购1 000多吨。若是市场价格高，海文铭会适当提高价格收购，反之则会按照合同价收购，确保农户的利益和食材来源稳定性与安全性。海文铭还与国内外众多海产品、菇类、鲜鸡生产基地保持长期稳定的合作伙伴关系，不仅拓展了合作基地，而且推动了当地产业的发展和农民增收。

三、名成集团的“生产基地+批发市场”模式

名成集团是行业内颇具影响力的水产品批发市场和冷链物流交易中心连锁经营企业，福州名成水产交易中心自2010年7月正式投入使用后，已入驻国内外商户600余家，场内水产交易品种达300余种。交易中心内的大量海内外优质水产品不仅销往全国各地，同时远销东南亚及欧美国家，是最具规模的亚洲渔货集散中心之一。交易中心年交易量近200万吨，全年交易额超300亿元，目前已发展成为海峡两岸渔业合作交流的重要通道、平台和中国远洋渔业集散地。据统计，我国及东盟60%的远洋渔业企业的渔获在交易中心进行交易。秉承“采撷五湖四海、面向四面八方、辐射东西南北、服务千家万户”的服务宗旨，名成集团大力推行诚信制和会员制，入市水产品实行条码化和追溯制，为入驻商户提供完备的市场信息、物流配套和金融援助等高端服务。创建一个集现货、竞拍、代理和网上交易为一体的提升型集约经营模式；营造一个集信息、检测、标准、研发和商务为一体的持续式科学发展环境；形成一个能充分依托一站式的采购平台，辐射东南亚的联动推进体制；逐步形成现代水产业大流通的格局，构筑“供应商、经销商、采购商、代理商、服务商”五商云集的高地。名成集团作为骨干水产品批发市场，在产销信息搜集发布、产销对接合作、精准扶贫等方面发挥示范带动作用。

四、福州市茶叶批发市场的“农户＋批发市场”模式

福州市茶叶批发市场商铺达到600多间、面积超过50 000米²，2018年实现了年交易额26.23亿元，市场汇集了名优绿茶、花茶、乌龙茶、红茶、白茶、普洱茶、台湾高山茶等中国各大茶类，经营品种有安溪铁观音、云南普洱、武夷岩茶、浙江龙井、正山小种、坦洋工夫红茶、福鼎白茶、江苏碧螺春等各地名茶。福州市茶叶批发市场通过“农户＋批发市场”模式，在解决农民销售渠道问题上，有效改善了福建省茶农卖茶通过中间商盘剥、售价低、收入不高等问题，带动了闽东、闽北、闽南等地区茶农直接从茶园到茶店，减少了中间环节，极大地提升了福建省茶叶整体流通水平，对全省农民增收起了重大作用。

第四节　福建省农商互联供应链运行成功案例比较研究
——以朴朴超市与永辉生活为例

福建省农商互联供应链运行中比较成功的超市企业当属朴朴超市与永辉生活，二者属于超市企业中的竞争者，既有相似性，又各具特色，其发展方式与经营理念值得其他企业深入借鉴与学习。

一、朴朴超市与永辉生活简介

1. 朴朴超市简介

朴朴超市于2016年9月上线，平台定位是移动端的生鲜即时配送。它采用“纯线上运营＋前置仓配送”模式，服务范围辐射密集，主打生鲜产品，同时兼顾全品类运营，大约24分钟即可完成一单的配送，SKU数高达3 600个。朴朴超市有30个前置仓服务福州市区，每个前置仓服务1.5千米范围，高密度、广范围布置的前置仓提升了订单增量，并且保证了用户的时效性需求。通过App和微信，用户可以在朴朴超市线上平台选购商品，设置配送地址，向附近的配送员发送订单并进行配送。不出家门，消费者就可以买到日常生活所需的商品。

福州朴朴电子商务有限公司旨在以创新的商业模式，高效的仓储配送模式，打造客户体验超越现有主流电商网站的新一代B2C电商平台。目前，朴朴公司总部设在福建省福州市，已经历天使轮、pre-A轮、A轮和B1轮四轮融资。朴朴公司主要市场范围涵盖福州市及厦门市，2019年已全面启动深圳市市场扩张，现有员工人数已达10 000多人。

2. 永辉生活简介

永辉生活是永辉超市官方推出的一站式线上线下新零售平台，永辉生活App通过打通线下生鲜商超，圈定方圆3千米、30分钟配送，旨在为广大城市生活的上班族们提供方便的线上线下在线商超一体化新零售服务。“永辉生活”采用“标品生鲜＋便利店＋线上运营模式”，线下以规模较小的便利店形式呈现，囊括了各种品类商品，结合线上应用程序，送货上门，为消费者提供365天×24小时的服务，满足用户新鲜、方便、全渠道的需求。在配送业务探索方面，永辉生活的卫星仓于2018年9月首发，并已逐步在福州、厦门、上海等地推出。其高密度、近距离的仓库以及精致的送货方式为用户提供极其便捷的配送消费体验。截至2019年7月2日，永辉生活宣布在全国已布局30余仓，在福州地区布局23仓。

二、朴朴超市与永辉生活供应链运行模式比较

关于朴朴超市与永辉生活供应链运行模式的比较，可以从采购、仓储、配送、销售四个方面进行对比。

1. 采购

（1）朴朴超市采购。福建区域的商品采购：朴朴超市的采购渠道主要分为第三方农业公司供货和产地直采两种，基本采用气调盒等标品包装形式售卖。在供应商供货方面，大部分有生鲜销售的平台都选择与资质较好的生鲜供应商合作。选择一个好的供应商既可以获得一个低的产品成本价，又可以保障产品的质量，还能保证稳定的供货来源。朴朴超市的供应商有来自永辉供应链之一的优野蔬菜、白水农夫等，在本地蔬菜生鲜供应链上有一定优势。在产地直供方面，产地直供省去了中间商流通环节，既能保证质量和缩短商品周转时间，又可以获得一个更低的成本价，利润空间相应也大一些。

深圳区域的商品采购：朴朴超市在深圳区域的商品采购，60%为深圳当地经销商配送至其周转仓，40%为福建供应商跨省配送。当前，朴朴超市正在摸索其跨区域运营的采购模式，主要包括两个测试方向：一种是全部采用福建本土供应商，双方共同向外埠市场扩张发展。这种方式能够构建较为稳定、经济的供应商关系网，但是否能建立起总仓辐射外埠市场的仓储物流系统却是一个难点。另一种是因地制宜，与区域内的供应商合作，其劣势在于单一区域内供应商供应范围有限，且不利于朴朴超市依据总量基础获取更大支持（图7－1）。

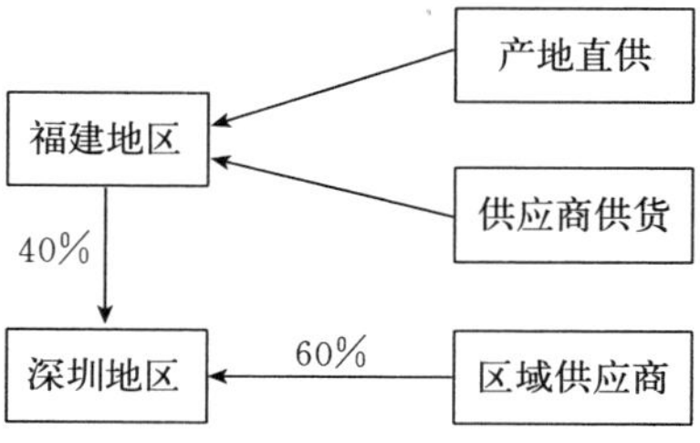

图7－1　朴朴超市采购模式

（2）永辉生活采购。依托永辉超市将近 20 年的全国生鲜供应链积累以及遍布全球的供应链直采体系，永辉云创结合到家业态特点，灵活搭建永辉生活本地化供应链体系，采取产地源头进货、加大备货量等各方面措施，加大蛋奶、蔬菜、粮油、米面等基础民生商品的保障，并严格把控禽肉类、蔬菜类商品上架前的质量检验工作，确保生鲜产品的新鲜度。

在采购方式方面，永辉生活通过永辉超市建立的全国直采基地，跳过供应商环节，直接由采购团队向提供生鲜产品的农民或农企进行采购。直采方式中的基地采购是永辉控制进货成本的关键，通过“订单农业”的方式不仅缩小了与农贸市场的价格差距，而且保证了生鲜产品的及时供应。

在采购商品选择方面，借助于腾讯智慧零售在数据方面的沉淀，永辉生活找到“自己”的用户画像，使商品的采购管理持续优化，加快新品的引进效率。利用销量预测算法模型，进行及时补货，使生鲜品类的损耗率大大降低。

在生鲜运营方面，永辉生活在源产地便做好产品的规格分选，这样可以提高商品分发效率和性价比，实现更高效整合采购。此外，永辉生活还根据区域特色引入本地化供应服务，着重关注时令生鲜产品，丰富本地化产品种类，满足当地消费者需求。目前，永辉生活在福州市已与 70 多家源头产地供应商达成合作，源头直采单品超 200 个。

在产品安全方面，永辉生活卫星仓内生鲜商品都是经过多次检测，从生产基地源头保证产品品质，通过“食品安全云网”信息化云技术建设追溯体系，实现生鲜食材全流程追溯。

2. 仓储

（1）朴朴超市仓储。不同于传统的运营策略，朴朴超市没有实体店，商品的储存、分拣工作都在前置仓内完成。前置仓可以覆盖到周围 1.5 千米的范围，而且分布密集、距离用户较近，用户下单后能以较快速度送达，生鲜等易腐产品的质量能够得到较好的保证。与实体店相比，前置仓的利用率更高，建设成本更低。

朴朴超市在前置仓选址时，采用网格化管理模式。选定一个目标区域，将其划分为边长 3 千米的网格，在网格的交叉点开设前置仓，这样每个前置仓就能覆盖大约 1.5 千米的范围。配送范围小、前置仓分布密集，能够有效降低配送压力。在处理用户退货、换货时，这种选址方式也有利于配送员提供及时、高效的服务，从而提高了客户的消费体验。目前，朴朴超市前置仓已覆盖福州市超过 80%地域。

根据注册用户数确定开仓时间。朴朴在前置仓选址上会根据注册用户数量来确定开仓时间。一个社区的注册用户越多，那么朴朴就会越早在这个社区周边开设前置仓。这种确定开仓的方法，让朴朴超市能够在开仓后迅速得到较大的利用。还可以通过已有的注册用户，向潜在用户推荐、宣传，从而带来更多的新用户。

提高产品种类的丰富程度。得益于前置仓的特性，朴朴超市能够在大约 500 米^2 的空间内，陈列相当于一个大超市所能摆放的商品。除了兼顾全品类的经营，朴朴超市会根据前置仓附近用户消费习惯，调整商品结构，真正做到“千仓千面”（表 7－1）。

表 7－1　朴朴超市前置仓和永辉生活卫星仓对比

项　　目	朴朴前置仓	永辉生活卫星仓 2.0
面积（米^2）	400～500	300～600
数量（个）	51	30
SKU	3 600～4 000	3 000～4 000
仓储硬件	常温、冷藏和冷冻全温度带	常温、冷藏和冷冻全温度带
选址逻辑	大数据＋以销定采思维	成熟社区周边
辐射范围	方圆 1.5～3 千米	方圆 1～3 千米
所涉区域	福州、厦门、深圳、广州	福州、厦门、上海

（2）永辉超市仓储。为更好地满足用户线上购物到家的消费需求，永辉超市与腾讯宣布联手推出到家业务新模式——“永辉生活卫星仓”。此种模式既能够充分利用已有的线下门店，又可以保持作为前置仓特有的灵活性，从而提供更具竞争力的到家服务。

永辉生活卫星仓库是一个全温智能仓库，占地面积 300～600 米^2，SKU 为 3 000～4 000 件，其中新鲜食品占比 50%以上。为了保证货物的新鲜和充足供应，卫星仓库实行一日两配的物流补货。

在选址上，永辉生活卫星仓借助腾讯大数据，探索出用户选址模型，选择布局在具有较强的消费需求和线上消费习惯的新型住宅、居民小区等成熟社区周边，并把“距离用户最近”作为选址的首要考虑因素。此外，根据选址不同，永辉卫星仓的商品也会适当改变。例如，大学城卫星仓还增加了网红食品、鲜花等商品的配比，还添加了许多即时性需求商品。

在仓内布局上，永辉生活卫星仓分成若干片区，以每个片区为一个运作单位，进行商品的补货、拣货等环节。仓内的商品都有固定库位，而且每个库位都使用电子价签，只要扫描电子价签上的二维码就能够查看相应的库存信息，以便及时清点、供应货物。卫星仓的设计与永辉生活的零售店大同小异，但是卫星仓内的通道会比较窄，货架也比较高，其仓库特性更为明显，这样的特性有利于提升仓库的运营效率。永辉生活卫星仓以福州市作为试点，仅在福州市就拥有23家卫星仓。经过更新迭代，目前实行的已经是第二代卫星仓。

3. 配送

（1）朴朴超市配送。朴朴超市自建配送中心和配送团队，灵活运营。许多有配送到家业务的企业都采用第三方物流服务，以降低一定的成本。但是朴朴超市选择自建配送中心和配送团队，为的是保证商品质量和配送的及时性和服务质量。

有效管理配送人员，提高服务品质。朴朴超市给予基层配送人员的薪酬相对较高，每个月的底薪加上抽成最高能达到上万元。这种薪酬结构让配送人员有了踏实、努力工作的动力，也让他们自觉提高了服务品质，有助于朴朴超市营造良好的口碑，吸引更多的用户。朴朴超市送货员到消费者小区楼下，就会以短信或电话通知消费者，让消费者有心理准备。在离开之前，送货员会问用户是否需要帮助扔垃圾。这样，朴朴超市凭借服务体验，逐渐形成品牌特色，在消费者心目中塑造良好形象。

前置仓助力，配送时效快。朴朴超市利用设置在居民小区附近的货仓，可实现1.5千米范围内的及时配送，大大提高配送效率。

（2）永辉生活配送。永辉生活卫星仓内配备打印设备，可以自行接单，并将订单打印出来。仓内的分工细致，拣货人员只需依照打印出来的订单进行拣货，交至前台由他人进行打包即可。打包人员再将打包好的每单商品通过接待窗口递交给外面等候的骑手，系统会通知骑手进行派单。

从接收订单到将打包好的商品递交给骑手，整个过程需要花费的时间一般小于5分钟，并且完成率高达90%。仓内设有大屏幕，显示各环节耗费的时长，可供管理人员查看、监督。仓外的大屏所显示的内容与用户端界面相似，仓内负责人能够实时监测订单配送情况，合理安排骑手的配送工作。此外，永辉生活与京东到家合作，设定30分钟的配送时间，满足用户对配送到家的高时效需求。

4. 销售

（1）朴朴超市销售。创立初期，朴朴超市主要通过广告、地推来引流，朴朴的广告在福州市的公交车站、地铁站随处可见。前期为了增加销量，朴朴超市会通过打折来处理临期商品，不仅减少商品的浪费，而且可以以此吸引客流量。朴朴超市的主要客源来自朴朴超市App和朴朴超市小程序，因此，朴朴超市在App和小程序上的功能结构下了很大功夫（表7-2）。

表 7-2　朴朴超市与永辉生活销售方面对比

项　目	朴朴超市	永辉生活
日均单量（万元）	6～8	3.4～4
客单价（元）	突破 100	超过 50
配送费用方面	满 19 元免配送费，不足 19 元，每单收取 3 元	满 18 元免配送，不足 18 元，每单收取 6 元
新客运营方面	新用户 188 元礼包	新客福利包含 3 张满减券（满 38 元减 8 元、满 49 元减 10 元、满 69 元减 12 元）
小票信息	更有用户思维，清晰地表达了用户的购买情况	纸质小票较为浪费，小票上保留电话号码，没有保护好顾客的隐私

鼓励用户分享：朴朴超市对乐于分享本 App 的用户做出了激励，即老用户通过分享 App 至微信好友或朋友圈，为平台拉来新用户，就可以获得一定金额的礼包。分享越多，奖励就越多。这种方式不仅增加产品的曝光度、提高获客率，而且加深了用户对产品的信任。为了方便用户分享，朴朴也在 App 设置了“随处可见”的分享功能，如商品展示页的分享、活动页的分享等。

用户敏感的促销：朴朴超市 App 首页中推送了大量的促销活动。对于新用户，进入 App 后不仅可获得“新用户大礼包”，某些商品还可享受新用户专享价，促使新用户完成第一单。用户下单后，还会有“限时抢购”“疯狂折扣”“买一赠一”等促销活动吸引用户，慢慢引导用户养成线上购物习惯。除了首页、购物车中也添加了促销信息外，还会将促销信息发送至用户的手机上，在一定程度上提升了客单转化率，增加了客单价。

首页商品展示因地制宜、因时制宜：朴朴超市 App 首页展示的日常商品随着城市的不同发生改变。一方面，不同城市的配送中心所在区域的环境存在差异，商品结构会有所区别，配送速度也会受到影响。另一方面，不同城市人群的消费习惯不同，因地制宜有助于减少用户选择商品的时间，增加购物效率。朴朴超市还从时间角度准备了精细化的运营，即使在同一城市，App 的首页也会因为时间的不同展示不一样的内容。早餐时段，就推出了早餐食品；晚餐时段，就推送了晚餐食材。

（2）永辉生活销售。永辉生活借助腾讯智慧零售搭建其流量池，目前，在小程序、公众号等线上平台都拥有较大数目的流量。运用数字化用户驱动的全触点零售，永辉生活对用户有了更清晰明确的认识，从而进行了更精细化的运营。通过对用户的深入分析、制定合理的价格策略，并有针对性地投放广告，永辉生活在短时间内获得大量的新用户；同时，也促进了原有用户的线上回购率，不仅降低了获客成本，而且使广告宣传成本大幅降低（表 7－3）。

表 7－3 永辉生活实现全触点零售

线上触点	公众号	永辉生活公众号短时间内新增 130 万用户，提升率达 550%
	小程序	对功能模块进行优化，小程序实现订单占比超过 50%
社交触点	社群营销	组建微信群 500 多个，其中 VIP 社群数量为 50 多个，整体复购率高达 90%以上，用户的月均下单次数超过 10 次
	社交裂变	借助拼手气红包、面对面发券等方式形成社交裂变，月均用户拉新转化率提升 30%～40%
线下触点	丰富线下触点、优化地推策略	
商业触点	精准人群投放，广告拉新成本降低 70%	

三、朴朴超市与永辉生活供应链运行模式优缺点分析

朴朴超市与永辉生活的供应链运行模式各有优缺点，具体内容如下：

1. 朴朴超市供应链运行模式优缺点

采购环节：直采和供应商供货是朴朴超市的主要采购方式，这两种采购方式都可以减少中间环节，降低成本，并且提高供货的效率。但是产地直采存在品质不统一、价格不稳定等问题。

仓储环节："前置仓"模式是朴朴超市的标签，每个前置仓覆盖的范围为半径 1.5 千米的区域，能够有效降低配送环节压力，提高配送的速度。然而，朴朴超市目前还处于尚未盈利的状态，要扩大规模，还需要依靠融资。刚起步的朴朴超市没有互联网巨头的支持和背景，资金能力较弱，而前期建造前置仓的投入比较大，对朴朴超市来说比较吃力。

配送环节：朴朴超市自建配送中心和配送团队，保证了配送时间在 30 分钟内，优化了客户的消费体验。但是自建配送队伍导致单均配送成本偏高，平均每单成本 10 元，而每笔交易的盈利却难以达到这个值。

销售环节：朴朴超市 App、小程序上的商品折扣力度大，又有限时抢购、分享领券等活动，能够很好地促进消费者消费，增加客单价，提高获客率。但折扣会减小产品的盈利空间，而且通过蔬菜等产品打折来吸引流量，但吸引到的用户群是对价格敏感的。一旦没有补贴之后，可能会造成这批用户的流失（表 7－4）。

表 7-4 朴朴超市供应链运行模式优缺点汇总

运行环节	内容描述	优　点	缺　点
采购	直采、供应商供货	减少中间环节，降低成本，提高供货效率	产地直采有品质不统一、价格不稳定等问题
仓储	前置仓	分布在用户周边，提升配送时效，减少产品损耗	前期投入大
配送	自建团队	精准定位在 30 分钟内	单均配送成本偏高
销售	折扣力度大，鼓励用户分享	增加客单价，提高获客率	盈利空间小，用户对补贴依赖大

2. 永辉生活供应链运行模式优缺点

采购环节：依托永辉超市成熟的供应链直采体系，无疑是永辉生活的一大优势。成熟、完整的采购体系，能够保证货源的及时供应，产品品质也有保障。但是，为了配合永辉各门店的产品供应，物流基地的压力也相对较大。

仓储环节：永辉与腾讯联合布局的卫星仓，不但具有前置仓灵活的特点，而且能很好地利用线下布局的门店，有利于实现低成本异地扩张。然而，要兼顾门店运营和卫星仓内细致分工的运作，永辉生活在人力成本方面投入也会比较大。

配送环节：永辉生活外包配送团队与京东到家合作，可以借助外包商的物流优势节约一定成本。但是，存在配送时效不稳定、服务质量难以保证的问题。

销售环节：借助腾讯智慧零售的数据沉淀，永辉生活实现了线上、线下、商业、社交的全触点零售，极大地提高了线上用户的留存率和回购率。但是永辉生活销售平台上的商品，相比折扣力度大的朴朴超市，价格会更贵些（表 7-5）。

表 7-5 永辉生活供应链运行模式优缺点汇总

运行环节	内容描述	优　点	缺　点
采购	依托永辉超市成熟的供应链直采体系	采购体系完整，及时补货	物流基地压力大
仓储	卫星仓 2.0	与线下门店联动、又保持卫星仓独立性和灵活性，实现低成本异地扩张	人力成本较高

（续）

运行环节	内容描述	优 点	缺 点
配送	外包配送团队、与京东到家合作	借助外包商的物流优势，节约一定成本	配送时效性不稳定，最快为30分钟
销售	实现全触点零售	提高了用户的线上留存率和复购率，获客成本低	商品价格较贵

第八章

福建省农商互联模式案例

在福建省农商互联模式的发展过程中，涌现出许多具有代表性的典型企业，这些企业来自各行各业，在不同的背景和形势下培育出了独特的农商互联模式，实现了企业发展，再上新的台阶，也为其他企业探索发展模式提供了学习案例。

第一节　久泰农业

久泰现代农业有限公司（以下简称“久泰农业”）是福建省果品贸易龙头企业，致力于整合全球资源，把握海内外各产品的不同特性，有针对性地进行种植、筛选和采购，以基地化、品质化、标准化、品牌化的发展战略为指引，目前已发展成为一家业务涵盖水果研发种植、进出口、采后加工、冷藏保鲜、批发配送、品牌推广、销售服务等全产业链为一体的平台型企业集团。

一、把控源头，搭建产地源头直通消费者的桥梁

久泰农业在其全球化战略发展布局下，专注产地，大力布局莲雾、红心芭乐、蜜瓜、蜜柚、脐橙、梨等种植基地，目前已控制优质的种植基地超过十万亩。从源头上，专注于水果质量和安全研究，对生产的每一个环节、每一个步骤都有特定标准把控，以确保为每一个消费者提供最健康、安全的生鲜速递。

为了最大程度把控水果的品质，久泰农业的农技专家通过对水果的生长过程进行全程梳理，根据不同物候期采集水果基地的环境数据、生理数据，建立标准化水果种植生产的农事流程、标准化农资投入流程、标准化水果生长指标模型和常见水果病虫害资源库。此外，久泰农业向合作的农户统一提供自主研发的产品种子，并根据标准生产流程对农户进行农技指导服务，让不会种植的农户也能根据生产流程精确地完成农事任务，合理用药、精准施肥。在技术支持方面，久泰农业配备专业的管理人员在种植全过程定期进行跟踪抽检和技术指导。对种植过程没有达到标准要求的农户，久泰农业会进行鼓励扶持，如遇到违反操作程序的行为出现，最开始进行警告指导，情节严重者将有被弃单风险，并要求农户归还种子，解除合同关系。在仓储物流方面，久泰农业提供专业人员指导采收，产地人员现场验果、收果、包装、装车，由大型专业货柜冷

藏车全程冷链直达配送至全国千余家水果超市销售。正是因为从种植管理干预到产品标准普及再到从原产地到终端的全程冷链规范体系建立，使出产的水果都经历了标准的农事流程与高效的运输流程，才成就了久泰农业出产的每一个高品质水果。

二、打造品牌，倒逼农业规模化、标准化、品牌化发展

如今，我国农产品主要以小规模生产为主，没有品牌化的引领，大多陷入大量的同质产品低价竞争中。由于生鲜农产品自身的非标准化特性，导致难以对农产品从生产到贸易流通再到零售终端进行标准化管理，企业经营管理难度高。但想要更好地发展生鲜农产品，便离不开品牌的标准化支撑。

久泰农业在专注原产地、好水果的基础上，也创建了“17.8°”鲜橙、“北纬23°”蜜瓜、“一包糖”西瓜、“刀郎土瓜”等精细化、细分类品牌，打造健康、可口、标准的精品综合体。通过强势单品的打造，久泰农业一举获得成功，产品辐射范围涉及全国大部分的省（自治区、直辖市），成为市场热销品牌。

三、精准落实，建立促农增收长效机制

久泰农业与国内外众多水果种植农户、果品生产基地、农民专业合作社、水果经销商及大型水果生产企业保持长期的战略合作伙伴和稳定发展关系，并通过与贫困地区开展订单合作种植模式，带动全国各地水果产业的可持续发展，大批合作果农从中受惠，成为农村集体经济增收致富的“新引擎”。

1. 深入新疆麦盖提县，推出“刀郎土瓜”品牌

麦盖提县位于新疆维吾尔自治区喀什地区东部、塔克拉玛干沙漠西南边缘，古代丝绸之路南北两道的交会之地，是神秘的“刀郎文化”的发源地，得天独厚的地理优势，丰富的光热资源，使其成为瓜果的盛产之地。“刀郎土瓜”又称“奎克拜日”，在维吾尔语中有“绿瓜瓤”之意，是麦盖提县维吾尔族同胞在长期农业劳作中培育出来的本地独有瓜种。但其种植难度大，对土壤、水分要求较高，此前一直是当地农民自家种植食用，产量较为稀少。

久泰农业与麦盖提县进行深入合作，推出“刀郎土瓜”这一鲜果品牌，并开创以基地化、品质化、标准化、品牌化的商业合作模式。此前麦盖提县较为贫困落后，单个家庭的年均收入甚至还不到两三千元，但通过“刀郎土瓜”品牌的引入以及与久泰农业的订单机制，企业一年收购一两千吨土瓜，合作农户达100多户，年收入超5 000元。久泰农业在打造现代农业体系，为消费者带来更好品质土瓜的同时，也拓宽了当地百姓的增收致富路。

2. 开拓海南沙地，打造“北纬23°”蜜瓜品牌

介于沙漠与土地之间的海南沙地，过去由于过度开垦或放牧，导致土壤肥

力下降，农牧业生产力效益低下，引发农作物种植困难的问题。以往大多农户都是靠经验灌溉，但这样的主观判断使得种植出的水果品质和产量很不稳定，农业高质量发展还存在明显差距。

从 2016 年开始，久泰农业与海南省东方市新龙镇的农户开展订单农业合作种植“北纬 23°”蜜瓜，尝试集体所有与农民经营相结合的制度转变，使1 000 亩蜜瓜在沙地里茁壮生长。针对自主性关键农业技术支持不足的问题，久泰农业加强现代农业产业体系建设，以专业化品牌发展理念与农户开展订单农业合作种植水果的方式，增加了蜜瓜的销售数量，提升了蜜瓜的销售价格，让合作瓜农收益有了极大的提升，使其由原来每月一两千元的收入增加到每月五六千元，自有地的种植农户也从原来一亩地几百元的收益增加到一亩地几千元，行情好时甚至涨到万元，逐步建立起农产品生产与农民经营相匹配的产业发展新格局。

3. 开发三明尤溪现代生态农业产业园，助农增收

2015 年，久泰农业投资开发久泰生态产业园项目，在福建省三明市尤溪县联合镇惠州村、岭头村，流转土地 5 000 多亩用于果园种植基地开发，建设集休闲农业、旅游观光、科研教学、仓储物流等为一体的现代生态农业产业园，目前已初具规模，是三明市单一主体规模最大的果园。久泰生态产业园平时每天平均用工 50 人，多时每天用工达 200 多人。通过现代化农业开发建设，久泰农业直接带动当地用工超 6 万人次、累计发放工资 1 000 多万元，让当地农户在“家门口”就业。同时，久泰农业还积极对接贫困户，降低用工标准，让镇里的贫困户、低保户、残疾人到基地上班，做些选苗、剪枝等轻体力活，落实实质性帮扶措施，帮助他们顺利增收。

目前，久泰农业正对一些珍贵的水果品种进行驯化，打算试种成功后，带动当地农户一起种植。例如，蓝宝石葡萄 1 千克可卖 600 元，甘平柑橘一颗 100 元，燕窝火龙果 1 千克 200 多元，这些高端优质水果试种成功后，公司将为农户提供苗木、生物化肥、生物农药等，实行订单种植，这样一来能够真正带动地方产业发展。

此外，久泰农业还对接宁夏回族自治区中卫市沙坡头区的贫困户，进行订单合作种瓜；帮助收购闽北建瓯市滞销的芦柑，湖北、重庆滞销的脐橙；与贵州省遵义市红花岗区金鼎山镇板桥村合作，收购、消化滞销水果，提供基地就业岗位等。通过一系列的精准扶贫项目，久泰农业不仅扩展了合作基地，还推动了贫困地区产业发展，带动当地百姓共同致富。

四、培育渠道，拓展多元化销售通路

从 20 世纪 80 年代发展至今，批发市场是我国果品流通的主要渠道。随着“互联网＋”时代的到来，果品贸易分销渠道呈现多元化发展趋势。久泰农业立足基地种植，以多通路分销为主，主打强势单品，代销其他品牌果品，形成多元化销售通路。目前，久泰农业除了在福建省当地设立销售档口外，还与全国各地的贸易商、批发商建立长期合作伙伴关系，成为永辉超市、中百仓储、家乐福、步步高、新华都、中闽百汇、坚强百货、顺丰优选、鲜丰水果、特特水果、拼好货、U掌柜、厦门航空、南方航空、深圳航空等企业的战略性供应商。同时，还通过自建零售终端，为京东等线上平台供货，不断开拓新型分销通路。

久泰农业通过产业链上下游的深度延伸和销售通路的复合创新，实现了内外部供应链的良性运转，极大地提升了旗下品牌果品的流转效率。2020年12月，“久泰小镇”被评为国家AAA级旅游景区。同时，被福建省农业农村厅认定为“省级休闲农业示范点”。

第二节　博鸿达

福州博鸿达食品有限公司（以下简称“博鸿达”）于2011年4月18日成立，是集鲜肉订制、肉品精深加工、低温仓储、冷链物流、品牌营销等为一体的现代化食品企业，已开发品牌商超、连锁餐饮、大宗团购、自营专柜四大终端渠道，其中品牌商超端销售占比超过50%，自营专柜端销售占比超过40%，与永辉、大润发、六意等建立长期稳定的合作关系。公司员工600多人，低温仓库面积超过2 000米^2，各类型冷链车辆130多台，2023年公司现有自营门店20多家、联营门店50多家；冷鲜猪肉占福州市整体市场份额的80%，占福建省的60%。近年，博鸿达建立合伙人利益分享机制，与骨干员工分享发展成果，充分激发员工的主动性、创造性。“是干是湿，让猪试吃”的口号走在了垃圾分类前沿，小小“猪事”在3个月内接连两次登上国务院的议事舞台。然而在“猪事”不顺的当下，专注肉类流通20年的博鸿达却脱颖而出，达成了日均100多吨的猪肉销售量的好成绩。

一、锐意进取，奏响产品发展乐章

博鸿达的发展历程可以分为两个重要时期，在创业初期主要专注于踏实发展产品品质，在转型期追求生产运营的创新，先求稳后求新，奏响产品的发展乐章。

1. 创业初期，修炼产品内功

1998年博鸿达创始人投身猪肉行业，依靠坚持与诚信经营赢得福州市第一家客户——永辉超市，建立福州万河肉类批发市场，涉及生猪养殖业务，后因环保考量，逐渐将重心转向加工销售业务。依靠创始人的务实进取、不断学习总结猪肉生意的经营经验，公司发展进入稳定期。2011年福州博鸿达食品有限公司正式成立，公司名取“博采众长、鸿图渐展、达则兼济天下”之意，这同时也成了公司的经营理念。

2. 模式转型期，创新生产运营模式

2012年博鸿达打破传统生产模式，创新求变，与福建省内厂商开展合作，骨类单品开始出现；在战略方面，博鸿达的重心开始从传统热屠宰到现代冷鲜肉为主、热鲜为辅的模式转变，其中冷鲜占据其销售总额的80%，并进一步打造冷鲜规模化工厂；在运营方面，博鸿达的重心开始从常温运输到冷链仓储物流转变。2013年博鸿达开始与山东省大型工厂开始合作分割品，分割品销售占销售总额的50%～60%，进一步拓展了生产渠道。2015—2016年博鸿达专注于肉类产品的标准化、订制化，重点提升低温仓储、冷藏物流。2016年博鸿达优化内部管理流程，提升低温仓储，进一步提升了冷链配送管理水平。2017年博鸿达深度整合上下游资源，开拓联营、专卖店业务，实施员工合伙人制度，进一步增强了员工的主人翁意识。2020年，面对突如其来的新冠感染疫情，博鸿达积极配合政府有关部门，发挥产业优势，为福州市场肉类产品供应提供稳定支撑，为“保供稳价”贡献企业自身力量。新冠感染疫情期间，凭借出色的工作成效，博鸿达相继成为福州市政府指定的储备肉单位，协助市政府开展近2 600吨肉类储备保障工作。同时，博鸿达不断拓展，逐步扩充经营范围及版块，增设各类子部门。截至2021年，公司新增各类岗位近200个。博鸿达找准自身定位，通过科学制定企业发展路径，着力推进产品高质量发展。

二、别出心裁，凸显规范经营优势

博鸿达通过制定独特的生产标准，采用可靠的生产步骤，打造出企业独特的经营优势。

1. 产品可追溯建设，肉类精细加工

运营的核心是供应端产品源头可靠、可追溯，作为福建省肉菜流通追溯体系建设试点单位，博鸿达致力于建立从基地—饲料—苗猪—养殖—屠宰—运输—仓储—销售各环节的可视化追溯体系，确保肉食品供应链每个环节的安全可控，从源头到餐桌，保障食品安全供应链。按照品牌商超、连锁餐饮、大宗团购、自营专柜四大终端渠道的差别化顾客需求进行源头规模定制与精细分工，对细分割部位再加工做成气调包装产品、灌肠类产品，其中品牌商超端与自营专柜端销售占比分别为50%与40%以上，连锁餐饮、大宗团购与美菜、美团、朴朴等原料端虽然单量大但总体需求量较小。

2. 低温分级仓储，全程冷链物流

鲜肉类产品大部分需要通过物流（自建物流或第三方物流）把产品发到消

费者手中。在这个过程中，如果保鲜做得不好，产品很容易腐败变质或破损，这些情况不仅产生损耗和赔偿，而且会给消费者留下不好的消费体验。

博鸿达在做冷鲜之初就考虑到这一点，开始建设冷链物流体系，目前公司成立了信运冷藏物流有限公司，该公司被评为中国百强冷链物流公司，其冷链物流完善，配送高效，拥有冷链车 130 多辆，可当天配送至福建全省，进而提升周转率，保证商品新鲜度。此外，博鸿达还建立了低温分级仓储，福建省大仓位于海峡机械园，连接祥谦高速出口；在厦门以及莆田等地都拥有周转仓，可更高效、更新鲜地将产品送到消费者手中。通过专业化的物流仓储体系，博鸿达开放接口给其他鲜肉厂家，提供高品质仓储及配送服务。

博鸿达上述改进冷链仓储物流可以归结于以下两个方面：

第一，改进技术降低温度需求，延长肉品保鲜期。产品的腐败变质会使其降低或失去其营养价值和商品价值。目前，防止产品变质的技术有很多，比如腌制食品、添加防腐剂、低温、真空等。但是腌制食品和添加防腐剂会让产品的营养流失，损失新鲜度。博鸿达为了能让鲜肉产品保鲜、保质，通常的做法是靠低温和真空。目前，肉类产品大都是采用冷冻仓储和冷冻发货的方式。一是选择冷链物流，这种情况产品只需要简单包装即可；二是常温物流，发快递的时候，通常是把真空包装的冷冻肉或海鲜放入泡沫箱，然后在泡沫箱放入冰块，如果条件允许，再放入一个保温包。博鸿达进一步改进肉制品保鲜技术，采用气调包装技术，大大降低了肉类保鲜需要的温度，延长保鲜期，同时更好地保证了产品的新鲜度和口感。在发快递的时候，气调包装技术也降低了对物流的要求，即便是常温物流，在包装上也比冷冻肉类要求降低了很多，物流成本也降低了很多。技术进步的收益是多方面的，消费者能吃到更新鲜的食材，而商家也因此增加了销量。

第二，肉类分鲜品与冻品。鲜品与冻品在配送过程中车辆设置温度不同，如果是常温物流用泡沫箱加冰块可以解决，但是配送时间不能过长。

不是气调包装技术降低了物流及温度的要求，而是气调产品因为其技术可以有效延长其保鲜期（保鲜条件不变）；成本方面，气调包装成本更高。气调保鲜包装国外又称 MAP 或 CAP、国内称气调包装或置换气体包装、充气包装，是采用具有气体阻隔性能的包装材料包装食品，根据客户实际需求将一定比例的氧气＋二氧化碳＋氮气、氮气＋二氧化碳、氧气＋二氧化碳混合气体充入包装内，防止食品在物理、化学、生物等方面发生质量下降或减缓质量下降的速度，从而延长食品货架期，提升食品价值。

3. 改变模式，减少非冷链时间

博鸿达尽量缩短快递物流的时间和距离。这种模式改变了以往生鲜电商的配送模式，以往货品从电商仓库到消费者手中，一般要 1～2 天的时间。博鸿达则从周转仓当天就可将货品送到消费者手中。目前，博鸿达的前置仓模式（类似朴朴）配送效率提高，且在冷链运输上及产品包装上（气调）也进行了提升。

4. 专业团队，合伙人机制

博鸿达明确区分销售、物流、加工、仓储等不同业务板块。2017 年从两家门店开始试点导入合伙人机制，并逐年调整合伙人机制以适应公司内部发展，与其他餐饮合伙制相比更加公开透明，员工可直观看到单店销售额、毛利额、损耗率、费用的相关数据，有利于进一步激发员工主动性与主人翁意识，建立有序的部门内部竞争秩序，促成企业与员工双赢。

三、行稳志远，不忘企业初心使命

成立 20 余年，博鸿达始终秉持勤奋、诚信、创新、分享的核心价值观，遵循“博采众长、鸿图渐展、达则兼济天下”的经营理念，坚守为社会提供健康肉品，为员工搭建事业平台的企业使命，打造肉类食品安全的底线。这种对于肉品匠心流通的坚持以及有口皆碑的肉品品质，让博鸿达收获了福建省肉菜流通追溯体系建设试点单位、福建省肉类协会第六届理事会副会长单位、福建省中小企业商会副会长单位、福州市畜类肉品批发行业协会第二届会长单位等荣誉，深得肉类行业协会与消费者的青睐。2019 年，博鸿达更是被福州市商务局评为猪肉储备单位，为福州市猪肉应急提供强有力的保障（图 8－1）。

图 8－1　博鸿达获得的奖励

目前，博鸿达已与三明市与南平市的合作伙伴以订单农业的方式合作开设黑猪养殖基地。未来，公司将持续推进收购屠宰、养殖基地等模式，做到全产业链经营。通过开设加盟店、社区店等专营连锁门店，对上游资源整合，进一步建设智能物流体系，打造全产业链发展模式，做大做强自有终端品牌。

第三节　名成集团

名成集团有限公司（以下简称“名成集团”）成立于1995年10月，以投资、建设、经营和管理水产品交易中心和冷链物流交易中心为核心业务，是行业内颇具影响力的水产品批发市场和冷链物流交易中心连锁经营企业，名成集团自2003年至今连续多年被授予“福建省水产产业化龙头企业”“福建省龙头批发市场”“农业产业化省级重点龙头企业”等荣誉，2012年被认定为“福建省著名商标”企业。同年，集团旗下全资子公司福州名成水产品市场有限公司被评为“2012年中国冷链物流50强企业”。2016—2020年，公司连续五年被评为“福建省农业产业化重点龙头企业”。名成集团全力实施水产品交易中心和冷链物流中心“网络化战略”，先后在福州市投资15亿元建设海峡水产品交易中心；在山东省潍坊市投资40亿元建设中国食品谷——中凯智慧冷链物流园。名成集团现已初步形成了集水产品和禽肉产品交易、物流、综合服务为一体的全国性实体网络平台，着力打造国内经营管理水产品交易中心和冷链物流交易中心的第一品牌。

一、农产品产销对接是实现农商互联的关键

农产品批发市场是我国改革开放后形成的商业业态，后成为我国农产品流通的主流渠道、主要业态，2010年全国有4 500家农产品批发市场，我国70%以上的农产品经过批发市场进入百姓的菜篮子。农产品批发市场不仅仅是农产品大规模集中和交易的场所，而且为我国的农业生产者的生产与社会需求之间架起了一座沟通的桥梁，在促进商品集散、形成农产品价格、保证农产品质量、保障城市农产品供应、引导农作物生产等方面，农产品批发市场发挥了至关重要的作用。

农产品流通决定了农产品的扩大再生产，而农产品批发市场是我国农产品流通的主要渠道。所以，农业产业化的关键不是生产环节，而是销售环节，取决于农产品是否能够开拓市场、赢得市场。目前，我国农产品批发市场的农产品交易额已占农产品社会消费总额的70%以上。在新时代背景下，农产品供应链受到农超、消费升级的挑战，面临被孤立的现实。因此，应通过农产品批发市场的升级改造完善农产品物流体系，增强其信息服务功能，促进生产流通与消

费的紧密结合，建立农产品现代化市场流通体系，提高我国农产品国际竞争力。

名成集团秉承“采撷五湖四海、面向四面八方、辐射东西南北、服务千家万户”的服务宗旨，大力推行诚信制和会员制，入市水产品实行条码化和追溯制，为入驻商户提供完备的市场信息、物流配套和金融援助等高端服务。创建集现货、竞拍、代理和网上交易为一体的提升型集约经营模式；营造出集信息、检测、标准、研发和商务为一体的持续式科学发展环境；打造了充分依托一站式的采购平台和服务全国、辐射东南亚的联动推进体制；逐步形成现代水产业大流通的格局，构筑供应商、经销商、采购商、代理商、服务商五商云集的高地。名成集团作为骨干水产品批发市场，在产销信息搜集发布、产销对接合作、精准扶贫等方面发挥着示范带动作用。

二、“有形有神”的经营哲学开创企业发展新篇章

2009年，福州名成水产市场有限公司开发承建海峡水产品交易中心及商务配套项目。该交易中心自2010年7月正式投入使用后，已有国内外商户600余家入驻，场内水产交易品种达300余种，交易量稳步上升。交易中心内的大量海内外优质水产品不仅销往全国各地，而且远销东南亚及欧美国家和地区，是最具规模的亚洲渔货集散中心之一。交易中心年交易量近200万吨，全年交易额超300亿元，目前已发展成为海峡两岸渔业合作交流的重要通道和平台、中国远洋渔业集散地。据统计，中国及东盟国家60%的远洋渔业企业的渔获在该交易中心进行交易。

名成集团打造的交易市场致力于在做好园区服务的基础上，通过融合更多精致的产品使批发市场更有“精神”，同时也促使更多专业化、优质化的产品出现。随着时代的发展和信息化社会的到来，产业生态圈的发展会逐渐集约化，只有更多维度的协同才能释放更集约化的效能。在未来集约化的竞争中，一流的产品才可以与一流的品牌竞争，未来的客户需要的是更优质的产品，在快速变化的市场环境中，市场的“象”和“形”都在不断变换，只有抓住“神”，才能解决时代性的集约化问题。

名成集团在福州市的“集鲜”市场，便是对建设“有精神的市场”的一种实践。在城市提倡美化、卫生管控越来越严的契机下建设的批发零售市场，产品种类更加丰富，并接通福州市五区八县的物流业，使市场的繁荣度、竞争力有所提高。“集鲜”市场里的几十家商户，每一户只专注做好少数的优质产品，做到“精”和“专”，发挥集约化特色。

名成集团始终坚持“精益敏捷”的物流精神。物流是一个不断演化、进化的过程，在每个时期都具有不同的形态，需要因时制宜。落实到商品流通的每一个环节上，便是生产商要将产品做精；包括批发市场在内的园区，要解决好

生态链、地理位置等问题，做到效益最大化；经销商对市场行情的判断应当有敏锐的洞察力，才能保持上下游的忠诚度；配送物流应当做到综合各种品类，最快满足客户的需求。随着物流网格化发展格局慢慢打开，只有生产出来的产品能够跟大物流配合，才能实现产销对接、信息对称。

三、“一品一码”追溯系统严格把关食品安全

名成集团推行的食品安全“一品一码”，是指同一品种批次的食品和食用农产品要按照规定的追溯编码规则，赋予特定的识别追溯码，即赋予每批次产品一个专属“身份证”，产品有了“身份证”后，便可轻松实现源头追溯、识别真伪、追踪去向、内部控制、公众查询等功能。

民以食为天，食以安为先。名成集团为践行企业社会责任，提升国内水产品行业食品安全监管水平，实现水产品“质量信息可追溯”的目标，率先于2015年投资800万元建设国内首个水产品追溯系统——“食品安全可追溯电子交易平台”。交易平台主要由前端追溯设备及后端追溯系统组成，通过要求交易各方实名交易，借助物联设备及互联网技术实现现金交易、货物进场登记、交易信息便捷查询、保障资金安全与货品质量信息可溯源。

自2017年开始，为了符合“一品一码”信息追溯的管理要求及践行企业自身的社会责任，名成集团又先后投入了近500万元在系统与设备上进行自我革新和升级，在2018年完成了全新的系统改版升级与终端设备轻便化、多功能化的换代升级，形成全新的“食安名成‘一品一码’追溯系统”。在既保留原交易平台的功能外，用户可通过终端设备、手机或PC进行货主登记、进货数据登记及质量安全信息登记等，又可以打印具有可追溯查询的二维码销售单据以便社会民众与监管部门进行查询与监督。

名成集团既是民营企业，又是民生企业。作为民营企业，追求公司持续发展，追求企业效益最大化；作为民生企业，作为全市乃至全省最大的水产品批发市场，又承担着捍卫“舌尖上安全”的社会责任。民营企业和民生企业的双重角色，不是相互独立、非此即彼的，而是紧密联系，相辅相成的，两者统一于优质服务、产品质量上。水产是家家户户餐桌上的常见食材，有着稳定而广阔的消费市场，包括名成集团在内的水产行业从业者，要想赢得市场，都必须着眼食品安全，把好产品质量关。因此，名成集团加快改善公司设施设备，持续优化市场服务，全力确保水产品质量，用更加放心的食品、更加舒心的服务开拓更加广阔的市场。

四、智慧冷链物流园为生鲜农产品品质保驾护航

2009年名成集团投资40亿元建立中凯国际禽肉水产品交易中心。该交易

中心是集冷链仓储、物流配送、交易流通、食品加工、完善的现代金融服务、便捷的线上和线下交易等功能于一体的综合性交易平台，总项目约 128 万米^2，采用智慧型冷链物流园区的运营模式，搭建具有核心竞争力的园区综合管理与服务体系，其中建有 60 万吨容量的冷库、水产品交易市场、东亚畜牧交易所、大型农产品（食品）交易市场、禽肉产品交易市场、农户产品交易市场、特色餐饮、物流中心、商务中心等，项目可实现仓储、物流、金融、交易等多种功能于一体，容纳商户 2 000 多户，年成交量约 500 万吨，年交易额 500 多亿元，市场内部拉动就业 26 000 人，是长江以北最大的农副产品批发交易市场，同时是我国现代化、信息化、专业化水产禽肉产品交易配送集散中心，为中国北方台湾地区水产品、农副食品主要的集散基地。

中凯智慧冷链物流园项目是名成集团旗下项目，依托名成集团资源，中凯智慧冷链物流园现已建成集冷链仓储、物流服务、现货交易、金融服务、检验检测、电子商务等多种服务功能于一身的现代物流港。农产品属性特殊，对温控要求极其严格，品质最为重要，中凯智慧冷链物流园围绕生鲜农产品致力构建从产地预冷、冷链运输、温控仓储、城际配送等一体化的服务体系，与广西农村投资集团联合，全程冷链运输，实时监控，为生鲜农产品品质保驾护航。

为了对农产品上下游有效连接的创新模式进行深度探讨，2019 年 6 月 28 日，由名成集团和广西农村投资集团有限公司联合主办的“2019 年广西（东盟）农产品招商合作峰会”顺利举行。本次峰会，主要是对广西壮族自治区农产品的上下游进行有效对接，结合其农产品资源及发展方向，打造农产品的新通路；共建广西火龙果产销一体化体系；共享广西农产品发展的投资机遇；进行品牌建设，共同打造“广西火龙果品牌项目”；通过依托中凯智慧冷链物流园，形成广西—北方农产品综合交易集散基地，完善火龙果产业的物流、金融、仓储、交易等多维度配套服务。

第四节　金穗米业

福建泉州市金穗米业有限公司（以下简称“金穗米业”）坐落在有着“中国粮食之都”之称的福建省泉州南安市。1987 年 3 月，公司董事长林建全创办福建省晋江内坑割州粮油加工厂。1997 年 7 月，林建全在原有的粮油加工厂基础上成立了福建泉州市金穗米业有限公司，并整体搬迁至福建省粮食城（南安市官桥镇），经过近 30 年的发展，目前金穗米业已发展成为集科研、种植、仓储、加工、销售为一体的多元化、跨地区的综合型粮油加工的省级农业产业化重点龙头企业。

金穗米业先后在南安市官桥镇，安徽省合肥市、铜陵市等地建立了五个米厂，拥有员工 1 000 多人（包含福建、安徽各个公司的员工）。销售网络辐射福建、浙江、上海、广东、云南、安徽各省（直辖市）。在东北沃土、江淮之滨（安徽）、鄱阳湖畔（江西）、闽北山川（泰宁）等生态环境优良地区，建立了 17 万亩优质稻谷种植基地，三明市泰宁县更是成为其绿色食品示范基地。

一、“三十年做好一粒米”的经营哲学

随着人们生活水平的提高，城乡居民消费结构加快升级，健康、营养、安全的中高端大米消费需求已经形成。中高端消费者对价格不太敏感，更重视食品质量安全，而品牌化能够为消费者提供一种品质保障。传统的自产自销模式已经满足不了顾客对大米的多样化需求，产品也常常出现滞销、脱销等现象，传统的耕作方式，对大米的质量把控不到位，受到土地、气温、降水等自然因素的影响较大；种植户对市场变化信息掌握不准确，无法合理预测市场行情，进行合理种植；大米利润微薄，单靠小数量种植难以形成规模效应。改革开放以来，人们生活质量不断提高，对价格敏感性逐渐降低，人们更加关注粮食的质量安全、便捷等属性。金穗米业创立之初，便向中高端市场进军，十多年来，公司坚持“品质为先、诚信为本”的经营理念，致力于打造品质好、口感好的大米品牌。目前，公司已发展成为集科研、种植、仓储、加工、销售为一体的多元化、跨地区的综合型粮油加工的省级农业产业化重点龙头企业，在福建省泉州南安市官桥镇金桥工业开发区、厦门安兜山国家粮库建有 5 个米厂、8 条生产线，日生产能力 800 多吨，主要产品被评为中国绿色食品、无公害农产品，被授予“放心米”和“放心粮油”称号，被福建省消费者协会评为安全、健康、无公害的“绿色消费推荐产品”，“金润”“迪香”“厦鹭”牌商标被认定为福建省著名商标。

二、建立基地，带动农户增收致富

2001 年以来，在东北等地建立大面积粮食生产基地，金穗米业积极响应福建省关于拓宽山海协作大通道的要求，通过政府搭桥、企业唱戏的方式，在闽北环境较好的三明市泰宁县的龙湖、下渠、开善等乡镇建立了 65 900 亩无公害水稻和绿色食品水稻生产基地，并在泉州市罗东、金淘、英都、官桥等乡镇建立订单粮食生产基地 1.2 万亩，带动当地农户 2.3 万户；同时，还配合县（市）农业农村部门，从江西省引进优质水稻品种“丰园香稻”，种植面积达 52 600 亩，产量达 14 000 吨，为农民增加收入 442.5 万元。近期，金穗米业与南平市光泽县、三明市大田县达成共识，建立 3 万亩优质水稻生产基地，并进行粮食加工、饲料、养殖等项目的合作。建立基地，带动了当地农户致富，尤其是种植优质水稻，增加了农民的收入，也为企业的产品质量提供了保证。

金穗米业在福建省三明市泰宁县建立的水稻基地，经中国绿色食品发展中心认定，其生态环境符合相关要求，“金润”“迪香”“厦鹭”牌大米分别被认定为绿色食品、全国无公害农产品和福建无公害农产品。

金穗米业作为福建省最大的大米加工企业，2018 年企业开工率保持在 80%以上，除了在黑龙江、辽宁、江苏等省水稻主产区建设了 17 万亩水稻种植基地，以高于市场价格精准采购优质稻谷外，还通过持续不断的技术改进和规范化管理，确保产品质量。为了充分保障大米品质，金穗米业把水稻种植基地建设作为公司核心竞争力，在建立生产基地时，金穗米业通过“公司＋合作社＋农户”的产业经营模式，建设了 10 万多亩优质水稻种植基地，获得了欧盟有机认证、中国有机认证。另外，通过订单农业的模式发展了 9 万亩优质水稻，确保了优质水稻的稳定供应。

金穗水稻专业合作社联合社实行生产、购销、信用“三位一体”联合发展，帮助广大社员实现了增产增收。每到收割季节，联合社以高于市场价的价格从社员那里集中收购稻谷，加工成精米，提高产品附加值以后，以“金穗米业”的品牌统一对外销售，有效提高了社员们的收入。为社员提供从种子到销售的一条龙服务，走出了一条致富新道路。

三、构建全产业链，从源头确保水稻品质

品质是品牌建设的核心和物质基础。要使品牌保持长久的竞争力，最终还是要回归到基础工程建设上来，从抓水稻生产基地开始，从水稻品种选育、种植等环节入手，严把质量关，从源头上确保水稻质量。金穗米业一直致力于构建全产业链，向上游延伸产业链，把水稻种植基地建设作为确保大米加工品质和保持核心竞争力的基础。例如，金穗米业现有产品已全部覆盖“一品一码”，通过追溯管理平台，依托互联网技术，实现食品安全的精细化管理，一步步建立“从农田到餐桌”的全过程追溯体系。只要打开手机扫码，消费者便可掌握所购买大米的生产地、厂商、品质等产品信息，也有利于企业更好地把控产品质量，采购优质稻谷，进行规范化管理，确保产品质量。

为了做好全程质量管理，金穗米业除了做好水稻基地的管理外，还严把收购、储藏、加工等环节质量关。新收购的水稻，经过清理、烘干、整理入仓，采用低温环保的原粮储藏方法和“猫兵”生态护米的储藏措施，稻谷保存 1 年，新鲜如初。在加工环节，公司采用国际先进的稻米加工生产线，实行全程封闭式洁净加工，杜绝加工过程中的二次污染。

四、科技创新，谋求企业发展

近年，金穗米业立足发挥官桥粮食市场的品牌效应和产业聚集效应，在官

桥粮食市场二期加工区内，投资1 500多万元，加大厂房、设备等基础设施建设，现有的大米生产线，全部选用国内外最先进的生产工艺和设备。色选机械使用的是日本佐竹机械开发的新设备，建立佐竹公司的示范工厂。示范工厂的工艺使用了带有红外CCD数码技术的色选机，可以一次选出混杂在大米中的病斑米粒、异色米粒和玻璃碎片等有害杂质，保证生产的大米符合国家标准，代表了当今世界最先进的大米加工技术水平，是目前福建省拥有最完善设备的企业。金穗米业坚持“专家态度、专家品质、健康安全”的发展宗旨，坚守并导入HACCP、GMP、SSOP、ISO9001、ISO2200等各项食品安全质量管理体系，为消费者奉上健康安全、营养美味的产品。

另外，金穗米业与高校紧密合作，努力促进产业升级。导入福友企业管理咨询顾问，进行全程质量监控，不断进行精细化管理创新，为消费者提供安全放心、绿色健康的食品。公司先后与福州大学、福建农林大学紧密合作，很好地发挥了企业与高校各自在人才、科学研究和生产实践的优势，培养了一批科学实践能力强，并富有创新意识的食品科学人才。同时，也将高校的科研成果在企业进行转化，使企业的生产加工更加完善。

大米的品牌建设是一个系统工程，未来，金穗米业将严格执行大米加工企业操作规范、谷物加工卫生规范等行业准则，做好育秧、播种、田间管理、收割、干燥、运输、仓储等稻谷生产全过程管理，强化大米加工、产品包装、产品暂存等生产全过程各环节的操作规范规程，同时做好客户服务规范、实体店管理规范、电子商务服务规范，推进水稻标准化作业，严格贯彻标准体系，以提高产品质量安全水平和竞争力为目标，对生产、加工、流通全过程实行综合标准化管理，为“金穗大米”品牌建设保驾护航。

第五节 福州泽霖

福州泽霖食品有限公司（以下简称“福州泽霖”）是一家专业从事海蜇捕捞、加工、销售为一体的企业，创立了“闽洋”品牌即食海蜇和盐渍海蜇系列两大类产品100多个品种，精选优质天然海蜇为原料，采用传统工艺与现代先进加工技术结合，制作出口感脆嫩、味道鲜美、方便即食的海蜇。俗话说，“三百六十行，行行出状元”。创立“闽洋海蜇”的出发点就在于开拓一个更广的餐饮界限，从海产品入手，专注于做海蜇的生产和研发，致力于带动更多的海产品企业一起将海鲜产品更健康地传递到消费者手中。

一、一生一品，“海蜇大王”的漫漫成长路

1992年，在福清海边长大的王坤建初中刚毕业，就跟随哥哥一起在福州

卖海鲜。骑着一辆破旧的自行车，载着一筐筐海鲜，在五里亭、王庄一带沿街叫卖。可是无论王坤建怎样勤快，每天多少都会有海鲜剩下来。卖不完的海鲜，极易变质，倒掉成本高，不倒掉王坤建又不愿意昧着良心卖给消费者。于是，他开始思考是否有一种产品既容易储存，又对消费者的身体健康有好处，从而促进客户的重复消费。最终，他选择了专注经营海蜇类产品，一方面是因为海蜇属于腌制产品，在高浓度的盐水泡制下，可以起到非常好的杀菌保鲜的功能，可长期保存；另一方面是因为海蜇对人体有极高的营养价值，让每一位前来购买的顾客都能放心地食用，从而获得健康。2003 年 10 月 30 日，王坤建注册了“闽洋海蜇”品牌，经营公司至今，福州泽霖已成为全国海蜇行业重点龙头企业，年销售收入达上亿元，福州泽霖全球战略合作伙伴已多达数万家。

二、集中世界之力，造就优质海蜇

海蜇属于水母纲，在我国泛指可食用的钵体水母。海蜇对水质的要求极高，一般喜好生活在纯天然的海洋环境。福州泽霖选用捕捞野生海蜇作为原材料，起初以国内海域为主，国内海域的原材料来源占比为 80%，其中又主要以福建海域为主，占比为 50%。但每个海域，不同品种的海蜇，拥有不同的捕捞期，而且未必时时都能丰收。福建海域基本在福建平潭、福清、东山、漳浦、诏安一带无污染的深海海域采集或者向渔民收购野生海蜇，除福建外，国内海域还有山东、江苏等省的各个岛屿，国外海域以印度洋为主。因此，王坤建积极拓展海外野生海蜇捕捞海域。

作为中国野生海蜇领导品牌，福州泽霖具有整合全球海蜇资源的优势。海鲜产品大多具有淡旺季之分，海蜇类也不例外。一般来说，每年 4—6 月是东海海域最佳的海蜇捕捞季节，7—10 月是黄海海域的最佳捕捞季节，9 月至次年 1 月是印度洋的最佳捕捞季节。但海蜇又与其他海产品不同，比如鱼在当年没捕捞，之后还会慢慢生长，可以等待之后再捕捞，而海蜇一旦错过了捕捞季节就没了，如果没有及时把海蜇捕捞起来，就无法实现资源的有效利用。福州泽霖经过多年的研究与经验总结，根据各个海域的特点，选择在合适的时间与各海域的渔民合作，进行捕捞，确保了在淡季也同样可以获得高品质的海蜇，从而在源头保证优质海蜇的供应。同时，福州泽霖在世界各地海边的合作加工厂，到了海蜇捕捞季节，公司就会输出技术、提供设备，就地加工，及时锁住海蜇的鲜味，确保海蜇品质。

三、“从大海到餐桌”，每一步保证海蜇好品质

食品最重要的是安全健康，而“质量第一，提供高品质的产品和服务”是

福州泽霖一贯信守的原则。即使遇到了前些年发生的假海蜇事件——市场上出现了用明胶做的人造海蜇，对人身体产生危害，福州泽霖也无所畏惧。面对假海蜇事件，福州泽霖认为多说不如踏踏实实做好，用品质说话，借用政府部门的数据说明公司做的是正经买卖，绝不出售假海蜇给顾客食用。与此同时，福州泽霖还积极响应政府号召，通过线上线下宣传的方式，教会消费者如何辨别海蜇的真假，选购安全健康的海蜇产品。因此，在公司高度重视产品质量安全体系的建设下，福州泽霖是同行业中首批通过国家食品安全 QS 认证的企业。那么，福州泽霖是如何保证海蜇的品质的呢?

首先，在控制产品品质方面，福州泽霖具有的优势在于“从大海到餐桌一体化”，从源头到终端都在企业控制范围内。“闽洋海蜇”来自世界各大自然海域，温和的气候和纯净的海水，为野生海蜇的生长提供了良好的环境。季节性的捕捞保证了海蜇的繁殖延续。捕捞上来的海蜇，必须经过严格的人工筛选以及机器筛选，分出三六九等，而公司会从捕捞上来的海蜇之中挑选品质好的海蜇作为原料，进而加工成为最终的海蜇食品。王坤建也十分清楚，品质是“闽洋海蜇”品牌的生命。因此，福州泽霖在挑选海蜇时，标准严苛，绝不放水。在源头就能控制海蜇的品质是很多企业所不具备的条件，这成为福州泽霖最大的优势。

其次，在海蜇加工方面，福州泽霖投入巨资，建立国内首家达到国际食品安全标准的海蜇厂房。同时，为了最大程度保留野生海蜇的品质，王坤建在加工环节上，摒弃了几千年来用盐腌渍脱水的传统方法，发明了一种物理搅拌脱水法，一次可让几千斤海蜇迅速脱水，不但更好地保证海蜇的完整性，而且保证海蜇的新鲜美味，让消费者吃上更安全、更美味的海蜇。

除此之外，公司还要求每一名员工认真贯彻国家食品标准法规，严格生产，确保食品的卫生。在平时海蜇运输中，公司十分注重温度的控制，让海蜇处于 24～25 ℃的适宜环境中以此保证其质量安全。从源头季节性的捕捞加工到储存，再到深加工，最后到研发的产业链是一条线的，抓好这条线，正是福州泽霖品质做优的保证。

四、专注海蜇产品研发，提供海蜇全方位解决方案

福州泽霖根据客户的特定市场需求，为同行、商超渠道、连锁酒店、餐饮品牌提供产品标准化订制服务。先后研发即食海蜇和盐渍海蜇系列产品 100 多种，为不同的目标群体提供全方位解决方案。福州泽霖还有专门的研发团队，专门负责海蜇新菜品的研发。他们既关注“90 后”“00 后”和“10 后”的饮食习惯，也研究中国八大菜系的烹制特色，不断推陈出新，输出有关海蜇的新菜品，倡导海蜇新吃法，进一步拓宽海蜇市场。在中国（福州）国际渔业博览

会上，王坤建带上五种海蜇新菜品，如冰柠海蜇刺身、海蜇果蔬沙拉、海蜇味冰激凌、沸腾海蜇王，吸引了不少消费者前来品尝。中西合璧或菜系混搭的做法，让人眼前一亮，在味觉体验上，也给大家留下了深刻的印象。

对于同行，福州泽霖的定位是合作，不是竞争，在盈利过程中追求合作双赢而非斗个你死我活。海蜇产品一部分卖给同行做包装，一部分卖给同行做批发，寻求共同利益的最大化，让海蜇产品更快走进千家万户。为海产品批发商提供“闽洋海蜇叶”“闽洋海蜇皮”“闽洋海蜇角”等盐渍系列产品。

对于商超渠道，福州泽霖与永辉超市合作了将近 20 年，其大大小小的产品都能在永辉超市的货架上看到，提供“闽洋脆脆海斑肚”“闽洋脆脆海蜇头”“闽洋脆爽海蜇头”以及礼品包装类产品。

面对京东、淘宝等不同客户群体的不同需求，福州泽霖提供了“闽洋玉珍翠”“闽洋香辣海蜇头”“闽洋每日选蛰”“闽洋海蜇丝”等不同种类不同规格的产品。

福州泽霖还针对餐饮行业员工工资高、店面租金高、运营成本高、门店利润低的“三高一低”现状，为餐饮企业推出了标准化的海蜇产品，包括“闽洋黄金边”“闽洋东海脆蜇头”等凉菜，“闽洋海菊翅”“闽洋海雪莲”“闽洋虎斑海蜇”等热菜，“闽洋火锅海鲜葵”“闽洋海贼花”“闽洋星斑纹”等火锅系列海蜇产品，真正做到后厨操作方便、口味一致、节约时间、减少空间的明显效果。餐饮企业还可以根据自己的需求，让福州泽霖提供各种个性化的服务。

五、一道百年凉菜，分享百亿市场

福州泽霖选择专注一个单品——野生海蜇，不断创新，开发更多的口味，选择更多的成品方式，不断进行纵向的深度研究，强调全产业链的建设，对不同种类的客户进行细化，而非盲目地拓展业务范围。

2018 年福州泽霖推出了重点培养前 100 名经销商，帮助其快速成长；帮助 100 个餐饮品牌，助力推动其海蜇菜品销量增长 100%；开发 100 个电商食材运营商合作伙伴；培养 100 个线下新零售城市合伙人，实现线上线下联动；携手 100 个优质食材厂商，共享渠道资源，服务渠道客户、以海蜇为媒，跨界共享百亿级产业商机的“六个一百”工程，要与业界共享财富。经过一年的实践，“六个一百”工程进展顺利，并带领福州泽霖一步步实现企业的目标。2022 年 12 月，福州泽霖凭借福建省海洋经济优势，亮相 2022 第二届中国（福州）预制菜产业博览会，乘时代政策东风继续弘扬千年饮食文化。未来，福州泽霖将继续以匠心制造体系为根本，深度整合海蜇生态链，践行国家供给侧结构性改革，为消费者提供健康美味食品为己任，并携手全球经销商流通渠道、礼品渠道、餐饮渠道、电商渠道、跨界渠道合作伙伴共创未来，让福州泽霖走出福建，冲向世界，并最终实现百年品牌之梦！

第六节 莲心源

随着我国对“三农”问题扶持政策的不断优化，培育农业农村品牌、农产品的产销对接与提高农产品网络上行的综合服务能力势在必行。福州莲心源食品有限公司（以下简称“莲心源”）旗下的“地瓜皇后”品牌正是以打造六鳌地瓜的供应链为中心，通过标准化种植、规模化加工、品牌销售一体化服务为国人提供安全、美味、营养的地瓜产品，同时拓宽区域农产品的销售渠道，最终达到带领农民增收的目的。

漳州市漳浦县六鳌镇的七月，放眼望去整片的红蜜薯种植基地里绿油油的，地瓜长势十分喜人，2019 年六鳌地瓜迎来了大丰收。漳浦首届六鳌地瓜丰收节召开，六鳌地瓜最大的供应商——莲心源“掌门人”吴伟莲更是忙得不可开交。近几年“地瓜皇后”创造了年销售额过亿元的成绩，她信心满满地说：“付出与回报总是成正比的。最终，我的六鳌地瓜因卖相好、品质高、口感佳而被称为‘地瓜皇后’，真正成为六鳌地瓜品质的标杆。”

一、东山再起，创建优质地瓜新品牌

身材瘦小、留着短发的“地瓜皇后”吴伟莲是个不折不扣的女强人。1996 年，她大学毕业后留校任教三年，之后创业做服装生意。2001 年她在厦门知名食品公司做销售。2005 年吴伟莲在福州和朋友一起创办了一家蜂蜜工厂，短短几年做到行业领导品牌，产品销往各地的大卖场。但在 2013 年，在电子商务的冲击下，8 年来一直采用传统销售渠道的蜂蜜厂受到了前所未有的冲击。这时，她毅然决然放弃蜂蜜厂，将公司的股份转给其他股东，在事业辉煌时选择隐退，从职业女强人转变为家庭主妇，过上了相夫教子的生活。这期间，好学的她自费数十万元报名参加了许多农业电商的培训班。在学习中，她接触到许多通过电子商务销售各类生鲜农产品的朋友，她从中找到了再次创业的灵感。

吴伟莲是土生土长的福建漳州人，她的老家漳浦县六鳌镇三面临海，拥有大量富硒沙质旱地，而且气候温和、雨量充沛、昼夜温差大，这里盛产的地瓜香甜可口、矿物质含量比较高，外皮有点淡淡的海咸味，但地瓜肉却十分香糯甘甜、可口诱人，又被称为“红蜜薯”。目前，六鳌镇全镇地瓜种植面积达到 1.4 万亩，年产量达到 42 000 吨，但六鳌当地地瓜的生产与销售比较落后，没有统一的种植标准，农户更没有品牌意识。无论是大地瓜还是小地瓜，价格几乎一致，一堆堆或是一车车粗放式销售。吴伟莲从落后中看到了商机，2016

年，她放弃了福州安稳的生活，回到漳州老家，注册了“地瓜皇后”品牌。2017 年，吴伟莲将家乡的六鳌地瓜推向电商市场，希望通过品牌整合当地的优质地瓜资源，完善地瓜的种植、加工、销售的供应链。

二、溯本清源，确保地瓜供应高品质

在打造莲心源产品品质的道路上，吴伟莲秉持着精益求精、一丝不苟的高要求，层层把关、层层筛选，确保供应地瓜的高品质。

1. 确定基地地瓜种植标准

想法一经确定，做事从不拖泥带水的吴伟莲马上付诸行动。六鳌地瓜的种植没有一定的标准，选种、施肥、浇水等种植问题一般都是农户依靠经验解决，这就造成了地瓜收成的时高时低与质量的时好时坏。吴伟莲很坚定地表示，没有标准，就自己制定标准。她亲自选定距离海岸线 3 千米以内的种植基地，让地瓜在近海生长，吸收海水的矿物质，以确保地瓜的品质。接着，她向甘薯研究所购买优良的“大叶红”地瓜种苗雇佣农民在基地种植。地瓜的施肥、除草、浇水都有一定的标准，肥料由公司统一购买，用量由公司严格把控，灌溉用的水必须是地底 3～4 米的地下水。在地瓜采摘时，公司要求农民必须用手挖出地瓜，避免地瓜被锄头等器具损伤。只有按标准种植的地瓜，最终才能销售给消费者。

2. 接踵而来的“烦恼”

由于公司自有的生产基地产量有限，眼见地瓜的市场慢慢打开，地瓜的销量也稳步提高，产品却常常供不应求，吴伟莲决定与销售能力不足的农户进行合作，让农户为自己独家供货。农户们认为种地瓜不确定性比较大：收成极易受天气的影响，在天气多变时容易影响收成，在大丰收时将地瓜销售出去也是一个大问题，不如直接向“地瓜皇后”独家供货。但也有部分农户表示担心，为“地瓜皇后”独家供货，要是卖不出去，自己也会面临亏损。面对农户的疑虑，吴伟莲霸气地回应：“整个六鳌，就只有我能把地瓜全部卖出去，只有我能让你赚到比以前更多的钱。”这个方法虽然奏效，却带来了更大的烦恼。农户为了挣到更多的钱，不论地瓜的好坏，通通放到袋子里卖给吴伟莲。吴伟莲本想直接将收购来的地瓜直接分拣装箱，但农户送来的地瓜质量参差不齐，有的甚至布满虫眼，她马上意识到他们之间的目标不一致，农户的目标只是单纯地想把地瓜卖出去，而公司想要通过高品质的地瓜打造品牌，完善整个六鳌地瓜的供应链。

3. 迎难而上解决烦恼

面对问题，吴伟莲迎难而上，她决定与农民的合作进一步深入。农民与她签订合作协议后，向她购买优质的地瓜种苗进行种植，她通过互联网团购，向农民提供低于市场价格的农具以及农药、化肥，农民必须严格按照公司的要求进行种植。采摘时，吴伟莲决定另外聘请一批农户，负责用手轻轻采挖地瓜，装袋时就对地瓜进行初步的筛选，再运送到仓库。原来的农户则只需负责种植一个流程。这样一来，便可以最大程度上避免了良莠不齐的情况，保证到仓库的地瓜均有较好的品质。倘若发现地瓜出现什么问题，便直接一个电话打给农户，提醒对方立刻处理。若农户屡次违背合作协议，吴伟莲将马上停止与其合作。这样一来，运送到仓库的地瓜质量得到了保证。

4. 层层筛选保证质量

从田里收购回来的地瓜必须在仓库内再次进行分选加工。吴伟莲带着家里的 100 万元现金，在销售网络还没建好的情况下，就已经花掉了数十万元，在一片荒芜的草地上建起了仓库和分拣中心，又投资安装了几条专业的分选设备，提高分选效率；同时，继续在本地招兵买马，扩大团队力量，尤其扩充分选和包装的队伍；不断对老员工进行培训，提升他们的技能。供应链优化后，“地瓜皇后”的供应能力和服务品质又上了一个新台阶。从种植基地收购回来的地瓜，经过公司的生产流水线进行一级分选，挑选出不符合标准的地瓜或外皮有损伤的地瓜，同时粗略地将它们分成大、中、小三级。接着进入二级分选，由工人将生产线上的地瓜细分成针对小朋友食用的 50～150 克地瓜和成年人食用的 150～500 克地瓜。最后进入三级分选装箱环节，将每个地瓜都用独立的特别设计的黄色网套进行包裹，防止在物流运输的过程中受到损害，然后再将包裹好的地瓜根据每个地瓜的大致重量进行装箱，针对小朋友食用的50～150 克地瓜装入特别设计的“地瓜公主”“地瓜王子”包装箱，将成年人食用的 150～500 克地瓜装入特别定制的“地瓜皇后”的包装箱。

吴伟莲对于地瓜质量十分的“较真”，甚至因此跟自己的母亲发了脾气，让她以后不要再到工厂。母亲曾经种植过地瓜，因此她每到厂里去，看到那些被员工挑拣出来的质量不符合标准的地瓜都十分心疼，总觉得这些地瓜的质量没问题，不应该被当成“歪瓜裂枣”来处理，有的只是外皮磕到了，根本不会影响食用，可以卖给消费者。但吴伟莲表示这种做法是不可取的，她说：“送到消费者手中的产品，一定是经过严格的筛选，保证是质量最优的地瓜，在质量的问题上没有任何宽容的余地。”在她的严格把控下，“地瓜皇后”出厂的地瓜质量得到了保障，每箱地瓜里都会有一张质量检验的合格单，合格单上明确表明箱子里的地瓜的质量等级、加工的生产线以及加工员工的工号。

三、开拓渠道，横纵发展产品供应链

除了在产品品质上层层把关，在产品营销宣传上吴伟莲更是做到了横纵发展，从多方面设计品牌的发展和营销计划，逐步实行自己的“地瓜王国梦”。

1. “小目标”与“大订单”

产品上市后，吴伟莲就给自己团队定下了每天发货 2 000 件的目标，但因为公司刚成立，产品刚上市，对目标客户群体又不太了解，因此所有人都觉得这个目标难以实现。吴伟莲凭借多年从事商贸业的经验，努力寻找渠道商，再加上六鳌地瓜优良的品质，没过多久，她就把产品打进了京东商城，很快完成了一天销售 2 000 件的“小目标”。但这仅仅是合作的开始，2017 年的“双十一”，“地瓜皇后”成为京东商城的主推商品，一天内在京东商城的销售量就达到 5 万件，连续 10 天在京东蔬菜类排行第一，10 天一共卖出了 50 多万件，总重量达 1 000 多吨，连京东首席执行官刘强东都忍不住为其点赞。经此一役，“地瓜皇后”建立了良好的口碑，在互联网上打响了品牌。

2. 线上线下渠道火力全开

有了“开门红”后，吴伟莲和她的团队更加充满了信心。她不断整合线上线下资源，再次分析现有市场，重新制定销售战略。针对不同的消费群体，她开发了不同的销售渠道以及不同的销售组合，制定了不同的销售策略，逐渐把销售渠道从网络拓展到了传统商超、社区连锁店。目前，“地瓜皇后”已通过战略联盟与线上渠道商京东、天天果园、有好东西、每日优鲜等达成合作协议，成为其供应商。同时，公司还在淘宝上线了快乐厨娘企业店铺，专门售卖各种类别的地瓜，一件包邮，方便顾客进行购买。“地瓜皇后”的线下渠道包括各类大中小商超、便利店、批发店近 500 家，也是家乐福、盒马鲜生、沃尔玛、大润发、新华都、永辉等大型商超的稳定供应商。

3. “地瓜王国梦”正在实现

如今，地瓜皇后与六鳌镇 60%以上的农民签订合作协议，生产的产品覆盖全国 30 多个城市，一年的营业收入超过一亿元，吴伟莲的“地瓜王国梦”正一步一步实现。未来，她还将继续延伸自己的地瓜供应链，对鲜食地瓜进行深加工，制作老少皆宜的地瓜零食，并且她已付诸行动。她特意到日本考察了几家知名的地瓜零售行业，了解日本地瓜企业的生产设备以及加工工艺。纵观国内市场，我国的地瓜产业刚刚起步，距离日本还有很大差距。但这些差距，正是地瓜行业的发展机会，吴伟莲对未来地瓜产业的发展更加充满信心。

四、“地瓜皇后”成为“网红”

国家大力推行农产品品牌建设，农业部将 2017 年定为农业品牌年，吴伟莲误打误撞地踏上了潮头。恰逢京东在全国范围内寻找“双十一”的合作商家，其招商团队联系上了吴伟莲，经过专业团队详细地评估，她的产品被京东选为“双十一”农产品类的主推商品，“地瓜皇后”就这样顺利地打入京东商城，在初期便很快完成了每天 2 000 件的销售目标，半个月后成功做到日均 3 000 件，成为网购农产品电商地瓜品牌的第一选择。“网红”产品不能只顾“红”而忽略品质，还要从专注流量转化为提高质量，进而更好满足消费者对美好生活的需要。在京东初获成功后，吴伟莲针对不同的销售渠道，开发了不同的产品组合，设计了不同的包装，并制定了不同的销售策略。

“地瓜皇后”作为“网红爆品”注重对接消费热点，讲究线上线下营销策略，改善了消费者的消费体验。吴伟莲深知不同的渠道覆盖不同的消费群体，她逐渐把渠道从网络拓展到了传统商超、社区连锁店等，此时她的销售能力展露无遗。吴伟莲颇为自豪地说：“正是采取了这样的营销策略，我打造‘国民地瓜’，做‘粗粮中的皇后’，深受消费者喜爱。”在传统农产品的销售渠道中，存在明显的弊端，农产品销售的渠道较窄，市场知名度低，缺少品牌，营销手段单一。“地瓜皇后”因为爆红网络，永辉、沃尔玛等线下实体超市主动上门寻求合作，“地瓜皇后”渐渐被端上了千家万户的餐桌。

从传统产品到网红产品，差别就是互联网运营。如今互联网为用户创造了众多输出场景，同时也为产品创造了与用户交互的场景，能否成为下一个网红产品关键点在于能否创造或寻找到合适的平台，与用户产生深度的互动。从“地瓜皇后”到“地瓜公主”“地瓜王子”，再到后来强势推出的“闽薯”。吴伟莲丈夫说过，他们全家都是地瓜系列产品的代言人，同时结合时下最热门的抖音营销、经营抖音账号，将地瓜从种植到采摘再到工人挑选包装全过程通过有趣的短视频的方式在网络上传播，让消费者买得舒心、吃得开心。同时，吴伟莲夫妇更是将自己创立“地瓜皇后”的故事以小剧场的短视频方式在抖音上更新，彰显情怀，推出“20 秒认识中国最好吃的地瓜”的 VLOG，迎合了当下年轻人群体的喜好，同时也打破了传统电商的营销渠道。让陌生人变成关注者，让关注者变成消费者，让消费者变成支持者，让支持者变成拥簇者。如何留住粉丝，赢得回头客也正是网红产品所要突破的地方。正如吴伟莲在抖音里的签名一样，“打造国民匠心地瓜，做粗粮中的皇后”。打破传统的思维，直截了当，用最简单的模式，强强联合，有好的产品，更要有好的销售渠道。让更多的用户看到，让更多的用户感兴趣，提高转化率，在某个阶段爆发式地让用户获得产品的信息。

五、“地瓜皇后”产品的深耕细作

“网红”产品流行，适应了消费经济转型特点，反映着消费新趋势。国家鼓励“网红”产品强身健体，既找准消费热点、挖掘“卖点”，又注重内在、确保品质，在追求“名气”的同时，筑牢产品质量的底线。市场竞争，说到底要靠产品质量和服务水平。守护产品质量安全，激活“网红”产品的价值优势，中国农产品质量、中国农产品品牌的前景必将更加光明。这也是“地瓜皇后”系列产品一直所追求的目标。吴伟莲夫妇深刻认识到网红效应打造的“爆品”有时效性，所以“地瓜皇后”更加致力于把“网红”做成品牌。稳定当前目标客户群体，同时不断培养消费者对品牌的忠诚度，这样才有利于企业的长远发展。吴伟莲的丈夫曾说：“未来的市场竞争是在县域市场的竞争，当城区市场逐渐趋于饱和，接下来，谁能够抢夺先机，占领县域市场，谁就会在这场竞争中胜出。”这也与“地瓜皇后”未来的“王国计划”不谋而合。未来企业也将对产品品类不断细化、产业化，继续稳定供应链的两大方面：一方面是运输，更多采取一件代发、落地配的方式，与快递公司合作，保证产品到达的时效性；另一方面是品质，从源头转变合作农民的观念，支持农民采取轮作制度更是为了保证地瓜的品质，在终端也支持消费者现场验收。吴伟莲还针对产业链的延伸，希望引进日本的生产设备，加工地瓜做成类似于地瓜干、油炸地瓜条、番薯地瓜丸等零食，满足不同顾客群体的需要，打造真正的“地瓜王国”。同时，结合六鳌的地理位置优势，开发百香果等一系列农产品，不断拓宽产品种类，向着做农产品电商领头羊的目标不断前进。

“网红爆品”带来流量、将流量变现，这就是一种商业模式，只要团队足够优秀，就会吸引更多的投资。对于更讲究新鲜度的农产品，直播是最为恰当的带货形式。“地瓜皇后”抓住了时机乘上了“主播带货”这趟高速列车。“网红”产品必须有持续的内容供给，如果没有持续的内容供给是很难走下去的。此外，在后期需要强大的团队力量。所以人们常常说，打造一个“网红爆品”背后需要有一支庞大团队保驾护航。随着消费者喜好的变化，在未来“网红”的标签会慢慢淡去，所提供的产品的属性才是最终的核心竞争力。网红的 IP 化、资本化、全产业链的运作才是未来网红产品发展的主要方向。

第七节　华威商贸

福建华威商贸物流有限公司（以下简称“华威商贸”）是福建华威集团旗下以商贸为主的业务板块，是集农副产品“一站式”采购交易，酒店用品、设备综合批发，以及食品安全检测和电子商务为一体的现代化城市商贸综合体。目前，公司主要发展新西营里农产品交易中心、酒店用品（设备）交易中心和花卉产业园三大专业批发市场。华威商贸始终坚持以人为本，服务大众的核心价值观，大力推进核心业务创新升级。近年，华威商贸取得了企业和品牌双发展，陆续荣获“中国驰名商标”“全国诚信示范市场”“福州市热心公益事业贡献奖”等多项荣誉。

当传统的批发市场受到 B2B 和新零售等新型业态的强烈冲击而显现明显

颓势的状况下，华威商贸为何交易量逐年稳步上升，经营态势良好？新西营里农产品交易中心和酒店用品（设备）交易中心究竟是如何一步步从批发市场走向餐饮产业园区？在这个消费升级的互联网时代，传统批发市场该如何寻求转型创新之路？

一、双市场协同发展，加强一站式体验

2016年，华威商贸开始转型为以商贸为主的业务布局，主要发展农产品、酒店用品和花卉三个专业批发市场，而原先的物流园业务由于风险大、利润低等原因不断被削弱，未来甚至可能转型成以农商为主的战略布局。通过农产品和酒店用品两个市场之间相互联动，目前已经形成了一个完整的餐饮业供应链生态圈，既满足了餐饮企业更为便捷的、全面的采购需求，又是全国批发市场中少有的、成功的组合。

1. 华威新西营里农产品交易中心

自2010年鳌峰水产批发市场搬迁，福州市就开启了“大市场出城”的历程，而也正是由于在此次搬迁浪潮中，2013年南门兜西营里农贸市场关闭，华威商贸抓住了这个机会，利用自身有地的优势顺势承接过这个项目，建立新的西营里农产品批发市场。当然，在建设过程中也遇到了各种困难，如为了保证在同年年底能够开业，对于需要建立海鲜池养殖水产两个月的商户，华威商贸自购了几百个海鲜桶免费送给商户用于养殖，这才保证其顺利开业。此后，市场规模不断扩大，入驻商户数量激增，在1年之内南区1层的新西营里农产品交易中心的交易店面和摊位全部满员。借着这股入驻热潮，华威商贸将农产品交易中心转移至占地139亩的北区。此外，为了丰富市场的经营品类，华威商贸不断接洽各类农副产品商家，用特殊的优惠政策吸引商家入驻，聚集了一批具有代表性的商户，如博鸿达、伯利、福州红鲟等批发商。

经过两次扩容升级，目前新西营里农产品交易中心内设交易店面600余间，交易摊位400余个，入驻商户400多家。交易中心内设8个馆，分类经营活鲜、冰鲜、果蔬、冻品、副食干杂、禽蛋、肉类等十余类上万种商品，形成了辐射福州市主城区、周边县市及闽东北地区的“全品类、一站式”农副产品流通节点和餐饮食材采购供应链。新西营里农产品交易中心先后获福建省“诚信市场示范点”“福州市放心消费创建示范单位”等荣誉。新西营里农产品交易中心的主要下游端除涵盖小餐馆至大酒楼等餐饮终端和零售外（如京源、香格里拉等），还为小型的农贸批发市场和乡俗民宴采购（销售占比超过30%）提供农副产品。特别是对于餐饮企业而言，新西营里农产品交易中心能够满足其蔬菜、水果、肉类、调味料等全部品类的需求，且可以通过商户间相互订单一站采购齐全，使得餐饮企业便捷、快速地完成采购食材这一前端环节。

2. 华威酒店用品（设备）交易中心

华威酒店用品（设备）交易中心则是由于一些经营酒店用品商户的主动加入，让华威商贸看到了商机，于是开始布局发展，却获得了意料之外的成功。2016年市场扩容升级后，位于南区的酒店用品（设备）交易中心占地42亩，入驻商户经营范围涵盖厨具设备、酒店家具，以及陶瓷、玻璃等酒店用品。同新西营里农产品交易中心一样，为了推动市场持续繁荣发展，华威商贸将已确定关闭的白湖亭酒店用品批发市场的商户全部转移过来，至此基本上福州市所有经营酒店用品的商户都聚集于华威，形成一个更为巨大的、全面的、综合性、规范化、现代化的专业酒店用品（设备）交易中心，做强了福州市酒店用品销售行业，集约效应显著提升了市场的交易额。此外，华威新西营里农产品交易中心内的2号馆3层的酒店用品批发市场二期开业，面积近9 000米^2，入驻商户30余家，进一步完善了经营品类，如增加了布草、杂件、咖啡器具、油烟净化设备等。借此契机，扩容升级后的酒店用品（设备）交易中心升级为集采购、展销、文化创意、休闲体验于一体的酒店用品文化街，将实现餐饮食材供应链和餐饮设备及用品供应链的平台整合，进一步完善福州市餐饮生态圈。

现在回想下当初为何会有经营酒店用品设备的商户想入驻，或许正是由于之前建立的新西营里农产品交易中心，两个市场的下游端一样，自然会吸引想要引流的商户入驻。也正是由于有了酒店用品（设备）交易中心，延伸了经营品类，加强了餐饮企业一站式采购体验，形成了更强的协同效应。

二、构建餐饮供应生态圈，为餐饮寻找放心好食材

华威商贸的新西营里农产品交易中心和酒店用品（设备）交易中心均是餐饮供应链，一个为餐饮企业提供食材服务，另一个提供餐饮设备、耗材服务，已经形成了完整的餐饮业供应链生态圈，可以一站式满足餐饮企业的采购需求。

1. 建设餐饮产业园区

为了实现餐饮食材供应链和餐饮设备及用品供应链的平台整合，首先，华威商贸配套了完善的建筑和设施。如3万多米^{2}的配套办公区，工商银行、中国银行和农业银行等多渠道金融服务，千余停车位等，吸引了众多餐饮供应商、服务商和众创空间进驻，满足了大部分商户和餐饮采购的需求。其次，市场还引入“醉南拳”“醉得意”等多家品牌连锁餐饮门店，一方面能够服务市场商家，另一方面也成为福州市品牌餐饮体验的重要中心，形成了餐饮供应链完整生态圈。若后续再适当推进餐饮品牌总部经济平台建设，将形成更为完整的餐饮产业园区，进一步完善福州市餐饮生态圈。

2. 一品一码打造“食安华威”

华威商贸一直坚持严把食材安全、质量关，致力打造“食安华威”。目前，新西营里农产品交易中心已建设农副产品质量安全检测中心，配备数十台精密的仪器。同时，检测中心还与第三方检测机构合作，更加确保其检测计划的实际执行和每日食材进出安全，做到对进出交易中心的农产品每日抽样快检、每月品类全覆盖。此外，当日抽检结果合格的产品会直接上传到溯源平台，且结果在市场内的LED屏滚动公示。若是检测不合格的产品将被禁止销售并召回处理，同时配合辖区市场监管所做好封存、销毁等工作，坚决杜绝不合格产品出现在市场内。

此外，为实现食用农产品“来源可溯、去向可追、风险可控”的食品安全治理模式，华威商贸不断摸索：从最初尝试为每个商户贴二维码，主动公示企业证照信息；到建立一户一档，手工登记、收集商户进货台账；再到2018年，华威商贸自筹资金500多万元建设“一品一码”追溯体系，一步一个脚印打造坚固的食品安全堡垒，构建了“进场查验—待检抽样—电子追溯—销货打单—出场验单”的闭环管理流程。目前，“一品一码”已经采用了专门的二维码试剂（一个试剂只有唯一的二维码），真正实现了源头可追溯，消费者只要扫一下交易小票上的二维码就能在手机上了解销售商户、农（水）产品产地及质量等信息。自2018年6月追溯系统建成以来，追溯体系已覆盖大部分商户，系统上线275个商户，铺设追溯电子秤总计298台，累计登记7 000余种商品，2 000多个商品来源货主，500多个配销客户，6万余条商品进场记录，2万余条商品配送记录，7 000余条检测记录，并完成数据上传市追溯平台。用信息化手段为农产品贴上身份标签，形成从产地到餐桌的闭环可追溯管理，从而真正有效保障了餐饮企业在食材采购环节中的食品安全、可追溯、可究责，进一步提升了生态圈的循环效应。

三、积极探索产业扶贫新模式——农特馆

自福州市与甘肃省定西市、仓山区与临洮县结对帮扶以来，华威商贸积极响应市、区东西部扶贫协作工作号召，主动帮助解决定西、临洮农副产品的销售难题，实现了产业与市场有效对接。

1. 主动发挥优势，创新经营模式

华威商贸利用新西营里农产品交易中心“全品类、一站式”食材采购供应链的规模优势，积极建立农特馆对口产业帮扶，帮助定西市、临洮县将甘肃特色农产品向福建市场推广。首先是无偿提供431.76米^{2}的核心位置，三年累计减免租金达217.6万元。无偿提供农特馆启动资金300万元，无偿提供运营团队主干力量。其次，注重打造美食的展示和体验，除了农特馆引进富有西北

特色的牛羊肉、高原蔬菜、马铃薯、百合、蜂蜜、中药材等300多种农特产品外，还特设西北美食体验馆，涵盖了西北最具特色的美食，在装修上也以西北传统餐饮风格为基调。农特馆则是以农贸市场展柜、展板宣传的形式销售推广，门店装修风格突出特色、无公害、有机绿色、地理性标志等元素，能充分展示西北文化和物产特色。最后，优化经营模式，从原来的单纯零售，转向批零兼营和大宗农特产品的双向互通批发。华威商贸分别于福州市建立大美西北农特馆及美食体验馆作为西北农特产品销售中心及美食体验中心，于临洮县建立农特产品采集中心，对接协调下游供销系统扩展农特产品的采购渠道。在此基础上，还通过市场调研情况，引进福建省特色海鲜类农特产品在当地销售，实现甘肃省与福建省农特产品互通有无，双向协作。同时，充分发挥华威商贸的农副产品批发市场和物流流通的主业优势，打通基地直采、物流配送、推广销售等环节，降低物流成本，进而实现精准扶贫的产业化之路。目前，农特馆运营稳定，月均销售30万元。截至2019年5月，农特馆共计销售570万元，总计帮扶498户建档立卡贫困户。

未来，华威商贸还将不断优化农特馆的核心业务，拓展销售渠道：一方面强化维护政府企事业单位的团购渠道；另一方面，借助华威新西营里市场批发商户的优势建立大宗农特产品批发渠道，打通产品线上电商、商超及社区的销售渠道，甚至推动美食馆上线外卖，以进一步加大扶贫协作力度，推进东西扶贫协作取得新成效。

2. 强化政企合作，激发帮扶活力

2018年8月22日，由临洮县供销合作社联合社、福建华威商贸物流有限公司、甘肃康和良种肉牛繁育有限公司三方共同在临洮县签订的《合作协议书》标志着“政府监督、企业运营、政企合作”帮扶模式的形成。临洮县供销合作社联合社及华威商贸所分配的50%利润将全部捐赠给临洮县政府作为扶贫事业发展资金，进一步巩固产业扶贫成果。

2018年年底，大美西北农特馆在福州市委、市政府，仓山区委、区政府的支持和帮助下全面开展对接政府工会、企事业单位的消费扶贫年货采购事宜，消费扶贫团购活动历时33天，共计销售扶贫礼包38 089份，销售金额近490万元，包括福州市直机关、仓山区直单位、福州市教育系统各单位、仓山区教育系统各单位、永泰县、闽清县、罗源县、闽侯县、福清市、华威集团等442个政府部门、企事业单位踊跃加入消费扶贫团购活动。此外，福州电视台新闻综合频道、《福州日报》《福州晚报》《海峡都市报》《福建老年报》等多家主流媒体都对大美西北农特馆和春节消费扶贫团购活动进行了报道宣传。

华威商贸通过农产品和酒店用品两个市场的协同效应构建了完整的餐饮企业供应链生态圈，并不断丰富市场经营品类，延伸供应链，举办了“菜多多农夫市集”等品牌活动，实现了农产品来去可追溯、餐饮一站式采购的良好循环，极大地提升了华威商贸的品牌建设和旗下两个市场的影响力。未来，华威商贸还将积极利用互联网技术，以在经营中找特点、发展中找亮点的理念，深耕批发市场，整合下游端资源，形成管理先进、协同发展、创新销售的双市场，致力于延展餐饮供应链生态圈，构建餐饮产业链的完整闭环。

第八节　福州市茶叶批发市场

“世界茶叶看中国，中国茶叶看福建”。福建茶文化凝聚着地理灵性，茶在福建已有上千年之久，茶类的创制要数福建最多，品茶的技艺也数福建最奇，福州茉莉花、福安坦洋工夫红茶、福鼎白茶、安溪铁观音、武夷岩茶等闻名世界。福州作为福建省的省会城市，乃国家历史文化名城，首批对外开放沿海港口城市，全国著名的侨乡和台胞祖籍地，东南沿海传统的商贸重镇和海峡西岸新兴的工业城市，可谓是福建省名优茶的重要贸易中心、交流中心。

一、悠悠茶香，源远流长

从 27 年前的 18 家简易摊位到如今 600 多家规范商铺，营业面积从 1 200 米^2 到 50 000 米^2，从成立之初年交易额不到 1 000 万元到 2018 年交易额达 26.23 亿元。10 倍、50 倍、100 倍的增长见证了福州市茶叶批发市场的蓬勃发展，现今福州市茶叶批发市场位于福州市晋安区五里亭核心地段，以现有茶叶街为中心，范围涵盖海峡茶都、海西茶城、市场南区、市场西区、南方茶市 5 个市场。

20 世纪 80 年代后期，这条还默默无闻的街道主要是作为福州市各茶厂春季绿茶（毛茶）的交易场所。1992 年，在福州市农工商（集团）总公司以及市茶叶协会的组织下，在五里亭这条街道基础上建设了 18 家以毛茶收购、批发为主的茶叶摊位，开始仅聚集了福州北峰、闽侯、连江、罗源等地的茶农与各大茶场供销代表，随后还吸引了闽东、闽南、闽北等地的茶农、茶商在此交易。随着市场的不断发展，经营品种也逐渐扩大到乌龙茶、花茶、红茶等，季节性的交易也逐渐向全年性的茶叶市场转变，五里亭茶市的知名度迅速提升，全国各地的茶商陆续汇聚在五里亭，原来的店销规模已满足不了需求。2004 年，福州市农工商（集团）总公司先后与一批实力雄厚的民营企业合作，对旧茶叶街进行改造扩展，规模不断壮大，相继开发了海峡茶都、海西茶城等大型茶叶交易中心。

现今，福州市茶叶批发市场商铺达 600 多间、面积超过 50 000 米^2，2018 年实现了 26.23 亿元的年交易额，市场汇集了名优绿茶、花茶、乌龙茶、红茶、白茶、普洱茶等中国各大茶类，经营品种有安溪铁观音、茉莉花茶、云南普洱、武夷岩茶、浙江龙井、台湾高山茶、正山小种、坦洋工夫红茶、福鼎白菜、江苏碧螺春等各地名茶，以及诸如宜兴紫砂壶、景德镇瓷器、实木茶桌等各种精美茶具、茶工艺品及茶包装。作为福建省目前规模最大、茶商最多、品种最全、无淡旺季分别的茶叶集散地和茶文化传播交流中心之一，凭借其优越的地理位置、便捷的交通，有着强劲集散功能和重要辐射作用的福州市茶叶批发市场不仅是福建省内各产茶区拓展外省市场的桥头堡，而且是全国茶市的“风向标”。

二、服务至上，打造规范化茶叶交易集散地

为了推动福建省茶产业又好又快的发展，基于“同舟共济、科学发展、诚信双赢、和谐统一”的经营理念，福州市茶叶批发市场聚集了全国各地近 700 家茶叶经营户，其中由闽东北各级龙头企业与茶农直接经营的批发店 462 家，注册商标近 120 多项，拥有专利数量 160 多个（产品外观专利占比为 91%），现已有 1/5 的商户具备电商营销能力，初步形成线上线下互动的营销格局。

面对近 700 家商户，福州市茶叶批发市场坚持“服务至上”的原则致力于服务型管理，与商户和谐相处的同时提高商户的自觉性，极力打造建设一个规范化茶叶交易集散地。首先，福州市茶叶批发市场通过与中国民生银行、兴业银行、平安银行、广发银行等金融机构合作，在市场内推广电子结算方式，并在显著位置设立 24 小时自助银行系统，进一步提高商户与采购商、消费者的金融服务水平。其次，成立了中国民生银行福州海峡茶叶市场城市商业合作社，入社会员 300 多户，由国家农业产业化重点龙头企业——福建满堂香茶业股份有限公司牵头设立了小额贷款互助基金等业务，进一步解决了商户贷款难的问题，拓宽了商户的融资与经营渠道。此外，设立了知识产权领导小组办公室，建立各项制度，着重向市场商户在茶叶商标注册与保护，发明专利，著作权，茶包装、茶具外观设计等知识产权管理方面强化自我保护意识，并避免侵权使用他人专利、商标、著作权等。最后，设置了“12315”消费者投诉热线，与国家食品检测检验中心（福建）常年合作，开展茶叶食品质量安全的检验工作。作为海峡茶都投资者满堂香的总经理认为，质量管控有赖于技术进步和管理模式的提高，现今质量管控虽比过去有所提高，但依旧远远不够。

福州市茶叶批发市场的运营极大地提升了福建省尤其是福州市茶叶整体流通水平，特别是在解决农民销售渠道问题上，有效改善了全省茶农卖茶中间商盘剥、售价低、收入不高等问题，带动了闽东、闽北、闽南等地区茶农直接从茶园到茶店，减少了中间环节，对全省农民增收起了重要作用。此外，在茶文化传播和平抑茶叶价格方面也发挥积极的推动作用。茶叶市场每年春秋两季都

举办茶叶精品拍卖、“茶王赛”“茶文化节”等形式的宣传活动以实现茶文化传播，对于商户，满堂香总经理提出中肯建议，“作为民生产品，商户一定要改变自身思路，学会向社会提供性价比高的产品，吸引更多客流，减少产品滞销的可能性。商户需要坚守做到品质管控、价格适宜、生产适销对路的产品三大原则，同时提高自身对商业的敏感性，对行业判断、预估的能力。福州市茶叶批发市场未来也将以‘茶和天下’的精神，更好地服务商户、增加消费者的体验感、主动担当社会责任，迸发市场活力以期在未来城市的发展中起示范作用”。

三、秉承初心，继往开来

船到中流浪更急，人到半山路更陡。随着社会的发展和科技的进步，传统市场开始趋于夹缝生存，商业模式亟须创新变革，茶叶作为“柴米油盐酱醋茶”的最后一项，消费者“只闻茶香，不识茶”的现象更是时常出现。面对当下险峻的市场格局，福州市茶叶批发市场深谋远虑，怀着深切的家乡情怀，致力于传播茶文化，2019 年伊始提出新概念——“茶业综合体”，并积极规划市场升级工程。

福州市茶业批发市场所构想的“茶业综合体”是以茶为主题，融合现代新兴技术且密切联系新零售，集总部经济、茶文化创意、旅游接待、电子商务、仓储物流于一体的具有茶文化底蕴的商业综合体。

第一，转型为城市农业。使茶业保留于福州市核心商业区，同时成为福州市的名片，促进加强城市竞争力，成为城市差异化竞争优势，同时吸引其他产业和茶业的融合。例如，建设闽茶博物馆，演示茶的发展历程、历史渊源、加工工艺等，茶业综合体将不仅保留传统的批发零售，而且关联众多以茶为主题的零售新形式出现。建设敞开式“空中茶园”，一方面可将全国各地各品种茶业移植到当地城市，另一方面可运用 AR 等高科技将诸如种子资源、茶叶加工工艺的研发、产品的研发、滴灌技术、生物繁殖技术等茶业相关科研立体化的展示于室内供人们观赏、了解、学习，可作为科普教育基地、观光旅游景点，增强人们的体验感、互动性，吸引更多全国各地爱茶人士来到福州面对面感受福建省生态茶业发展的成果、认识更多茶品种。

第二，拓展新的商业模式，表现出全新的业态。通过与福建省电影制片厂有限公司合作、和茶学院合作拓展新产品；建立茶叶摄影基地，传承中国悠久的茶文化历史，与消费者、爱茶人士互动，展示福建省茶文化底蕴；设计茶主题酒店，消费者入住的同时感受茶文化氛围，使其流连忘返；提供茶相关餐饮，如用新鲜茶嫩芽作为蔬菜炒或者生食，加大对类似“一点点”“喜茶”等现代茶饮的引入，吸引更多年轻人对茶的消费，加强年轻人对中国茶的热爱；

引入茶的养生保健，既具有特色，又拓宽了茶园的新功能，加强消费者的体验感和互动性，吸引更多消费者。

第九节　福州海峡农副产品批发物流中心

福州海峡农副产品批发物流中心，由福州民天实业有限公司投资运营。地处福建省福州市闽侯县南通镇，毗邻316、324国道及福银高速公路。2010年按照福州市政府“东扩南进”的战略部署，由原福州亚峰批发走廊整体搬迁而来。市场占地870亩，营业面积40万米^2，总投资近15亿元，流通产品涉及肉、菜、禽、蛋、水果、冻品、糖酒副食品等百姓民生食品。

物流中心拥有蔬菜、果品、副食品、家禽和冻品五大专业批发市场，配套建设有农残检测、食安追溯、电子结算、智能监控、信息发布、加工配送、垃圾污水处理等系统。整个物流系统中心包含了市民菜篮子中的大部分食品，是福州地区菜篮子工程核心组成部分。为海峡西岸规模最大、层次最高、功能最全的现代化农副产品物流中心。

一、从“小小批发市场”到“智慧化物流中心”的华丽转变

1958年，福州市蔬菜公司成立，肩负着保障全市蔬菜供应的重任。1994年，闽江蔬菜批发市场成立，从计划经济到市场经济的跨越，建立了农产品流通的雏形。之后，福州市蔬菜副食品公司成立，在全国率先推行电脑结算系统，实现了交易模式的飞跃。2000年按农业部规范建立农残检测中心，成为国内首批开展农残检测的批发市场。2002年吸收合并福州市食品公司、福州市糖酒副食品公司，成立了福州市榕福集团。以鳌峰批发市场走廊为依托，形成了大商贸流通的商业格局。2008年，以榕福集团为主体，与福州市供销社、福州民天集团共同投资组建了福州民天实业有限公司。2010年按照福州市政府“东扩南进”的战略部署，由原福州亚峰批发走廊整体搬迁，在闽侯县南通镇建立福州海峡农副产品批发物流中心。物流中心在全国首推蔬菜价格协商机制，为保供稳价提供了福州样板；并率先在全国采用圈存圈提系统，完成电子交易系统的升级。2010年，物流中心年交易额首次突破百亿元大关，成为福建省规模最大的农产品批发市场。2018年，福州海峡农副产品批发物流中心完成相关项目建设。

二、体量庞大，佣金收费方式颇具亮点

福州海峡农副产品批发物流中心体量可以达到250亿～300亿元，排名全国综合类农副产品物流中心前20名。在其五大类专业批发市场所占份额中，

副食品类最大，交易额可以达到 100 亿元；其次是果品类，交易额在 75 亿元左右；蔬菜类交易额排名全省第二，但由于受到自身单价低且存在分流情况，相对来说交易额不高，只有 25 亿元左右。蔬菜批发市场中来自本省产的农产品较多，占比达 50%以上，果品类中本省产的产品只占到 10%左右。其他类产品大多来自外地。当前，蔬菜批发市场承担着满足福州市城区 70%以上的市场供应量。中心负责人强调，在互联网企业的冲击下，批发市场要找准其保供应、促稳健的定位，聚焦做好平台。

福州海峡农副产品批发物流中心采用四类收费方式。蔬菜类收取 5%的交易手续费，由中心提供结算、打单、出门验票等服务。中心采用的这种收取佣金模式，在全国属于领先，其毛利润可以占到整个物流园的 50%。果品类采用“基础服务费＋进场费”的模式，其中进场费按每吨 25 元收费。冻品类收取农产品冷冻费用，即物流服务费。中心拥有 6 万吨冻库，目前库容率占到 90%以上。其他市场采用收租金模式。物流中心的负责人表示，佣金收费模式更能带动商户的交易积极性，它不像收租金那样固定，根据产品过磅量决定其佣金量，高佣金费与高收入成正比。但是由于历史和税金等方面原因，导致佣金模式只在蔬菜批发市场实施。未来，公司将考虑把佣金收费模式在整个物流中心铺开。

三、智慧化管理助力物流中心创新升级

福州海峡农副产品批发物流中心通过引进智慧化管理，实现管理模式的创新升级，实现农产品全过程追溯、全范围管控。

1.“电子交易＋追溯体系”的食品安全管控模式

物流中心蔬菜批发市场的智慧化走在全国前列，采用无现金电子结算交易模式。市场依托电子交易系统，交易双方分别实名办卡，凭卡在场内交易，全程无现金往来。自动采集追溯信息，实现每一笔交易可系统查询，来源去向可追溯，保证蔬菜市场的流通安全。市场还设置了门岗门禁和“采样通道”“验单通道”，形成“一进口一出口”闭环管理，杜绝农产品从非正规渠道进入市场，确保进场和离场的农产品全面纳入追溯管理范围。

2. 入场批批检，全程可追溯

民以食为天、食以安为先。食品安全事关人民群众身体健康和生命安全，事关经济发展与社会和谐。市场在食品安全中的可追溯工作基础扎实。1998 年在同行业中率先应用电脑结算系统。2000 年建立国内首批农产品批发市场农残检测中心，对进场交易蔬菜实施抽样快检。2006 年按市政府统一部署实施蔬菜上市准入制度。2007 年设立农残检测结果公示栏。

2017 年，中心作为国有企业率先响应号召，积极开展批发市场“一品一

码”追溯体系建设。通过实名办卡配合“一进口一出口”的闭环管理，实现产品的全程管控。中心强化产品检测，达标产品发放追溯凭证，获准销售。若无追溯凭证，则必须通过批批检测，检测合格开通交易。通过检验的产品，系统出票，“一票两码”进行源头溯源。

开发建成食用农产品“智慧食安”系统，配备无线手持终端，做到一“机”在手，实现农产品“来源可查、去向可追”，在全省率先实现了“入场批批检、全程可追溯”的电子化闭环管理。自 2017 年 9 月实行新溯源机制以来，检测样本量从原来日随机抽检 500 批次增至 1 500 批次。

四、福州市“菜篮子”的“蓄水池”和价格“稳定器”

公益性农产品批发市场是指政府以股权投入方式参与建设改造，提供平价或微利公共服务，满足社会公共利益的农产品批发市场，拥有保障市场供应、稳定市场价格、促进食品安全、推动绿色环保等功能。福州海峡农副产品批发物流中心通过积极争取，被列为全国公益性农产品批发市场第二批建设试点，计划投资 1.2 亿元，其中中央财政补助 1 亿元，在 11 个方面进行升级改造，包括农残检测、果品市场智能门禁、物流中心监控系统、信息化升级等。

福州海峡农副产品批发物流中心作为福州市“菜篮子”的“蓄水池”和价格“稳定器”，在保障市场供应、稳定市场价格、促进食品安全、推动绿色环保方面起到关键作用。物流中心是福州市肉菜禽等城市副食品基地的一大中转站，也是调剂福州市不少副食品供应的一大市场，一旦出现短期蔬菜供应不足，就可从外地调入蔬菜进行补充。2010 年以来，福州市 3 次启动价格协商机制，物流中心都参与了稳物价行动，有效平抑了蔬菜市场价格。福州海峡农副产品批发物流中心的公益性农产品市场的建成，配合应急响应机制，将积极履行社会责任。物流中心内与居民生活密切相关的 10 种左右鲜活农产品批发价格将低于当地物价主管部门监测价格的 10%左右。此外，鲜活农产品综合收费水平将低于本区域或本省非公益性农产品批发市场平均收费水平的 20%以上。

五、主动帮扶，从精准扶贫到销售扶贫

自福州市与甘肃省定西市、宁夏回族自治区固原市结对帮扶以来，民天实业有限公司积极响应东西部扶贫协作工作号召，通过消费扶贫助力精准扶贫，帮助解决定西、宁夏当地解决农副产品销售难题，实现产业与市场有效对接。批发市场中的商户主动与定西、宁夏地区帮扶合作，通过承包当地冷库、收购当地农副产品等方式，带动当地就业。此外，中心也为贫困地区农副产品提供较好的销售位置，并通过市场内的大型显示屏对其产品进行滚动宣传。据统

计，福州海峡农副产品批发物流中心一年可以帮助贫困地区销售 5 000 万元的蔬菜类农产品。未来，民天集团计划投资 500 万元，与定西、宁夏制冷公司合作，通过建立冷库等方式，带动贫困地区经济增长。

六、实施“一个中心、两头延伸”战略

公司立足福州市区位优势，秉承“高效便捷为农民，安全诚信为市民”的服务理念，实施“一个中心、两头延伸”的发展战略。以福州海峡农副产品批发物流中心为中心，逐步向农产品物流冷链配送和上下游的种植养殖业、食品精加工业、零售终端延伸。通过打造农产品基地与民天食品工业园，在市区开设生鲜便利连锁店，走社区化、差异化、便利化和规模化道路，为市民提供安全和放心的精品与品牌化的农副产品，为市场经营户、农户提供从信息、检测技术到物流配送等一系列的差异化服务，最终形成产供销一体的产业链，使公司成为农副产品及上下游产品的生产商、运营商、销售商和供应商，为福州市百姓的“菜篮子”提供安全保障和优质服务。

第十节　海 文 铭

福建海文铭海洋科技发展有限公司（以下简称“海文铭”），位于福建省福州市马尾自贸区亭江工业园，是一家致力于鲍鱼全产业链研究、生产、推广以及其他相关联中高端食材深加工的海洋科技型企业。旗下拥有鲍鱼育苗基地、出口鲍鱼养殖基地和占地 60 亩的现代化生产工厂。其冷冻佛跳墙系列产品 2018 年销售 100 多万份，销售额约占海文铭总销售的 40%。经过多年发展，“海文铭”品牌获得了多项荣誉，如荣获“2017 年中国烹饪协会中国餐饮 30 年优秀伙伴奖”“2019 年中国（福州）国际渔业博览会金奖企业”和“海文铭牌佛跳墙”“海文铭牌鲍鱼渔博会金奖产品”等。2021 年，海文铭举办“福州佛跳墙文化节”，首次以文化节的形式，多方联动一起助推福州市佛跳墙的发展，助力做大做强福州市佛跳墙产业。2022 年，海文铭举办以“福州佛跳墙、美味传世界”为主题的“2022 福州佛跳墙文化节”。2022 年，“福州佛跳墙”公共区域品牌正式成立。

一、“农＋工＋商”：海文铭农商互联新模式

海文铭通过工业化的研发生产，一方面使农产品增值，另一方面扩大农产品销售的空间，延长农产品销售的时间。以冷冻鲍鱼系列产品为例，通过从养殖基地捕捞到加工再到销售的链条，将市场上称斤售卖的鲍鱼利用液氮超低温制冷技术变为按粒卖的活冻鲍鱼，使得单粒鲍鱼的价值大大提高。同时，由于

采用了现代化的加工方式，使得冷冻鲍鱼的生产标准化，大大降低了成本，保质期也延长至540天，可销售的时间和空间也得到扩大——消费者不必在有需之时到市场购买，而是可以通过海文铭的线上B2C渠道购买到福建省甚至海外的鲍鱼产品，甚至可以提前购买储存；而海文铭每天生产的冷冻鲍鱼的销售期也可有所延长，而不是原来短暂的鲜活期。

此外，海文铭依托这种“农＋工＋商”的商业模式，还与国内外众多海产品、菇类、鲜鸡生产基地保持长期稳定的合作伙伴关系，不仅拓展了合作基地，而且推动了当地产业的发展和农民增收。

1. 占股生态养殖基地

海文铭以入股、提供鸡饲料的方式，与闽清当地养殖大户合作，共建鲜鸡养殖基地，以产业扶贫。每年通过提供200多吨鲍鱼内脏加工而成的鸡饲料，在合作共赢的同时，并要求其提供的均是散养一年以上的“走地鸡”，从源头把控了鸡肉品质，一年鲜鸡的使用量可达到十万只。

2. 与各大种植户、养殖户签订购销合同

海文铭的冷冻佛跳墙系列产品和其他产品中所使用到的食材主要以进口为主，但会配合福建省当地原材料，如鲍鱼、香菇、蹄筋等。在这方面，海文铭主要是每年与当地的各大种植户、养殖户签订购销合同，以销扶贫。如鲍鱼，海文铭自有鲍鱼育苗基地，通过为农户提供鲍鱼种苗和底价合同的方式，与连江、平潭和宁德等多地的鲍鱼养殖户达成长期合作，一年可收购1 000多吨。若是市场价格高，海文铭也会适当提高价格收购，反之则会按照合同价收购，确保了农户的利益和食材来源稳定性与安全性；在香菇、杏鲍菇、蹄筋、海参等其他食材上，也是采取相同的合作方式，分别与莆田、漳州、霞浦等地种植户、养殖户每年一签合同，一年可收购干香菇几十吨、海参200吨、杏鲍菇400吨等。

此外，除福建省本地食材外，海文铭还进口海外的各种农产品，如加拿大野米、欧洲海参、南极海松茸、南美鲜虾等，提高公司的差异化优势。

二、定位中高端食材，推动佛跳墙标准化、“走出去”

随着国内经济和养殖产业的发展，中高端食材进入大众消费将是未来的发展趋势，且国外中高端食材总体收购价格低，具有较强的价格优势，海文铭看中了这一市场的发展前景广阔，因此确定了公司的经营方向：为消费者供应安全、健康、营养、美味的中高端食材，正式开启了海产品内销之路。早期，海文铭以冷冻鲍鱼为先锋产品打开了国内市场，一方面是因为鲍鱼养殖技术成熟，福建省内占据了全国75%的养殖类鲍鱼产量，另一方面当时市场对于鲍鱼的销售还处于简单粗暴的称斤销售，而海文铭率先通过“人工＋机器”的方式，将鲍鱼漂烫、去肚、去齿，并按大小划分为9种不同规格，退冰后即可烹用，不仅开创了鲍鱼按粒销售的先河，而且不断研发新口味，如芝士鲍鱼、蒜蓉鲍鱼等，大幅提高了鲍鱼产品的附加值。这是海文铭鲍鱼标准化生产的第一步，也是其品牌得到中高端消费者认可的重要开端。自此开始，海文铭不断拓宽经营品类，目前主要经营包括冷冻鲍鱼系列、冷冻佛跳墙系列、进口海参、黄金鲍片、南极海松茸、深海花胶等，后又自建鲍鱼育苗基地、出口鲍鱼养殖基地及设备先进的现代化工厂，致力于供应安全、健康、美味的中高端食材，打造中国健康食材领域的领导品牌。

佛跳墙，又名满坛香、福寿全，是福州市的一道名菜，也是闽菜的代表，被收录于中国非物质文化遗产名录中。一盅汤，融汇了鱼翅、鲍鱼、海参、干贝、鱼唇、鱼胶、蹄筋、火腿、猪肚、冬菇等18种原材料，并辅以12种佐料煨制12个小时以上，一上席开坛可谓是“坛启荤香飘四邻，佛闻弃禅跳墙来”。海文铭与佛跳墙的结缘正起于其原材料大部分与经营品类相吻合，并且鲍鱼更是其主打产品。但是，佛跳墙对于食材要求严格，且制作工艺较为复杂，一般用于重要宴请，且以大酒楼堂食为主。如何能够改变它不失风味，克服价格高、不便捷、难贮存等问题，以便大规模生产和向外推广？海文铭慢慢摸索出了一条佛跳墙的标准化之路。

1. 口味改良：名厨＋先进技术

海文铭在佛跳墙标准化的同时，不忘还原大众所熟知的正宗佛跳墙的味道，特邀王德官大师和薛浩然大师（国家特一级大厨）前来指导，于2012年建立了标准化冷冻佛跳墙生产工艺，开始了佛跳墙标准化半成品的研发之路。系列产品的研发主要分为两端：前端产品调味由黄德光师傅把关，确保佛跳墙本身的口味；后端的工艺标准化、生产、食品质量安全等则由食品部完成，双向协作，共同推进佛跳墙的标准化实现。在保留原味上，佛跳墙的高汤精选番鸭、老母鸡、筒骨、上排、牛肉、火腿等十几种优质食材精心熬制12小时以上，不加味精、不加防腐剂，并且确保鲍鱼、海参、花胶等主材不变。在品质上，海文铭引进美国液氮超低温－196℃制冷设备，并更换双螺旋系统，将食材速冻时间控制在1～2小时内，最大程度上锁住了食材鲜度，保证最终生产的佛跳墙半成品不失真。此外，为适应各地市场消费者的口味需求以及市场发展需要，海文铭对佛跳墙产品进行了一些调整，如对原始老酒、鱼味的改良；开发浓香、清香两种高汤味型；摈弃猪肚等高胆固醇食材，改用蹄筋，并以海鲜为主，在保证营养的同时又健康美味。

2. 分规格定价，降低成本

为了使佛跳墙产品真正能够“飞入寻常百姓家”，拓宽市场，海文铭在食材的规格上，根据不同价位需求，将原料划分为高级、中级和普通三个档次，从材料上先降低成本。根据不同的场景消费，如餐厅、家庭、商务、礼品等，开发 1.5 千克、1.25 千克、1 千克、900 克、250 克、240 克、220 克、180 克等多种规格的产品，并区分袋、罐、礼盒装三种系列。而且，产品内袋均为食品级高温蒸煮袋，在解冻完可以整袋直接置于沸水中热透后（240 克包装只需 3～5 分钟），开袋即可食用，非常方便、快捷，适合各种场景和人群。

3. 强化品牌建设

目前，佛跳墙市场混乱，产品良莠不齐，作为闽菜的代表，却在山东、江西、广东（德叔鲍鱼）等地都纷纷兴起了佛跳墙热，许多经营者大多不是福建人；而且在福建省内，聚春园等也开始投身这一行业，海文铭如何在纷扰的市场中取得优势地位和市场认可？强化品牌建设便是海文铭打出的王牌，通过打造和运营企业官网、自媒体、拍摄企业宣传片、邀请代言人、赞助体育赛事等方式，大力推广品牌，提升知名度。首先，邀请奥运会举重冠军邓薇作为代言人，为品牌背书。以运动员本身对于食品营养、安全、健康的严格控制和要求对标海文铭产品理念，有利于延伸产品能够促进体能发展、保持身体健康的品牌意象。海文铭携手代言人邓薇，共同引领品牌开拓更大的市场，并推出“在家吃的山海宴”概念，让国宴名肴从高端酒店进入百姓家庭，实现大众化消费。其次，主导申请制定冷冻佛跳墙国家行业标准，进一步规范市场，让产品有标准可依，带领整个行业一起全力保护和弘扬佛跳墙制作技艺这项中国非物质文化遗产。同时，海文铭将产品定位为“福州佛跳墙”，突出原产地，区别于常见的“正宗佛跳墙”概念，加强了消费者记忆点以及关联性。最后，申请出口备案，以此证明海文铭产品品质的优越。一旦审核通过，海文铭或将成为中国第一家佛跳墙出口企业，让佛跳墙沿着“一带一路”“走出去”，引领佛跳墙外销市场，将闽菜文化向全世界传播。

三、不断拓宽销售网络，实现全渠道发展

2012—2019 年，海文铭通过不断努力和坚持，终于逐渐实现将佛跳墙带入“寻常百姓家”的目标，销售网点遍布全国。海文铭通过工业化加工，将海产品转变为标准化半成品冻品，增值的同时，还提升了产品质量稳定性，延长了产品的销售时长和销售地理半径，能够更好地实现与餐饮企业、商超、新零售、经销商等多渠道的对接。目前，海文铭已经开拓线上线下销售，并正在逐步实现全球化发展的目标，真正实现全渠道发展。

海文铭线下 B2B 渠道在每个省会城市都设立了运营中心，并且将全国分为东北、华北、西北、华东、华南、西南 6 个大区，通过代理商将产品配送至餐饮企业、酒店等销售终端。此外，在布局市场时，由于京津冀、江浙沪一带的消费水平较高，且对于佛跳墙半成品的认知度以及接受度也普遍偏高，因此

海文铭将华北、华东地区作为重点市场发展。之后，慢慢开始发展东北、西南地区，产品也出口至东南亚、欧美等国家和地区。在线上 B2C 渠道，2016 年海文铭开始对接天猫、京东、淘宝、苏宁易购、拼多多、超级物种、盒马鲜生、朴朴超市、乌状元等新零售，并且销售表现良好，在 2019 年天猫年货节期间，海文铭冷冻佛跳墙系列在天猫半成品年夜饭菜品排名第二，位列佛跳墙品类第一。此外，通过海文铭自身运营的微信公众号和网站的微商城也可以购买其产品，并且针对送礼这一特殊人群，还推出了“礼品卡”，消费者可以改送礼盒为送卡，而收卡者可通过商城直选礼盒快递到家，方便又实用。随着市场的拓展，海文铭的冷冻佛跳墙标准化生产线产能日益增加，由原先的一天几百份增长至一天 1 万份，2019 年年底已建成第二条生产线，以支撑企业更好更快发展。

当前，佛跳墙市场仍处于市场教育阶段，且行业竞争逐渐加剧。对此，海文铭选择沉淀下来，积极发展产品标准化，建立行业标准，强化品牌建设，把握“一带一路”发展契机尝试出口贸易，让佛跳墙立足福州市，面向全国，走向世界！逐步实现打造中国健康食材领域的领导品牌的愿景。

四、直面发展困境，化解渠道冲突

线上渠道的开拓为海文铭带来一波新的消费群体，但却与线下渠道发生了冲突。虽然现在新零售渠道发展势头很好，可是很多海文铭原本线下的客户都跑到网络上购物了，使得线下销量受到了不少影响，呈下滑趋势，如何解决线上和线下渠道之间的冲突成了大问题。

面对这一问题，海文铭决定延伸产品线，在不同渠道不同市场推出不同的产品，缓解渠道之间的冲突，在产品设计上进行规避，推出不同系列的产品，在价位、包装、原料上进行区分。在线下渠道，海文铭依然主打高端产品；在线上渠道，不同平台有不同的主营产品，比如在京东、天猫、淘宝等中高端电商平台上推出中高端冷冻佛跳墙，在抖音、快手等直播平台上推出平价家庭装冷冻佛跳墙，同时开发“福窖”子品牌，主打低端路线。细分消费者群体后，海文铭的线上和线下渠道冲突有所缓解，避免了消费群体的重叠，既保持住了中高端消费群体，又吸引了大批低端市场的消费者，线上线下双渠道齐发力，助力销量不断增加。

第十一节　永辉超市

永辉超市股份有限公司（以下简称“永辉超市”）成立于 2001 年，此后飞跃发展，成为国内首批将生鲜农产品引进现代超市的流通企业之一，是中国企业500强之一，是国家级“流通”及“农业产业化”双龙头企业，被国家七部委誉为中国“农改超”推广的典范，被消费者誉为“民生超市、百姓永辉”。永辉超市已发展成为以零售业为龙头，以现代物流为支撑，以现代农业和食品工业为两翼，以实业开发为基础的大型集团企业。

一、突出生鲜农产品主业，连锁化、专业化发展

零售行业的利润率偏低，生鲜品类更是由于损耗大、物流成本高等因素一度成为“烫手山芋”。永辉超市却通过对这一品类的深耕，在传统零售不景气的大背景下逆势扩张，表现出难得的内生增长力。生鲜品类作为永辉超市重要的收入来源，2018年生鲜及加工为永辉超市贡献了316亿元的营业收入，占其总收入的44.9%，比2017年增长了21.31%，毛利率更是提升得非常快，较2017年增长了1.32%，可谓是永辉超市的王牌产品。

永辉超市生鲜的经营模式具有自主经营；品质新鲜，质量优；开架式销售，让顾客充分自选；薄利多销，价格低廉；品项齐全，流量大；全天候经营，供给足等特点。一般的大型超市有1 000个生鲜品类，而永辉超市的生鲜品类达到4 000～6 000个，每家门店中生鲜营业面积都占到总营业面积的40%～50%，品类齐全无疑造就其竞争力。依靠生鲜品类，永辉超市一直保持每年两位数的营收增速，而永辉生鲜吸引消费者的秘密就是其品质和品类。

十几年前，针对市面大型超市在生鲜产品经营上力不从心、本土化不足的弱点，永辉超市以“农改超”的形式诞生，把生鲜农产品搬进现代超市，突出生鲜农产品主业，进行连锁化和专业化发展。

2000年7月27日永辉第一家生鲜超市——屏西店诞生，首先，永辉的“农改超”形式与大卖场错位经营，通过将“十摊”变“一摊”，采用全年不变的平价策略，做大商品流量，以量取利。其次，永辉超市具有环境比农贸市场更干净、价格比农贸市场更实惠的优势，越是逢年过节，越是老百姓最需求的商品越实惠。最后，永辉超市采用“营采合一”的经营模式，结束每日的采购工作后，采购人员会回到门店与营运人员共同探讨商品保鲜技术与销售方式、共同研究顾客的需求，及时总结做好每日的营运与次日的采购。屏西店的成功为永辉生鲜的发展奠定了基础，也使永辉超市的生鲜经营模式成为全国零售业内的一大创新。

现今，永辉超市已经建成了拥有丰富经验的生鲜买手组成的研发中心，以及700多人庞大的生鲜采购队伍。采购团队以门店为中心、以顾客为导向，以销定采，并且成为门店的供应商，通过“田间定制、订单农业”，采购到最有价值的商品。专业化的生鲜采购团队进入“研发”角色，掌握了全国各地的生鲜价格，从而根据生鲜产品生产与消费的时间差、地域差和反季节，在全国设

计最优的采购方案进行调节性采购，持续性保持生鲜的品种与价格优势。在产品渠道方面，采购团队开发、分析、对比、评估采购渠道及采购项目，选择最有竞争优势的货源。在信息决策方面，采购团队充分了解产区种植面积或养殖面积、当年产量、采货周期及商品价格走势后，作出最佳的采购决策。在市场把控方面，采购团队通过分析产区、集散地、销售区域批发市场三级市场及时掌握市场动态及行情变化信息，灵活加量、减量、早采、晚采进行调整采购策略，保障商品供应的质、价、量。

二、多种采购模式相结合，源头入手把控品质

永辉超市的采购方式比较独特，采用全国统采、区域直采、供应商采购、联营多种模式相结合，积极把控商品质量。大批量、易保存的基础商品全国统采，即产地化直采或合作采购；不易长时间保存的商品区域直采，即批发市场直接采购；有的地方还聘请了采购代办，负责对零散农户的产品进行收购和集散，而供应商采购主要是将部分小农户集中为合作社，培育成供应商。

早在2000年，永辉超市基于从“田头”到“超市”采购思路，建立了产地化采购的雏形。由种植农户直接将绿叶菜送货上门，省去了中间环节、提高了商品品质并确保了商品能足量供应。2002年，永辉超市开发了水果产地化采购，采购人员第一次尝试从福建省福州市永泰县采购水果并获得了成功，使永辉生鲜的采购由“坐商”发展成了“行商”。紧接着，开拓了远程产地采购，成功开发了流量最大的苹果、梨的远程采购，为此后生鲜全国性产地采购战略奠定了基础。随着永辉超市逐渐规模化，开始对数据分析和经营核算越来越重视，生鲜的营运开始由初期的成本优势转向经营优势，但成本仍然有很强的竞争优势。直到2006年，永辉超市尝试将“营”“采”分离，以需定采。随着销售量与采购量的不断增长，对团队的专业要求也不断提高，于是在2007年正式将营采分离并成立了“生鲜营运管理部”；进入了营运监督采购，采购支持营运的良性阶段。营运部门不断分析顾客的需求并满足顾客的需求，采购部门则根据营运部门的需求确定采购品项与采购量。2008年，永辉超市通过建立“物流中转站”为门店进行每天的二次生鲜配送，以提升门店的商品质量和竞争力。同时，实施全国产地采购战略，组建采购六大分部；从而进行全国各地的土特产集萃采购，更加体现永辉超市生鲜商品的特色。2020年至今，永辉超市在“直采自营”的基础上不断总结创新，最终从外采、内采、供应商采购模式转变为全国直采、区域直采、供应商、采购模式，以顾客的需求为导向，直采自营。

基于采购模式，永辉超市搭建了品控管理体系保证商品质量安全。一方面，产品端从开发、管理、生产、销售等维度设置节点进行管控，在供应链的

源头端（产地、基地）、流通端（码头、物流、工厂）、门店端建立检测实验室标准、检验检测操作流程、指引、追溯溯源机制搭建。在2018年已建立覆盖果蔬、水产、蛋品品类的88个检测站点，检测了60万批次。另一方面，供应商端从寻源、资质、风险、供应商考核、供应商质量改进等环节进行管控，并通过中检、SGS公司合作，进行第三方食安抽检，验证质量安全风控体系。

围绕“品质、品牌、源头”三核心原则，永辉超市开展了一系列的供应链变革迭代工作。首先，聚焦核心商品，发展战略合作厂商，商品资源产地化。其次，对内以产品为根本、以服务为核心，开发并提供符合用户需求的产品，着力发展供应链环节上的便利、增值、效率服务。对外从商品品质管控、源头供应链标准规划、B端客户市场拓展等链接服务。最后，自有品牌根据市场趋势与供应链战略进行重塑，制定自有品牌核心策略。以消费者为核心、以品质为基石和以品牌为引擎打造自有品牌。

三、一至六线城市全覆盖扩张，加固全国渠道优势

永辉超市坚持“融合共享”“竞合发展”的理念开创蓝海，与境内外零售企业共同繁荣中国零售市场，具有极高的覆盖率。目前，永辉超市在福建、重庆、四川、云南、贵州、河南、河北、安徽、陕西、宁夏、山西、湖北、湖南、江西、广东、广西、浙江、上海、江苏、北京、天津、辽宁、吉林、黑龙江24个省（自治区、直辖市）已发展超700家连锁超市，经营面积超过500万米^2，位居2018年中国连锁百强企业6强、中国快速消费品连锁百强4强。

在快速扩张的过程中，2018年重庆市和福建省为永辉超市贡献了收入和利润的前两名；四川省的收入和利润全面超过北京市，上升至第三，2019年更是有望挑战百亿规模；浙江省开店势头则依然强劲，其2018年21家新店高居榜首；2017年新进的江西省、湖北省，实现了2018年每个月份都盈利。2018年永辉超市实现了新开门店135家，新签约门店165家。截至2018年年底，云超业务已经进入24个省（自治区、直辖市），超市业态门店708家，实现了一至六线城市全覆盖，主要分布在东南沿海、川渝地区、长江三角洲、华北地区等地。可见，永辉超市是行业内为数不多的依然在扩张，并能够在大部分地区盈利的超市企业。2022年，永辉超市科技投入约7亿元，“科技永辉”战略取得显著进展，其线上业务销售额保持了21%的增长。

四、推行“一村一品”战略，助力乡村振兴

现今，诸如“阳澄湖大闸蟹”“阳山水蜜桃”“洞庭湖碧螺春”“淮安蒲菜”等产品开始冠上了地名，彰显出其极具特色的优势，以地方特色为主轴的农产品发展前景凸显。为了搭建起农产品和市场之间的桥梁，助力发展多样性特色

农业，为培育并壮大乡村特色产业做贡献，永辉超市的“一村一品”项目启动。

永辉超市的“一村一品”项目，旨在挖掘诸如国家市场监督管理总局审定的国家地理标志保护产品，各地历史悠久、极具代表性的传统特色美食，具有传统种植养殖历史、县志等相关历史文化书籍记载的区域认识度高的产品，村主导产业产品等地域特色优质农产品、地道传统美食。

要发展好乡村特色产业，离不开充分挖掘和发挥乡村资源、生态和文化优势，通过大力发展有特色、价值高、影响力大的拳头产品，使得一个村具有潜力大、特色明显、附加值高的主导产品和产业。永辉超市通过其平台效应打通农户和消费者的绿色通道，拓宽农户增收渠道，将大山深处、五湖四海的特色产品带到人们面前，连接城市与乡村，更好地帮助农户把农产品推广出去，推进“造血助农”新道路，带动当地农民致富。同时，联合农户服务于农村经济发展，引导农民优化种植、养殖结构，帮助开发产品特色，将其做强做大，努力实现农户种养经济高效化、农民致富生态化的循环发展，以此助推特色农业产业发展，助力乡村振兴。

五、展望未来，勇担社会责任

在迅速发展中，永辉超市积极承担企业、公民的社会责任，始终在农超对接、稳价保供、应急救灾、解决“卖难买贵”等行动中努力发挥带头、骨干示范作用，热心致力于慈善超市、助学支教、扶贫济困、助残助孤、赈灾救难等公益事业，向社会捐赠资金及物资累计逾 2 亿元。未来几年，永辉超市将稳健地向全国多个区域发展，着力建设“家门口的永辉”“新鲜的永辉”“放心的永辉”，并以“绿色永辉”“科技永辉”“人文永辉”为目标，力争发展成为全国性生鲜超市千亿企业，跻身中国连锁企业前列。

第十二节　冻品在线

福建冻品在线网络科技有限公司（以下简称“冻品在线”）于 2015 年 8 月成立，是一家专注冷冻食品 B2B 供应链的移动电商平台，通过移动互联网技术，对冻品传统流通过程中产生的信息流、资金流、物流进行有效流程再造，提高流通效率，打造“轻平台、短流程、快模式”的 B2B 平台。在短短的三年时间里，冻品在线创下了一个又一个令人赞叹的战绩，如连续三年获得百强企业、中国餐饮供应链十强单位的前三强、中国最具投资价值百强，2018 年 6 月获得中国“准独角兽”称号。2020 年，冻品在线集团孵化“三餐有料”新零售公司，布局社区连锁门店，打造预制菜零售新模式。

一、创业机会识别：专注“互联网+冻品”

在初创期，冻品在线创始人发现行业痛点：冻品领域市场容量巨大，但传统的单一性多层级流通方式效率低下、流通环节非常长，这种多层级代理模式，从厂家出来需要一批、二批、三批才到达终端。渠道层级多，首先容易让产销双方信息不对称，很多厂商盲目生产，生产的产品不是用户所需要的，很难满足其需求，容易造成大量的产能浪费。其次，由于渠道层层加价，终端用户拿到的产品性价比很低，价格却很高。在不断的探索中，冻品在线创始人发现新商机：很多餐厅需求是多样性的，单一的厂家提供的产品只是需求的十分之一，也许需要的有十几个品项，但是单一的厂家只能够提供两三个品项，无法满足终端客户的需求。事实上，厂家直接给客户做终端会加大人力成本和物流成本，必须经过一个平台把所有的需求综合完之后统仓统配，这样才能使效用得到提升。因此，2015 年 7 月，随着移动互联网技术的不断完善，产业互联网开始兴起，踏着时代的步伐，积极响应国务院办公厅印发的《关于积极推进“互联网+”行动的指导意见》，冻品在线应运而生。由冻品行业专家、阿里巴巴高管、微软大数据中国区经理人、冷链物流配送专家等跨界大咖组成的团队，开始了“互联网+冻品”的探索之路。

二、纵向发展：打造核心竞争力

冻品在线前几年在城市的扩张中，由于订单增长过快，外包的零散的仓配团队无法满足企业的增长需求以及服务需求，同时也存在费用高、服务态度差等弊端。问题也意味着机会，为保障服务质量和爆发式增长的订单需求，冻品在线自建了“最后一公里”的冷链物流体系——“易鲜冷链”。目前，在全国建立了 9 大冷链物流仓配中心，从每个省（自治区、直辖市）的云仓到每个城市的分仓到“最后一公里”的门店。“易鲜冷链”不同于其他的城配公司，它打造的是集“区域云仓+‘最后一公里’城配+县域冷链班车”为一体的冷链新物种。

同时，易鲜冷链通过星级评价体系和司机合伙人体系，建立独一无二的服务闭环。司机合伙人是公司内部员工，相当于内部承包。首先，将各个区域进行路线划分，把划分好的路线分配给各个合伙人，按单结算，总体而言冻品在线的订单密集，每个合伙人都会有可观的收入。其次，公司将冷链班车分三年按揭给这些合伙人，三年之后所有权归他们所有，让合伙司机有了创业心态，能够更好地完成配送服务，提高客户的体验感。最后，巧妙地将重资产转化为轻资产，物流所需的车辆原本是由公司购入属于公司的重资产，将这些车辆按揭给这些司机，使这些重资产转化为轻资产。

三、大数据中心：最全消费数据

冻品在线认为，产业互联网的应用会使今后行业所有业务都实现数据化，目前 B2C 的数据化渗透力很高，就像淘宝、京东、天猫、美团等，而 B2B 的数据化程度较低，因此现在主要进行大宗贸易的数据化，进而实现未来产业互联网的全面数据化。也正是因为有着这种认识，冻品在线将大数据中心作为核心中枢之一。大数据中心的数据运用于行业上下游经营的金融化，做到精准营销，使行业上游将产品精准推送到终端。冻品在线通过终端的需求和交易数据沉淀，将这些数据提供给相应的供应商进行菜谱研发、产品定制。由于冻品在线是一个 B2B 的平台，因此其用户网点密度高、订单密集，可以实现规模化定制，供应商可以在产品多元化的基础上进行标准化生产。

四、横向拓展：面向源头端

厂家直供就是利用异业资源整合优势，联合一二线品牌共同作战，通过与合作供应商共享整合后的消费数据从而以优质的产品、完善的服务、大幅的让利服务于终端用户。冻品在线不像其他的生鲜 B2B 平台什么都做，而是专注于冷冻食品领域。冻品在线不仅帮助这些源头厂家建立数字化通路的分销能力，而且通过平台的消费数据，形成不同渠道的品类标准，让这些源头厂家具备差异化的研发能力，达到柔性供应链的目的。下游渠道方面，冻品在线通过直营城市的 B2B 业务，加上 SAAS 城市合伙人覆盖的业务，以及冻采网覆盖县级市场的业务，拥有业内最庞大的用户群以及交易数据。

为了更方便地向终端用户提供服务，冻品在线开发了三个移动 App（图 8－2）。

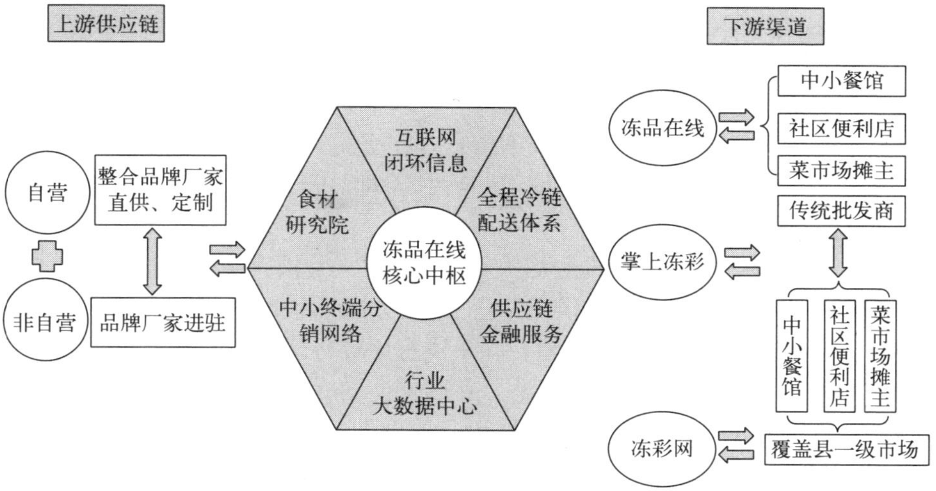

图 8－2　冻品在线的商业模式

1. 冻品在线

覆盖自营城市的餐饮终端和社区根据点终端（福州、厦门、泉州、莆田等），采用自营模式，主要赚取产品的差价。

2. 掌上冻采

针对传统经销商输出的SAAS系统，通过输出企业自身的模式和系统给三四线城市的传统贸易商（宁德、龙岩、三明、南平等），帮助其转型，然后改造成冻品在线在当地的运营商，这些批发商通过运用该模式覆盖其所在的地区终端。采用城市合伙人模式，虽有赚取差价，但还是以系统服务费和数据沉淀的服务费为主。

3. 冻采网

覆盖县一级的市场，帮助县级次终端、小批发商直接和厂家形成交易，冻采网不赚差价，只提供订单平台服务，以及“云仓＋县级冷链班车”的增值服务。

五、冻品在线的使命

冻品在线经过三年多的发展，通过精准规划，纵横打造整体商业模式：纵向发展打造核心竞争力，横向拓展面向源头、客户端，突出“互联网＋冻品”的商业模式。与传统冻品行业的商业模式相比较具有以下几点优势：

1. 用大数据分析用户、服务用户

在互联网时代下，各种互联网技术应运而生，如大数据、云计算等都在潜移默化地影响着各行各业，现代企业的决策正从以往的“业务驱动”向现在的“数据驱动”转变。冻品在线在研发产品的同时巧妙地运用大数据互联网技术建立大数据中心。消费者可以通过冻品在线的App了解产品被消费的数据以及其他客户对各类产品的真实评价，使终端用户以及终端消费者第一时间充分了解商品的品质以及其出厂地，在保障客户利益的同时，也将产品在第一时间推送给目标客户群体，形成线上线下信息互动交流。与冻品在线合作的供应商也能够通过大数据中心提供的数据了解消费者的需求，生产适销对路的产品。

2. 服务多样化

传统冻品行业的商业模式主要就是线下经营，是以直接或间接的物理交换或物理接触来完成业务交易。供应商通过各级分销商将企业的产品分销到终端客户手中，站在终端客户的角度来看，几乎没有比较特殊的服务。在“互联网＋”环境下的冻品在线，其商业模式是“互联网＋冻品”，结合“线上”“线下”“物流”三方面的服务，与传统冻品行业的商业模式相比增加了“线上”和“物流”的服务。冻品在线从物流、供应链、增值性服务、个性化服务等方面出发，建立以目标客户需求为主的电商销售模式。从以往单一的服务转变为多样性的服务，并且在这过程中不断创新，从而吸引更多顾客来实现企业利润的增长。

3. 标准化定制

冻品在线是一家专注于冷冻食品的企业，其目标客户十分明确，即中小餐饮商户。客户细分在商业模式中是非常关键的一个模块，只有目标客户明确了，才能够根据这些目标客户进行“量身定做”所需要的产品和服务。例如，某些餐饮商户需要的产品是要具有企业所规定的标准，冻品在线便能根据其所给出的标准让直供厂家进行标准化制作。消费需求从客户终端直接到达供应商，产品直接从供应商到达客户终端，减少原有的中间层级，使得供应商有关同质化产品的库存大大减少，也增强了客户的满意度。

4. 冷链物流体系

传统的冻品行业由于技术限制且冷链物流相关企业（冷链物流公司、冷链配送中心、冷链装备制造公司）数量少、规模小，很难满足冷冻食品企业对冷链的需求。因此，大多数冻品企业没有仓储、物流的业务，客户从冻品分销商或直营供应商购买到的产品往往是通过泡沫箱、冰块运输，这使产品的质量会受到一定的影响且不适合长途运输。冻品在线就针对这一问题自建仓配中心、冷链车队，从仓配中心到达客户端，产品都保持在－18 ℃，产品在最佳的温度配送到客户手中，减少产品损耗的同时提高了客户的体验感。

冻品在线的公司使命为“提升冻品行业流通效率，保障行业食品安全而努力”。每家企业都很注重食品安全，但是做得到位的却不多，而冻品在线时刻为保证食品“健康、安全”努力。冻品在线的出现压缩了供应链的中间层级，提高了行业效率，同时也深化了产业链的相关服务，冻品在线在直营 B2B 的基础上，还推出供应链 SaaS 系统，帮助更多的传统经销商实现互联网升级，形成冻品生态圈，向综合型产业互联网进军。

第十三节　优野农业

2013 年，陆志远成立了福州优野生态农业有限公司（以下简称“优野农业”），致力于为消费者提供无公害绿色标准蔬菜。由于人们对食品安全健康愈发重视，优野农业安全、新鲜、健康的绿色无公害蔬菜正契合消费者的消费需求，在同质化竞争激烈的红海中，优野农业一路披荆斩棘，开拓中国绿色健康无公害蔬菜品牌的领先之路，为万千家庭餐桌保驾护航。

一、破解基地赚钱难、消费者买安全蔬菜难的难题

陆志远从小就在农村长大，出身于农民家庭的他，从小就对土地有一份由

衷的热爱。通过日积月累的学习，他对蔬菜的生产安排、种植计划、种植知识了如指掌，在中国利农集团工作期间，仅仅五年时间，他就从普通办事员、基地管理员晋升为基地总经理。在基地工作的这五年时间，他深刻意识到基地种菜的痛点：赚钱难，尤其是大公司，赚钱更不容易。因为市场上很多农产品是没有品牌的，消费者购买蔬菜时不会在意蔬菜到底是农场种植的还是基地种植的，只要菜没有虫眼、菜叶好看，消费者都可以接受；而大公司的管理成本非常高，蔬菜行情不稳定，能不能卖出好价钱全看市场行情，再加上没有知名的品牌，公司或基地生产出来的蔬菜还是得和散户农民种植的蔬菜去竞争价格，因此蔬菜公司或是基地都摆脱不了赚钱难、利润低的困境。

“是什么原因导致基地赚钱困难、消费者却不能买到安全健康的农产品？如何解决这个问题？”有着5年基地种植经验和8年蔬菜销售经验的陆志远很快便找到了答案，那就是没有形成品牌。在没有品牌的情况下，基地很难将产品卖出高价格，没有能力将价格抬高以获取更多竞争优势。在消费端，随着生活水平的提高，人们对食品安全、健康格外重视，却苦于很难买到安全健康的蔬菜。基于这些痛点，陆总灵机一动，“我学了这么多的渠道知识，又有一个稳定的蔬菜资源供应链，我能不能整合资源打造一个蔬菜品牌”。2013年，他离开中国利农集团，抵押了自己的房子获得贷款，走上了自主创业之路；同年7月，福州优野生态农业有限公司成立，这家专业提供无公害绿色标准蔬菜的农业品牌公司正式进入市场。陆志远决定将公司命名为“优野”，寓意给消费者带来田野中天然绿色健康有机的优质农产品。

二、明确无公害蔬菜的销售对象

随着经济的发展，人民生活水平的逐步提高，消费者的消费观念也产生了很大的变化，从追求“吃得饱”到“吃得好、吃得安全健康”，饮食结构上也逐渐从“大鱼大肉”慢慢转变成为“素食主义”。蔬菜是满足人们营养均衡、饮食健康的基础食品，是人们日常饮食摄入的必需品，消费频次高。蔬菜可提供人体所必需的多种维生素和矿物质，如人体必需的维生素C的90%、维生素A的60%来自蔬菜，可见蔬菜对人类健康的贡献。因此，蔬菜就这样从幕后走到了台前，在餐桌上扮演着越来越重要的角色。据相关数据显示，我国城镇居民的蔬菜消费量呈逐年上升的趋势，城镇居民蔬菜人均消费量从2019年的105.8千克/人上升到2020年的109.8千克/人。

消费观念的变化与健康意识的提高，促使消费者在进行蔬菜消费时逐步以数量型向质量型转变。国内外食品安全事件的频繁发生，促使消费者在购买蔬菜时，更关心蔬菜的花色品种、内在质量、营养成分以及有毒有害物质含量等，更关心自己所购买的蔬菜是否安全健康。通过调研，陆志远发现高收入者对蔬菜的质量有较高的关注度，特别是中高产阶级、退休公务员、没有经济压力的群体，他们对蔬菜的质量要求较高，并且对产品的健康程度、包装及消费体验等也有着高标准的要求，他们愿意每个月多花几百块钱，就为了买到更优质、更健康的蔬菜，是无公害、有机、绿色蔬菜的消费主力。经过深思熟虑后，陆志远将优野农业定位为"一家专业提供无公害绿色标准蔬菜的农业公司，致力于为消费者提供安全、新鲜、健康的蔬菜"。

三、保证"优野蔬菜"的安全、新鲜和健康

为了保证所售出的蔬菜安全、新鲜、健康，优野农业从源头做起，严把种植、采摘、分拣、保鲜、检测、配送每道关。优野农业在全国各地拥有 80 000 亩的供应基地、7 个加工中心，加工中心总面积达到 15 000 米^2。截至目前，公司已经取得了 51 项无公害食品认证、22 项绿色食品认证和 20 项有机食品认证，致力于为消费者提供安全、新鲜、健康的绿色无公害蔬菜。

在选种方面，优野农业深刻意识到蔬菜产品品质的优劣 70%由种子决定，因此其积极与国际知名机构合作选择优势品种。目前，优野农业与世界前三大种子公司、福州市种子公司建立了合作关系，未来优野农业还将与福建省农科院以及福建农林大学蔬菜研究所进行合作，科学化、标准化研发和培育种苗，从源头把控蔬菜。

在种植方面，优野农业在进行供应商选择时有严格的标准。首先，优野农业与农业公司而不是农户进行合作，优野农业供应商均为全国及区域农业巨头，包括利农集团、超大现代农业集团、福建白水农夫股份有限公司、海亮集团、绿丰农业有限公司等。优野农业要求供应商的种植基地的产地环境（水源、土壤、空气）、生产过程和产品质量均符合国家有关标准和规范的要求，基地生产出来的农产品必须是经认证合格获得认证证书并允许使用无公害食品标志。优野农业每年还会将基地的水、土壤送至国家认证检测机构进行检测，每个月不定时派出工作人员检查基地用药以及施肥情况。其次，供应商还必须拥有完善的务农设施。只有满足这两个条件，优野农业才会与其签订合作协议。

在采收方面，优野农业严格把控蔬菜的生长周期，为每种蔬菜都制定了采收标准，确保最佳的采收期就是该蔬菜最好的品质期。以上海青为例，在气温较高的夏天，一般在 6:00 就将其采收完，若是在太阳下暴晒 1 个小时，上海青不是黄的就是烂的。因此，优野农业规定了严格的采收时间，采收完必须马上到冷库进行预冷，预冷的时间有一定的标准，预冷完成后，再装上冷藏车，保证蔬菜在一定的温度下一路到达分拣工厂，这样就能解决在运输途中的损耗。

在检测方面，优野农业所生产的蔬菜均通过专业的设备进行检测，采用自检与第三方检测相结合的检测方法对蔬菜的品质进行严格把关。蔬菜从地头摘下来后，需要进行速配检，检验结果形成检测报告单。优野农业在各个环节严格把关，做到程序正义，确保上市的每批蔬菜都达到国家的无公害标准。

在分拣方面，优野农业在福州、厦门、深圳、上海、武汉等城市建立分拣加工中心，分拣加工中心正是优野农业的核心，决定了蔬菜的损耗。优野农业对每个品种的蔬菜都制定了一个加工标准，实行严格的产品标准化分级包装，全程恒温加工，员工必须按照标准严格把控每包蔬菜的重量，去除黄叶、烂叶的比重等，将蔬菜做成标品，每种蔬菜都制定了特定的标准重量。

在物流运输方面，优野农业在运送蔬菜的车辆里配备温度追踪仪，公司可全程监控蔬菜的温度变化，确保全程冷链运输，防止有些合作的物流企业为了省油，而没有进行全程冷链运输，从而保证蔬菜的品质与安全。

四、让“优野蔬菜”家喻户晓

一个品牌能否走得长远，关键在于能否打通品牌的对外知名度。在打响“优野蔬菜”名声的路上，陆志远结合“优野蔬菜”的特点和消费者的关注点进行品牌营销宣传，不遗余力地将“优野蔬菜”推到大众面前。

1. 亲力亲为，开拓渠道

从事蔬菜行业多年、有着丰富经验的陆志远意识到，如果进入传统的农贸市场，没有价格优势的优野农业肯定会被市场上其他产品挤压，而普通的商超渠道又相对保守，新兴品牌的入驻较为困难。陆志远想到，当时的优野农业就像一张白纸，市场对其不够了解，只有加大品牌宣传和推广，才能使供应商、渠道商、消费者放心使用优野产品。

优野农业成立之初，陆志远亲历亲为，进行渠道开拓。功夫不负有心人，他发现沃尔玛和山姆超市中只有销售用白袋装的蔬菜，而且售卖的蔬菜也没有品牌，因此他主动找到福州市的沃尔玛和山姆超市的采购方，向其介绍售卖“优野蔬菜”的优势。首先他介绍了优野的理念以及优野的种植、采摘、分拣、保鲜、检测、配送标准，证明“优野蔬菜”是安全、健康、标准的蔬菜。区别于采用 21 开头的条形码价签形式的白袋包装散装蔬菜，优野农业是行业内首家将蔬菜打造成了标品，用印有品牌 logo 的袋子包装蔬菜的公司，且每包蔬菜重量一致，打上了 69 开头的条形码，店家没有权限随意更改价格。消费者拿起蔬菜产品，就可以直接到收银台结账，无需经过称台过称，这可以提高顾客的购买效率，同时也节省超市打称人员的工作量、节省超市的人力成本。

陆志远别出心裁，用心推广，优野农业从一开始只有沃尔玛、新华都、山姆三个客户，到现在拥有华润、天虹、中百、物美、嘉荣、人人乐、冠超市、新华都、家乐福、永辉超市、海底捞、醉得意、大丰收、麦德龙、盒马、沃尔玛等多家合作伙伴，进驻了深圳、广州、上海、武汉、杭州等城市。

2. 火力全开，宣传品牌

在公司创立之初，开始正式运营的前半个月，优野农业与新潮传媒集团合作，在出租车车顶、社区、地库、电梯等智能屏幕上不断投放广告，进行品牌推广。铺天盖地的广告，令人充满期待的广告词——“什么是无农残蔬菜？什么蔬菜无重金属？什么蔬菜可追溯？15 天后揭晓！正在倒计时”，无处不在，最后在开业这一天揭晓答案——“优野蔬菜”，这种宣传形式让消费者对“优野蔬菜”品牌产生了初步的印象。当消费者走进超市，看到卖场上精心用 KT 板布置的“优野蔬菜”的专柜，一些卖场甚至还配备电视播放优野广告，消费者对“优野蔬菜”的印象有了进一步地加深。此外，促销人员也会进行主动促销，提高潜在顾客成为“优野蔬菜”客户的可能性，很多消费者在第一次接触产品后便发现其口感不错，就会重复购买。

除了传统硬广之外，优野农业在品牌传播上更是进行了创新。他们深入社区进行品牌传播，通过开展赠送菜品、亲子活动等方式，与消费者进行深入交流。在活动开始前，优野农业先在小区内布置，告诉居民活动的形式、时间与地点，想参与的居民可以到“优野蔬菜”公众号进行报名，这种推广形式在福州市受到了许多消费者的喜爱。

3. 跟随潮流，线上发力

以前优野农业的销售区域主要集中在福州市，因此做线上推广的效果远远不如地推。如今，优野农业进驻了全国大多数城市，线上推广以其不受地域限制的优点被优野农业格外重视。如今，优野农业正紧随时代潮流，在朋友圈、抖音、快手等短视频平台做一些有故事情节、搞笑的短视频，做一些趣味性的广告软植入。目前，优野农业在抖音短视频平台上线了《中华女当家》的广告软植入，《中华女当家》主要描述一个厨师穿越到古代，然后比拼厨艺的故事。优野农业和《中华女当家》策划团队进行合作，进行广告软植入，类似女当家比拼厨艺时，要到优野菜园采摘青菜，然后根据优野菜谱烹饪食材的故事，虽然目前还在前期预热，但已经有 11.9 万的粉丝。

五、深耕品牌，满足消费者多样化需求

2013 年，优野农业刚成立时，只有沃尔玛、新华都、山姆三个客户与之合作。经过之后 7 年的发展，优野农业已成为山姆、沃尔玛、新华都、永辉、麦德龙、大润发、华润、天虹、中百、物美、嘉荣、人人乐、冠超市的核心蔬菜供应商，也与海底捞、醉得意、大丰收等多家餐饮品牌建立合作伙伴关系，在全国范围内拥有 600 多家门店、近 5 万亩的战略合作无公害蔬菜种植基地，

拥有1 100多名员工。服务消费者至今，优野农业先后荣获2014—2015年国际排联世界沙滩排球巡回赛指定蔬菜供应商、2015年第一届全国青年运动会指定蔬菜产品、2015年加入国际有机运动联盟，加工车间通过BRC认证等殊荣。2018年外区销售系统逐步完善，全年销售额近2亿元，自有基地建立完备大棚，水肥一体化设施，开发了农贸市场的自营渠道，开发了自营渠道的线上App，优野农业形成了超市、餐饮、农贸三大渠道并重的发展模式。2019年，优野农业的销售额达到了3亿元。

稳扎稳打的同时，优野农业也不忘在蔬菜领域继续深耕，推陈出新以满足消费者多样化的需求。陆志远观察到，经济社会的飞速发展带来了人们生活水平的提升，同时在快节奏工作和生活的当下，消费者对产品安全性、丰富性以及便捷性有了更深层次的需求，优野农业因此成立了“优予”和“稻小生”两个子品牌。这两个品牌与“优野蔬菜”的经营模式一脉相承，都倡导安全健康，“优予”理念为“更便捷、更安心、更有温度”，“稻小生”理念为“一颗稻心、三代传承”，都从以人为本、更好地服务于消费者的角度出发，用心经营，为消费者提供最优质的产品和最优质的服务。

发展至今，“优野蔬菜”与两个子品牌相互促进、共同发展，“优予”方便菜和“稻小生”用不同的方式让消费者与“优野蔬菜”产生联系，增加消费者对“优野蔬菜”及其延伸产品的依存度，变相为“优野蔬菜”进行品牌宣传推广；“优野蔬菜”的高标准也为两个子品牌带来了产品背书，使消费者更加信赖其高品质。因此，“优野蔬菜”“优予”“稻小生”三个品牌的市场占有率逐年提高，公司的业绩也越来越好。除了新品牌外，优野农业正在积极扩展其他增长空间较大的蔬菜品类，探寻下一个可能的“爆款”单品品牌，深入挖掘品牌营销新动能，持续满足消费者新的功能需求。

第九章

培育发展农商互联体系的建议

从前面章节的实践阐述和理论分析中可以看出，随着农产品市场供需关系和产销关系的改变，农商互联模式将成为农产品流通渠道发展的主要方向。因此，提出乡村振兴战略下优化农商互联模式的建议。

第一节　国外农商互联发展模式经验启示

通过对国外的农商互联模式进行学习与总结，立足国内的发展环境特点，整理并总结适合我国农商互联体系的相关启示经验，主要是针对农端、商端与政府三方的发展建议。

一、农端：发展合作组织，打通小农户销售渠道

农产品销售的利润保障是农民富裕的前提，在现有的产销机制下，小农户难以拥有议价权，对于风险的抵抗能力也较为有限，在利润不高风险较大的情况下，农民往往难以获得稳定的收入来源，农民的积极性也会受到打击。

日本和美国选择的农业协会组织就能够很好地解决这一问题。可以组织农民发展“半官方半民间”的合作社，通过合作组织统一和农资企业进行农资采购，在保证其质量的同时又能够因为采购量大的优势降低采购成本，提高农民利益。利用这样的组织，还可以制定统一的标准，聘请专家来指导农民提高生产技术和作物品质，统一的管理必然带来食品安全性的提高，这方面日本已经有着很成熟的经验和效果；并且构建这样的组织，有利于进行统一收购和销售，帮助小规模农户进入大流通市场，增加小农户的议价权和抵御风险的能力，推动农民生活水平的提高。

二、商端：加强供应链体系建设，树立品牌意识

如何利用新技术、新科技，以互联网思维服务市场商家需求，探索适合农产品大流通的供应链服务体系，构建农产品供应链新平台，助推农批市场转型升级，推动商端建设是农商互联的一个重要环节。从纵向流程来看，供应链上

任何环节的运转都是由商流、物流、信息流、资金流等驱动，供应链服务提供后，产品流通环节才能够无缝对接。在美国，综合大型超市在流通过程中占有主导地位，综合大型超市连接从农户到消费者的各个环节。以水果供应链为例，其环节一般为果农水果贸易联合体—综合型超市—消费者，综合大型超市在其中发挥着管理农业供应链的作用，为果农提供技术、农用物资，为水果贸易联合体提供从订单、仓储物流、最终到消费者手中的过程管理。以我国的国情来看，农产品批发市场是提供农产品供应链服务的最佳切入点，依托农产品批发市场商流、物流、信息流大集聚的集中空间，开展农产品供应链线上线下融合业务，无疑是最佳选择。农批市场作为农产品流通产业的主要资源汇集地，通过网络技术的应用和贯通，可以从销售、流通、金融等环节彻底升级传统农业产业链，打造成为新型的农产品供应链服务新模式。

对于农产品流通企业来说，除了打造优质的产品之外，品牌的建设直接决定了未来农产品的销量及价格。从美国、日本众多品牌的销售中不难看出，独具匠心的营销策略能够有效地提升品牌在市场的影响力。以日本马路村的案例为借鉴，学会包装，注重文化与体验是现代农产品品牌建设的重要手段。饮食承载着文化，文化影响着饮食。农产品从田间地头来到厨房餐桌，就一定要借助文化的力量，使品牌增值。因此，挖掘、打造、提炼和传播与食品相关的文化价值成为创建品牌的必需。各农产品企业要加大广告宣传力度，对于广告公司要多涉及农产品推广业务，充分利用各种资源平台，采用现代传媒手段对农产品品牌形象进行塑造和宣传，提升品牌市场认知度。

三、政府参与，缓解供求调节机制的滞后

在当前我国农业处于完全市场经济的条件下，作为博弈的供求双方，由于知识水平等各种因素决定，农民不得不以其有限的资源和有限的信息投入巨大的市场的博弈中。市场需要什么、需要多少、何时需要等相关风险是农民根本无法预测的，他们只能依靠经验和零散的信息进行猜测，来决定一年的种植。又由于获取信息的滞后性，使得农民听闻一种水果销售好便一哄而上种植，导致供给过剩，亏损的风险却只由农民来承担。农民亏损就会导致没有资金进行种子、农药、化肥等生产资料采购，相关产业欠款难以回收，形成恶性循环。这种风险仅由市场来调节是没有办法控制和回避的。

在互联网、大数据高度发展的今天，掌握全国主要经济作物每年全国各区域的消费量不再是难事。在这个基础上，以政府和政策进行宏观调控，引导类似日本农协和美国农业协会组织，以消费量为基础，根据地理环境和资源优势决定各地的种植面积和产量，同时根据生产成本决定销售参考价格，可以保证农民的销售利润。

第二节　农产品流通企业层面建议

在农产品流通的宏观层面需要农端、商端以及政府协力并进、共同发展；在微观层面，创业作为参与主体需要牢记追求共同利益和打造全产业产品标准两大准则。

一、构建“农”端与“商”端共同利益体

农产品供应链从生产、包装、加工、储存、运输到销售需要经历多个环节，而每一环节上的参与者主体都有可能不同，并且不同参与主体在企业规模上存在着较大的差距。对农商互联模式来说，为缓解不同主体之间的差异带来的矛盾，农产品流通企业应当和新型农业经营主体协调，共同建立一套全面、合理且双方都认同的管理体系和农产品质量评估体系，对新型农业经营主体提供的农产品进行明确质量和成本定量评估，明确农产品流通企业和新型农业经营主体双方的权利、义务和责任，通过订单农业、股份合作或利润返还等模式，加强双方联结，使之成为利益共同体，加强双方信任，共享收益，共担责任，提高供应链绩效。

二、打造全产业链的产品标准

农产品标准化是终端消费升级和食品安全的重要保障。达到农产品标准化的要求，就需要农产品从生产到包装、运输和销售都有可衡量、可循环的标准动作，缺一不可。农产品流通企业在和新型农业经营主体的连接中，往往扮演的是话语权更高的角色，且由于一直处在终端销售的位置，也更加了解消费者的需求，相较于农户更能及时了解市场信息。因此，农产品流通企业特别是龙头企业应当承担起打造全产业链标准化生产的牵头作用，共同提高农产品品质。

第一，农产品全产业链标准体系的建设应当覆盖农产品生产和流通的各个环节。将农产品按环节分为生产、分拣、包装、运输、存储、销售等各个环节，根据国家现行的行业标准、销售价格和成本，在每个环节，构建合理统一的标准，保证农产品生产的安全性、均一性。

第二，引导新型农业经营主体进行技术升级，推广机械化生产。农产品流通企业可以通过奖励收购价的方式，对能够达到标准化、机械化生产的农户给予不同的收购价，引导农户根据自身的实力情况，进行设备的升级。同时，借助信息技术，利用物联网、二维码、温度探测器等数据自动采集技术，逐步建立“从田间到餐桌”的全过程可追溯体系，再次对农产品食品的安全提供保障。

第三节 新型农业经营主体层面建议

在农产品流通过程中，经营主体影响着交易能否顺利完成，因此作为经营方在品牌建设、服务能力以及销售渠道等方面都需要加以关注和提升。

一、加强农产品品牌建设

没有品牌的农产品，大多会陷入同质产品低价竞争中，也导致难以对其从生产到贸易流通、再到零售终端的标准化管理。因此，想要更好地发展生鲜农产品，就需要品牌的支撑。应当加大市场营销力度，开展“走出去”抱团营销活动，建立多种销售方式，开展多媒体宣传，扩大影响。第一，将文化建设同农产品品牌建设相结合，借助文化的注入，为品牌提升价值，塑造品牌故事，传播品牌故事。第二，通过创意营销文案策划、产品短视频拍摄、自媒体软文发布等进行内容制作，并利用传统媒体以及新媒体渠道进行多元传播，提高品牌的知名度。第三，通过参与各种展销，积极“走出去”，对外展示自己的产品。第四，有条件的新型农业经营主体，可以加强绿色食品、有机农产品的生产和认证，提高农产品的附加值。擅于应用地区性共用农产品品牌，但同时也爱惜地区性共有品牌的美誉度。

二、提高农民专业合作社的服务能力

农民专业合作社对中小农户意义很大，应当发挥出其作为农户和政府或市场之间的纽带作用。第一，农民专业合作社应当带头制定统一的生产标准，且该标准应当同对接的企业收购标准一致，同时聘请专家，对农户进行生产技能的培训，积极应用现代化技术，并扮演好生产标准监督的角色，让农户生产的农产品符合收购标准，助力农商互联。第二，农民专业合作社可以创新同农户的联结方式，通过股份合作、利润返还等模式，加强和农户之间的利益联结，提高组织化程度，当拥有共同的利益之后，合作社和农户间的关系才会更紧密。第三，农民专业合作社可以承担起统一采购和统一销售的职能。统一的农资采购，能在保证产品质量的前提下，节约农户生产成本，保障农户生产效率；统一的收购和销售，增加了农户在市场中的议价能力，提高了农户抵御风险的能力，能够更好、更快地销售农产品。第四，农民专业合作社还可以成为当地农产品对外展示的窗口，承担起一部分宣传的角色。

三、延长产业链，拓宽农产品销售渠道

农业生产经营主体应当立足资源优势，打造各具特色的农业全产业链，建

立健全农户分享产业增值收益的机制，而不仅仅只停留在出售初级农产品的基础上，仅仅出售原材料，利润低，链条短，一旦遇上市场行情不好，亏损的风险就特别高。同时，农业的生产经营，也可以和体验、旅游等相结合，发展乡村旅游、生态农庄。第一，在销售渠道上，新型农业经营主体应当积极拓宽销售渠道，将线上＋线下销售相结合。线上可以成立淘宝品牌店，给京东、苏宁等电商平台供货，利用微信自媒体等进行宣传销售，通过抖音、快手等品牌进行直播。线下可以建立体验店、品牌店，参加展销会、对接会，为美食馆、食堂、特产店、大型连锁商超、便利店、批发市场等进行供货。各新型农业经营主体根据自身实力情况，多种渠道进行销售。第二，转变销售思路，销售前置化。农产品生产经营主体可以转变销售的思路，将农产品销售工作先于种植之前，根据各地区之前的销售数据和当前实际情况，做好规划，找准目标群体，建立自己的销售渠道，为农产品上市提前做好准备，缩短上市后被动等待的时间。

第四节　政府层面建议

政府部门为做好农商互联工作，在其中主要扮演发起者和推动者的角色，发挥引导、规范作用，通过政策制定、宏观调控、市场管控等方式对链条中各参与主体产生间接影响，推动农商互联模式持续健康发展。

一、逐步完善农村基本设施建设

在发展农村农商互联的过程中，硬件设施是需要直面的基本问题，打造农村农产品流通的稳定工作环境，推进农商互联体系不断完善。

1. 建立健全乡村农产品流通体系，加强农产品流通基础设施的建设

政府应当加快对农村交通主干道、交通枢纽、农产品转运中心等基础设施的建设，对物流环节的完善提供硬件设施的支持，降低物流成本，提高货运效率。同时，鼓励在产地附近就近建设交易棚、水电配套基础设施，配套农产品分拣包装、冷藏保鲜、仓储运输等初加工的设施，对于农业加工产生的水电，给予补贴，补齐农产品供应链“最后一公里”的短板，畅通农产品上行渠道。

2. 加强农产品冷链物流统筹规划，分级布置，制定标准

第一，在冷链物流基础设施的建设上，要深入贯彻落实2020年中央1号文件《中共中央 国务院关于抓好“三农”领域重点工作确保如期实现全面小康的意见》和2020年发布的《农业农村部关于加快农产品仓储保鲜冷链设施建设的实施意见》的要求，安排预算内支出，支持建设一批骨干冷链物流基地，以贫困地区、鲜活农产品主产区为重点，依托家庭农场、农民专业合作社开展农产品仓储保鲜冷链设施建设，逐步实现农产品从田间到仓储加工间再到零售终端的冷链化。第二，做好冷链物流基础设施建设验收和信息采集工作。对于新型农业经营主体完成仓储保鲜冷链设施后，应当组织当地农业农村部门及时做好验收工作。验收合格后，才可以向施工主体兑现补助金、奖励金。同时，各地农业农村部门也应及时做好信息的采集和整理工作，全面监测项目实施情况、鲜活农产品产地的库存量、交易量、流向等信息。用好农产品产地的市场信息，指导农业生产工作，提高风险防控预警的能力。

3. 加强市场信息服务功能的建设

建立以公益性服务为主的农村综合服务平台，鼓励农产品产地完善信息处理和发布系统。同时，完善农产品物流和市场监测系统，形成交易品种、数量、价格和地区分布等产销信息大数据，准确、便捷、及时地把需求传达到生产端，缓解“农”端和“商”端脱节、信息不对称的问题，助力新型农业经营主体及时获取市场信息，以便更好地规避市场风险。建议政府每年定期牵头举办各类产销对接会、展览会，对农商互联提供新的可靠权威的渠道。农产品主要生产区的主管部门可以根据农产品的产量和销售情况到销售区主办宣讲推介活动，为当地农产品销售拓宽渠道。销售区的主管部门根据当地的需求量，主动到生产区进行采购对接，保障供应。同时，切实发挥农产品行业协会等组织的作用，组织会员单位积极开展农商互联，推进农产品流通企业与新型农业经营主体进行全面、稳定的对接。

4. 完善基础和配套设施，吸引电商企业入驻

加快推进电商产业园、农村电商实训基地、创业孵化园等平台基础设施建设，完善周边生活和办公配套设施，吸引更多的电商企业入驻，充分发挥电商产业园的优势以及集聚效应，孵化具有创新创意和自主意识的农村电商项目，以电商平台作为农产品销售和品牌展示的新窗口，同时积极培育电商人才，为农村电商的发展输送专业人才。

二、健全农业社会服务体系

在实现农业农村发展的道路上，需要一个更加稳定健全的发展环境，需要政府在金融体系、供需调节、经验分享与人才引进等方面进行支持与帮助。

1. 完善农村金融体系，提供信贷支持与服务

提高风险容忍度，为农业和农村经济的发展提供良好的信贷支持和服务。鼓励商业银行发行“三农”、小微企业等专项金融债券，落实农户小额信贷税收优惠政策，合理设置农业贷款的期限，使之同农产品生产周期相匹配。建立农业产业信用评估体系，推出更多免抵押、免担保、低利率的普惠金融产品。督促保险机构及时理赔，提高新型农业经营主体的农业保险意识，同时落实好

农业保险保费补贴等政策。

2. 政府参与，缓解供求调节机制的滞后

新型农业经营主体的知识水平和信息获取渠道的限制，使得他们只能依靠经验和猜测决定种、养项目。往往听闻一种农产品收益好就一拥而上种植，容易导致供给过剩。对于这种风险，市场是难以调节的。各地农产品主管部门应当及时建立信息共享机制，摸清各片区各类应季农产品种养数量、上市时间、存储能力、已稳定对接的订单销售量等情况，做好数据的统计和分析，加强农产品市场预判工作。尤其是遇到重大气象灾害时，要及时关注市场异动，及时更新并传送信息，引导农产品有序、错峰上市，缓解供给过剩带来的损失。

3. 农业产业经验的总结和推广

认真梳理总结农商互联工作开展中的经典案例与数据，通过培训会、经验分享会、文字宣传等方式，将农商互联模式的建设经验进行推广，同时加强各省份之间的交流学习。

4. 培养人才，引流乡村

通过政策的支持和引导，鼓励高校毕业青年、农业科技人员等各类人才下乡，将现代生产方式和经营模式引入农村，壮大农村人才队伍。例如，针对大学生为主体的农业人才，明确这类人才留在农企或者农村工作到一定年限，给予资金补助等奖励。同时，加强对村干部、企业主的培训，加快培养高素质农民。

三、优先在贫困地区开展农商互联

农商互联的模式在促进农业生产和保障居民消费、促进农民增收、助力精准扶贫和乡村振兴等方面有重要作用。第一，政府可以通过政策上的优惠引导农产品流通企业优先进入贫困地区开展农商互联。鼓励农产品流通企业利用自身的市场资源优势，发展贫困地区当地特色优势农产品，推动贫困地区种养产业、农产品初加工产业的发展。例如，农产品基地建设、农产品加工工厂建设、农业产业园、农业生态园等，增加当地就业机会，带动当地农户致富。农产品流通企业还可以根据当地的消费情况，在贫困地区引进其他产区的农特产品，互相交流。第二，对贫困地区农产品设立销售扶贫渠道，在农产品批发市场、商超设置销售专柜；引导各大电商平台设置贫困地区农产品销售专门频道；不定期开展“村长、镇长、县长带货”或“吃货助农”等活动；积极推动贫困地区农产品进学校、进企业、进机关、进社区。

参考文献

REFERENCES

白长虹，武永红，2002. 基于顾客关系的价值创新途径研究［J］. 科学学与科学技术管理（12）：86－90.

曹裕，周默亭，胡韩莉，2020. 考虑政府补贴与企业社会责任的两级供应链优化［J］. 中国管理科学（5）：101－111.

曾定茜，佟明亮，2020. 生鲜电商供应链能力整合与提升研究［J］. 商业经济研究（18）：105－108.

陈超，徐磊，2020. 流通型龙头企业主导下果品产业链的整合与培育——基于桃产业的理论与实践［J］. 农业经济问题（8）：77－90.

陈红华，田志宏，周洁，2011. 基于 Shapley 值法的蔬菜可追溯系统利益分配研究——以北京市 T 公司为例［J］. 农业技术经济（2）：56－65.

陈金波，张俊，夏鹏萧，等，2018. "农超对接"模式下农户心理契约、组织承诺与机会主义行为研究［J］. 农业经济问题（12）：128－139.

崔丽，胡洪林，2017. 农产品质量安全控制下"农超对接"主体间成本分担机制［J］. 系统工程（3）：131－136.

崔忠付，2019. 加强农商互联 实现产销互链［J］. 中国食品工业（9）：44－47.

丁俊发，2010. 农产品物流与冷链物流的价值取向［J］. 中国流通经济（1）：26－28.

樊立惠，蔺雪芹，王鹏飞，2020. 农村空间商品化的理论基础与实现路径［J］. 人文地理（1）：123－131.

冯颖，王远芳，张炎治，等，2020. 随机产出下商务模式对生鲜农产品供应链运作的影响［J］. 系统工程理论与实践（10）：2631－2647.

郭海红，2019. 弹性农业价值链的概念框架与评估方法研究［J］. 湖北农业科学（19）：194－201.

郭锦墉，徐磊，2017. 农民合作社"农超对接"对接关系稳定性及其影响因素分析［J］. 商业经济与管理（10）：13－23.

韩燕，2009. 基于质量安全的农产品供应链建设与优化研究——从供应链上的信息正向传递与逆向追溯角度的解析［J］. 调研世界（1）：24－26.

胡定寰，杨伟民，张瑜，2009. "农超对接"与农民专业合作社发展［J］. 农村经营管理（8）：12－14.

黄桂红，饶志伟，2011. 基于供应链一体化的农产品物流整合探析［J］. 中国流通经济（2）：29－32.

黄宗智，2014. “家庭农场”是中国农业的发展出路吗？[J]. 开放时代（2）：176-194.
黄祖辉，梁巧，2007. 小农户参与大市场的集体行动——以浙江省箬横西瓜合作社为例的分析 [J]. 农业经济问题（9）：66-71.
纪良纲，刘东英，郭娜，2015. 农产品供应链整合的困境与突破 [J]. 北京工商大学学报（社会科学版）（1）：16-22.
姜彦坤，周焕，2009. 黑龙江省私营企业劳动关系现状探析 [J]. 中小企业管理与科技（下旬刊）（6）：120.
金亮，2018. 不对称信息下“农超对接”供应链定价及合同设计 [J]. 中国管理科学（6）：153-166.
寇聪，陈建明，2018. “农超对接”模式下农产品供应链存在的问题及对策分析 [J]. 中国市场（28）：166-167.
李爱军，黎娜，王成文，2017. 基于 DEA 和 Malmquist 指数模型的农产品供应链效率研究 [J]. 统计与决策（11）：42-45.
李建平，王吉鹏，周振亚，等，2013. 农产品产销对接模式和机制创新研究 [J]. 农业经济问题（11）：31-35.
李静，盖志毅，2015. 日本农产品“地产地消”流通模式对中国农产品流通体系路径优化的启示 [J]. 世界农业（11）：68-71.
李明贤，刘美伶，2020. 社会化服务组织、现代技术采纳和小农户与现代农业衔接 [J]. 农业经济（10）：12-14.
李泉林，黄亚静，鄂成国，2016. 农超对接下农业合作社联盟的排队网络型合作博弈研究 [J]. 系统科学与数学（11）：1972-1985.
李文婷，胡北忠，2019. 供应链视角下永辉超市生鲜物流成本管理分析 [J]. 企业科技与发展（9）：252-253.
李治，胡志全，2019. 基于 Shapley 值法的奶牛产业链利润分配机制研究 [J]. 干旱区资源与环境（1）：77-83.
林乐碳，2010. 基于 DEA 模型的农超对接模式的绩效研究 [J]. 中国经贸导刊（9）：67.
刘阳阳，2020. 大数据驱动生鲜农产品供应链模式创新与运作优化 [J]. 商业经济研究（16）：150-152.
卢志丹，路剑，2013. 基于模糊综合评价法的河北省“农超对接”绩效研究 [J]. 中国农业科技导报（1）：185-188.
罗光强，王芳，2019. 大数据背景下 B2C 农超对接商品流通模式创新策略 [J]. 农业经济（2）：118-120.
马凤棋，2010. “农超对接”模式对超市的影响及对策探讨 [J]. 安徽农业科学（9）：4959-4960.
毛瑞男，许永继，2020. 培育新型农业经营主体的模式选择 [J]. 人民论坛·学术前沿（23）：124-127.
孟秋菊，徐晓宗，2021. 小农户衔接现代农业发展的内涵研究 [J]. 重庆社会科学（1）：23-37.
聂玉梅，黎江，2020. 委托代理视角下社会服务项目第三方评估实践及其运作逻辑——基于H市实践的调查［J］. 社会工作与管理（5）：42-52.
浦徐进，范旺达，吴亚，2015. 渠道模式、努力投入与生鲜农产品供应链运作效率研究［J］. 中国管理科学（12）：105-112.
任为，2019. 我国农产品批发市场转型及现代化发展探讨［J］. 商业经济研究（24）：127-130.
桑圣举，2014. 模糊需求下供应链合作博弈的收益分配策略［J］. 电子科技大学学报（社科版）（1）：39-44.
商务部，2018. 商务部《关于推进农商互联助力乡村振兴的通知》［J］. 中国食品（12）：156-158.
石岿然，孙玉玲，2017. 生鲜农产品供应链流通模式［J］. 中国流通经济（1）：57-64.
史保阳，史保莉，2019. 考虑努力水平与损耗的农超对接生鲜产品供应链协调［J］. 工业工程与管理（5）：43-48.
隋博文，2017. 跨境农产品供应链联盟绩效评价研究——基于广西—东盟的实证分析［J］. 北京交通大学学报（社会科学版）（3）：129-136.
孙林林，2020. 我国农产品“农超对接”模式发展机理及系统运行模式研究［J］. 农业经济（6）：142-144.
陶薇，2017. “农改超”的开创者——永辉超市营销模式分析及启示［J］. 现代企业（5）：47-48.
屠文娟，钟辉，徐兰，2019. 基于供应链视角的农民专业合作社利益分配机制研究［J］. 江苏大学学报（社会科学版）（4）：67-76.
王虹，孙玉玲，2019. 生鲜农产品供应链全渠道运营模式分析［J］. 工业工程（6）：74-79.
王凯旋，杨玉中，2020. 绿色农产品供应链绩效评价的灰色聚类——模糊综合模型及应用［J］. 数学的实践与认识（2）：111-119.
王明明，郑军，张明月，2017. 基于DEA模型的“农超对接”供应链运行效果评价——以山东省为例［J］. 新疆农垦经济（1）：20-27.
王宁，2009. 从市场机制到经济治理——从奥斯特罗姆获诺贝尔奖展望经济学的未来发展［J］. 经济学动态（12）：94-100.
王晓华，尤阳阳，2015. 美国、荷兰和日本鲜活农产品供应链管理及其启示［J］. 世界农业（5）：38-43.
王志刚，李腾飞，黄圣男，等，2013. 基于Shapley值法的农超对接收益分配分析——以北京市绿富隆蔬菜产销合作社为例［J］. 中国农村经济（5）：88-96.
韦闻佳，杨庆先，2013. 发达国家农产品供应链运作分析［J］. 世界农业（12）：101-104.
闻卉，许明辉，陶建平，2020. 考虑绿色度的生鲜农产品供应链的销售模式与定价策略［J］. 武汉大学学报（理学版）（5）：495-504.
武亮，2019. 零售业线上线下互动融合的机遇、经验与发展策略［J］. 商业经济研究（11）：69-72.
熊会兵，肖文韬，2011. “农超对接”实施条件与模式分析［J］. 农业经济问题（2）：69-72.
徐广姝，张海芳，张学文，2017. 破解“农超对接”发展困局的模式探索［J］. 江苏农业科学（11）：319-323.

徐磊，郭锦墉，2018. 质量控制、供货能力对“农超对接”参与行为的影响——基于合作社视角［J］. 江苏农业科学（2）：268－273.

薛建强，2014. 中国农产品流通体系深化改革的方向选择与政策调整思路［J］. 北京工商大学学报（社会科学版）（2）：32－38.

严继超，李华，王晓青，2019. 我国“农超对接”典型模式研究［J］. 北方园艺（2）：202－207.

杨浩雄，张丁，王浩，2019. 订单农业合作中的利益共享研究——基于农产品价格波动与违约风险的分析［J］. 价格理论与实践（10）：38－42.

杨怀珍，刘瑞环，2018. 考虑损耗和努力水平的农超对接三级供应链协调［J］. 系统科学学报（4）：47－52.

杨怀珍，刘瑞环，李灿灿，2017. 基于Shapley值法和TOPSIS法的农超对接供应链利益分配［J］. 江苏农业科学（23）：358－362.

杨璐璐，2019. 美国农产品供应链模式借鉴及政策建议［J］. 世界农业（10）：31－39.

杨松，庄晋财，王爱峰，2019. 惩罚机制下农产品质量安全投入演化博弈分析［J］. 中国管理科学（8）：181－190.

殷慧慧，刘永悦，刘从敏，2015. 蔬菜“农超对接”绩效评价研究——以中国黑龙江省哈尔滨市“农户＋合作社＋超市”为例［J］. 世界农业（8）：48－52.

于海龙，武舜臣，张振，2020. 供应链视角下鲜活农产品流通模式比较——兼论环节多、链条长的流通难题［J］. 农村经济（2）：89－97.

张宏军，徐有为，程恺，等，2018. 数据包络分析研究热点综述［J］. 计算机工程与应用（10）：219－228.

张京敏，黄彦，2020. 农产品供应链标准化体系构建及实现路径［J］. 北方园艺（7）：166－170.

张磊，王娜，盛丽颖，2021. 生鲜农产品“卖难买贵”原因解析及纾困策略——基于中间商购销行为的视角［J］. 中国流通经济（6）：28－36.

张萍，2019. 我国农产品批发市场的流通效率及演进趋势研究［J］. 商业经济研究（21）：134－137.

张文，李录堂，2013. 农超对接的国际经验及其对中国农产品市场发展的启示［J］. 世界农业（6）：7－9.

张文，李录堂，2013. 农超对接的国际经验及其对中国农产品市场发展的启示［J］. 世界农业（6）：7－9.

张喜才，2020. 农产品消费扶贫的供应链模式及优化研究［J］. 现代经济探讨（9）：125－132.

张喜才，2020. 新冠肺炎疫情对农产品供应链影响及应对机制研究［J］. 农业经济与管理（4）：45－51.

张喜才，杨冬海，王莲花，2018. 京津冀一体化背景下蔬菜供应链利益分配机制构建研究［J］. 农业经济与管理（2）：18－26.

张晓林，罗永泰，2012. 基于全产业链的农产品流通困局与流通体系建设研究［J］. 商业经济与管理（12）：16－22.

赵晓飞，李崇光，2012. 农产品流通渠道变革：演进规律、动力机制与发展趋势［J］. 管理世界（3）：81－95.

郑琪，范体军，2018. 考虑风险偏好的生鲜农产品供应链激励契约设计［J］. 管理工程学报（2）：171－178.

郑琪，范体军，张磊，2019. "农超对接"模式下生鲜农产品收益共享契约［J］. 系统管理学报（4）：742－751.

钟真，李琦，2021. 新型农业经营主体的异化：程度、效应及根源［J］. 经济与管理研究（5）：98－111.

周立群，曹利群，2001. 农村经济组织形态的演变与创新——山东省莱阳市农业产业化调查报告［J］. 经济研究（1）：69－75.

周林荣，史文涛，关晓溪，2020. 基于权利结构不对等的"农超对接"供应链有机农产品的定价研究［J］. 遵义师范学院学报（4）：44－46.

周业付，2016. 基于 Shapley 值模型的农产品供应链节点间的利益分配研究——江西省蛋鸡产业的实证分析［J］. 湖北农业科学（4）：1039－1041.

周业付，2017. 基于改进 Shapley 值模型的农产品供应链利益分配机制［J］. 统计与决策（23）：52－54.

朱桦，2013. 日本农产品批发市场的功能、运作与管理［J］. 国际市场（4）：33－37.

朱雪丽，阴丽娜，2020. 智慧物流背景下我国生鲜农产品供应链发展研究［J］. 保鲜与加工（6）：199－204.

邹俊，2018. 食品安全供应链的透明度和诚信风险评价体系构建［J］. 商业经济研究（4）：28－30.

Autry C W W B D G，2014. Relational and process multiplexity in vertical supply chain triads：An exploration in the US restaurant industry［J］. Journal of Business Logistics（1）：52－70.

Beamon B M，1998. Supply chain design and analysis：Models and methods［J］. International journal of production economics（3）：281－294.

Chambers C，Kouvelis P，Semple J，2006. Quality－Based Competition，Profitability，and Variable Costs［J］. Management Science（12）：1884－1895.

Forbis J L M N T，1981. Value－based strategies for industrial products［J］. Business horizons（3）：32－42.

Junmo C，2009. A Comprehensive Evaluation of Potential value of suppliers，cooperation under green chain based on rough set［C］//.

KITINOJA L，2013. Use of cold chains for reducing food losses in developing countries［J］. Population（6）：1－16.

Minot N，Roy D，2007. Impact of high－value agriculture and modern marketing channels on poverty：An analytical framework［J］. International food policy research institute，Washington，DC. .

Quigley J，Walls L，2007. Trading reliability targets within a supply chain using Shapley's value［J］. Reliability Engineering & System Safety（10）：1448－1457.

Tone K，Tsutsui M，2009. Network DEA：A slacks－based measure approach［J］. European journal of operational research (1): 243 - 252.

van den Brink R, Levínsky R, Zeleny M, 2020. The Shapley value, the Proper Shapley value, and sharing rules for cooperative ventures [J]. Operations research letters (1): 55 - 60.

Zhu J, 2015. Quantitative Models for Performance Evaluation and Benchmarking: Data Envelopment Analysis with Spreadsheets [M]. Cham: Springer International Publishing AG.

附　录　一

政策一　商务部
关于推进农商互联助力乡村振兴的通知

各省、自治区、直辖市、计划单列市及新疆生产建设兵团商务主管部门：

为深入贯彻党的十九大精神，认真落实《中共中央 国务院关于实施乡村振兴战略的意见》要求及中央经济工作会议和中央农村工作会议的部署，进一步加强产销衔接，发挥农产品流通对促进农业生产和保障居民消费的重要作用，推进农业供给侧结构性改革，推动农业农村现代化，促进农民增收，助力精准扶贫和乡村振兴，商务部决定推进农商互联工作。现就有关事项通知如下。

一、充分认识农商互联工作的重要意义

农商互联是指农产品流通企业与新型农业经营主体进行全面、深入、精准对接，发展订单农业、产销一体、股权合作等模式，实现联产品、联设施、联标准、联数据、联市场，打造上联生产、下联消费，利益紧密联结、产销密切衔接、长期稳定的新型农商关系。

一是有利于推动产业兴旺，促进农业现代化。推进农商互联，发挥流通对生产的先导性作用，推动农业生产围绕市场需求，优化品种结构和产业布局，提升规模化、标准化和信息化水平，逐步形成具有较强竞争力的优势产业和品牌，推动农业走质量兴农之路，农业发展由总量扩张向质量提升转变，实现农业绿色化、优质化、特色化、品牌化，加快农业现代化进程。

二是有利于密切城乡联系，推动城乡融合发展。推进农商互联，发挥流通连接城乡纽带作用，带动人才、资金、技术、信息等要素资源在城乡之间自由流动、平等交换，为乡村振兴注入发展活力和动力，推动形成农商互促、城乡互补的新型农商城乡关系，促进城乡融合发展。

三是有利于提升农产品价值，拓宽农民增收渠道。推进农商互联，构建畅通、安全、高效的农产品销售渠道，培育农产品品牌，提升农产品附加值，推动建立更加紧密的利益联结机制，延长产业链、提升价值链、完善利益链，让农民合理分享全产业链增值收益，促进农民持续稳定增收。

四是有利于提升农产品供给质量，促进农产品消费升级。推进农商互联，打造产加销密切衔接的农产品全产业链条，推动农产品按照消费需求进行生产，增加绿色优质农产品供给，保障农产品基本消费，促进农产品中高端消费，满足农产品平衡充分消费需求。

二、指导思想和主要目标

（一）指导思想。认真贯彻党的十九大精神，以习近平新时代中国特色社会主义思想为指导，坚持新发展理念，落实高质量发展要求，以供给侧结构性改革为主线，按照乡村振兴战略总体要求，通过政策引导、市场参与的方式，着力构建长期稳定的产销关系，发展新型农业经营主体，培育优质农产品品牌，打造符合现代农产品流通需求的产业链标准体系，加强农产品流通基础设施建设，推动农业农村现代化和农民增收，助力产业精准扶贫和乡村振兴。

（二）主要目标。重点针对农产品主产区和优势产区的农产品，推动农产品流通企业与新型农业经营主体建立利益紧密联结、产销密切衔接的新型农产品产销关系，不断提高订单农业、产销一体、股权合作等长期稳定的农产品流通模式在农产品流通中的比重，让农产品不仅产得出、产得好，而且卖得出、卖得好。

三、重点任务

（一）构建长期稳定产销衔接机制。引导农产品产销衔接机制从松散、短期、易变向紧密、长期、稳定转变。支持农产品流通企业与新型农业经营主体签订长期采购协议，发展订单农业。支持农产品流通企业或新型农业经营主体向生产或销售环节延伸产业链条，实现产加销全产业链一体化经营。支持农产品流通企业和新型农业经营主体通过参股控股、兼并收购等多种方式进行股权投资合作，实现产销优势互补、风险利益共担共享的产销衔接。

（二）发展新型农业经营主体。发挥新型农业经营主体对农户的组织带动作用，组织农户通过土地流转、托管等各种方式开展适度规模经营，提高农业生产规模化、集约化、机械化水平。推动新型农业经营主体与农产品流通企业对接，实现农产品优质优价，促进农民增收。加强对新型农业经营主体及农业生产者的培训引导，提升新型农业经营主体对接市场的能力，提高农户生产高品质农产品的技术和能力。

（三）培育打造农产品品牌。推动农产品流通企业、新型农业经营主体加强检验检测、可追溯体系建设，从源头确保农产品质量安全；按照市场需求优化种、养、加结构，生产适销对路的产品，提高农产品品质。以特色优质农产品为重点，强化品牌建设工作，选择一批品质上乘、标准化程度高的特色优质农产品开展多种形式的营销促销，打造一批地域特色突出、产品特性鲜明的区域公用品牌、企业品牌和产品品牌。推动农产品流通企业开展品牌推广活动，集中进行品牌宣传，树立品牌形象。

（四）打造全产业链条标准体系。建立覆盖农产品种养加工、检验检测、质量分级、标识包装、冷链物流、批发零售等各环节，国标、地标、团标、企标有机结合的全产业链标准体系，为提高农产品品质、提升流通企业服务质量提供标准支持。推动农产品流通企业和新型农业经营主体加强标准的推广应用，提升农产品生产和流通的标准化水平。

（五）扶持贫困地区农产品产销对接。推动农产品流通企业深入贫困地区，发挥市场资源优势，帮助贫困地区发展特色、优势农产品产业，积极探索适合贫困地区的农产品产销对接措施。支持和鼓励农产品批发市场、零售企业和农产品电商企业设立贫困地区农产品销售专档、销售专柜和扶贫频道，推动贫困地区农产品进学校、进企业、进机关、进社区，拓展销售渠道。

（六）加强农产品流通基础设施建设。鼓励在产地就近建设交易厅（棚）、地面硬化、水电配套基础设施，配套建设分级、包装等农产品商品化处理设施。加强农产品冷链流通基础设施建设，补上冷链物流短板。鼓励新型农业经营主体、农产品流通企业加强产地预冷、仓储物流、加工配送、公益性和共享型流通设施建设，完善冷链监控、物流服务、产销对接等信息服务平台，加快特色农产品电商平台建设，加强农产品产地、销地市场信息采集、处理和应用，提升农产品流通信息化水平。

四、参与主体及资质条件

（一）参与主体。农商互联的“农”主要包括农民合作社、农业产业化龙头企业、家庭农场等新型农业经营主体，“商”主要包括农产品批发市场、经营生鲜农产品的大型连锁超市及批发零售企业、农产品电商企业等农产品流通企业。

（二）资质要求。参与主体应具有独立法人资格，产品、设施设备和操作流程等符合现行国家和行业标准，无违法违规等不良记录，一年内未发生质量、安全等重大事故，并按要求定期报送相关数据和资料。

（三）重点区域。农商互联在全国范围内开展，优先鼓励在国家级贫困县开展。

五、工作要求

（一）高度重视，认真组织。各地商务主管部门要高度重视农商互联工作，抓紧制定符合当地实际的工作方案，强化政策支撑，优化发展环境，支持农产品生产、流通的各类资金要向农商互联对接主体倾斜，加强对农商互联工作的指导、管理与服务，协调解决推进过程中遇到的困难和问题，把推动农商互联作为落实乡村振兴战略，促进农村产业兴旺、农民增收的重要工作抓紧抓好。

（二）密切合作，推动对接。各地商务主管部门要加强与农业、供销、邮政等单位合作，汇总形成新型农业经营主体、特色优质农产品和农产品流通企业名录，创新网上对接、展销对接和田头对接等多种对接形式，切实推动农产品流通企业与新型农业经营主体进行对接。要注重发挥农产品生产、流通行业组织作用，组织会员单位积极开展农商互联。支持农产品生产、流通企业加强与物流、供销、邮政企业合作，整合物流资源，降低物流成本。农产品产地、销地商务主管部门要做好跨区域农商互联工作。

（三）及时总结，复制推广。各地商务主管部门要及时梳理农商互联工作开展过程中出现的典型案例、数据，总结上报在体制机制创新、模式创新、富农惠农措施等方面的成功经验。加强交流和宣传推广，营造良好发展氛围。各地商务主管部门应建立农商互联工作台账，并于每年4月、7月、10月和次年1月底前将工作情况统计表（见附件，略）和典型案例材料报送商务部（市场建设司）。

商务部

2018年5月22日

政策二　财政部办公厅　商务部办公厅关于推动农商互联完善产品供应链的通知

各省、自治区、直辖市、计划单列市财政、商务主管部门：

为深入贯彻党的十九大精神，认真落实《中共中央 国务院关于坚持农业农村优先发展做好“三农”工作的若干意见》（中发〔2019〕1号）要求及中央经济工作会议和中央农村工作会议的部署，进一步加强农商互联，完善农产品供应链，提高农产品流通效率，促进农民增收和乡村振兴，满足农产品消费升级需求，财政部、商务部决定开展农商互联工作。现将有关事项通知如下。

一、工作思路和目标

以习近平新时代中国特色社会主义思想为指导，坚持新发展理念，落实高质量发展要求，以供给侧结构性改革为主线，按照乡村振兴战略总体要求，通过政策引导、市场参与的方式，推动农商互联，促进农产品流通企业与新型农业经营主体进行全面、深入、精准对接，重点加强农产品产后商品化处理等流通设施建设，不断提高订单农业、产销一体、股权合作等长期稳定农产品流通模式在农产品流通中的比重，实现联产品、联设施、联标准、联数据、联市场，打造上联生产、下联消费，利益紧密联结、产销密切衔接、长期稳定的新型农商关系，构建符合新时代农产品流通需求的农产品现代供应链体系，提升农产品供给质量和效率。

二、支持对象

（一）订单农业主体。是指签订长期（2 年以上）农产品采购协议，发展订单农业的农产品流通企业或新型农业经营主体。

（二）产销一体主体。包括通过建立自有、合作生产基地等方式，向生产环节延伸产业链条，实现“销＋产”一体化经营的农产品流通企业；通过直接设立销售门店或在批发市场、超市、菜市场等场所设立销售专档、专柜、专区等各种方式，向销售环节延伸产业链条，实现“产＋销”一体化经营的新型农业经营主体。

（三）股权投资合作主体。是指农产品流通企业和新型农业经营主体通过参股控股、兼并收购等多种方式形成产销优势互补、风险利益共担共享的股权投资合作企业。

三、支持内容

支持采取订单农业、产销一体、股权投资合作经营模式的农产品流通企业或新型农业经营主体结合自身实际情况，重点围绕本地特色优势农产品供应链体系的短板和薄弱环节，不断完善基础设施，创新应用新模式、新技术，推动农商互联互动，提升农产品供应链质量和效率。

（一）加强产后商品化处理设施建设。在产地就近建设改造具有产后商品化处理功能的产地集配中心、冷库、产地仓等设施，配备产后清洗、加工、预冷、烘干、质检、分级、包装、冷藏等设备，补齐农产品供应链“最初一千米”短板，提高农产品商品化处理和错峰销售能力。鼓励新型农业经营主体、农产品流通企业加强产地移动型、共享型商品化处理设施建设，提高商品化处理设施设备使用效率。

（二）发展农产品冷链物流。支持农产品流通企业或新型农业经营主体推广现代冷链物流管理理念、标准和技术，建设具有集中采购和跨区域配送能力的农产品冷链物流集散中心，配备预冷、低温分拣加工、冷藏运输、温度监控等冷链设施设备，建立覆盖农产品加工、运输、储存、销售等环节的全程冷链物流体系。

（三）提升供应链末端惠民服务能力。支持农产品流通企业或新型农业经营主体建设或改造农贸市场、菜市场、社区菜店等农产品零售市场，完善末端销售网络，发展联合采购、统仓统配等模式，降低流通成本，提升便民惠民服务功能。

（四）提升标准化和品牌化水平。建立覆盖本地特色优势农产品种养加工、检验检测、质量分级、标识包装、冷链物流、批发零售等各环节，国标、地标、团标、企标有机结合的全产业链标准体系，推动标准推广应用，打造一批地域特色突出、产品特性鲜明的区域公用品牌，开展品牌推广，提升标准化、品牌化水平。

（五）优化重点步行街的农产品供应链产销对接功能。建设智慧街区，优化农商互联对接，提升步行街展示和产销对接功能，引进与农产品供应链相关的经营主体，扩大农产品品牌影响。

四、中央财政支持政策

（一）支持原则。中央财政资金支持，主要立足于弥补市场失灵，做好基础性、公共性工作，发挥中央财政资金对社会资本引导作用，支持农产品供应链体系的薄弱环节和重点领域。各地中央财政资金支持农产品产后商品化处理设施和冷链物流的比例不得低于70%。

（二）支持标准。对确定支持的省（区、市），每个省（区、市）支持2亿元。资金分两年安排，2019年每省（区、市）支持1亿元，2020年根据工作开展情况再拨付剩余资金。

（三）支持方式。各地可采用《中央财政服务业发展资金管理办法》（财建〔2019〕50号）规定方式对符合要求的企业和单位予以支持，鼓励按照“菜单式、全公开、可追溯、问绩效”的方式管理，强化绩效评价结果运用，更多采用以事后绩效评价结果为依据的“以奖代补”方式。有条件的省（区）可根据本地实际，以市、县或生产消费集中连片区域为范围统筹组织开展工作，打造覆盖农产品分级、预冷、包装、运输、销售等各环节，产销密切衔接、利益紧密联结农产品供应链条。鼓励创新财政政策，支持跨区域联动项目，对在外地注册法人但在本地有实体的非法人机构，及在本地注册法人但在周边地区建设实体的机构，可在本地申报项目。省级主管部门要加强项目管理，杜绝同一项目重复申报、重复支持。

五、有关工作要求

（一）高度重视，切实加强组织领导。省级主管部门要充分认识推动农商互联、完善农产品供应链工作的重要意义，切实加强组织领导和顶层设计，建立财政、商务等多部门参与的工作协调机制，结合地方实际细化目标任务，明确责任分工，制定详细的实施步骤和时间进度安排，加强统筹协调，确保工作顺利推进。

（二）科学谋划，尽快编报实施方案。有意愿省（区、市）结合本地情况，制定实施方案，于5月15日前报商务部、财政部。实施方案应思路清晰、重点突出、目标明确、措施有效、责任明确、数字翔实，具体包括以下内容：一是农产品供应链发展现状；二是绩效目标表（附件2）、任务内容、资金支持重点、资金管理、时间进度安排、工作机构及保障措施等内容。三是其他认为有必要、符合实际的事项。各省上报实施方案时应同步上报分区域绩效目标，并确保目标清晰、指标科学可衡量。商务部、财政部组织开展评审，以竞争性择优方式确定支持的省（区、市）。确定支持的省份按照本通知要求和制定的实施方案组织开展工作。

（三）落实责任，严格资金项目监管。各级主管部门应按照全面实施预算绩效管理的要求，做好事前绩效评估、绩效目标管理和绩效监控、绩效评价等全过程绩效管理工作。省级主管部门是农商互联工作的责任主体，要严格落实主体责任，认真履行对本地区有关项目申报、评审、执行、验收、绩效自评等职能，建立健全资金及项目管理制度，完善事前、事中和事后全过程预算绩效管理体系，切实保障财政资金的安全和效率。支持对象要有较强实力、较好基础，社会责任感强，带动作用大。省级主管部门要及时上报工作进展情况，于每个季度首月10个工作日前将上季度资金拨付及项目进展情况表（附件1）报财政部、商务部，于2020年3月31日前将工作中期进展情况进行自评，形成自评报告报商务部、财政部。省级主管部门应在工作结束后进行综合绩效自评，并于3个月内形成绩效评价报告报商务部、财政部。商务部、财政部将适时委托第三方机构对工作开展情况和成果进行绩效评价（绩效评价指标体系见附件3）

（四）强化总结，做好宣传引导工作。省级主管部门要及时跟进工作进展情况，总结发现工作推进过程中出现的先进经验和典型案例，重点总结机制创新、政策创新、模式创新等经验成果，加大典型案例宣传和推广力度，扩大政策效果，推动工作成效由点到面扩展。

附件：1. 资金拨付及项目进展情况表
　　　2. 区域绩效目标表
　　　3. 绩效评价指标体系

财政部办公厅
商务部办公厅
2019年5月5日

附件 1

资金拨付及项目进展情况表

填表单位：　　　填表时间：　　　填表人：　　　联系方式：

<table>
<tr><td colspan="10">总体情况</td></tr>
<tr><td colspan="2">资金使用情况</td><td colspan="3">累计拨付企业________万元
结存省级财政________万元
结存市级财政________万元
结存县级财政________万元</td><td>项目建设情况</td><td colspan="4">合计支持项目________________个
其中：已完成验收项目________个
已建成待验收项目__________个
在建项目________________个</td></tr>
<tr><td colspan="10">具体项目情况</td></tr>
<tr><td>序号</td><td>项目承建单位</td><td>项目名称</td><td>项目所属方向</td><td>项目所在地（具体到区、县）</td><td>项目建设内容</td><td>中央财政计划支持金额（万元）</td><td>中央财政资金已拨付（万元）</td><td>项目状态（在建、完工、已验收）</td><td>项目联系人及联系方式</td></tr>
<tr><td></td><td></td><td></td><td></td><td></td><td></td><td></td><td></td><td></td><td></td></tr>
<tr><td></td><td></td><td></td><td></td><td></td><td></td><td></td><td></td><td></td><td></td></tr>
<tr><td></td><td></td><td></td><td></td><td></td><td></td><td></td><td></td><td></td><td></td></tr>
<tr><td></td><td></td><td></td><td></td><td></td><td></td><td></td><td></td><td></td><td></td></tr>
<tr><td></td><td></td><td></td><td></td><td></td><td></td><td></td><td></td><td></td><td></td></tr>
<tr><td></td><td></td><td></td><td></td><td></td><td></td><td></td><td></td><td></td><td></td></tr>
<tr><td></td><td></td><td></td><td></td><td></td><td></td><td></td><td></td><td></td><td></td></tr>
<tr><td></td><td></td><td></td><td></td><td></td><td></td><td></td><td></td><td></td><td></td></tr>
<tr><td></td><td></td><td></td><td></td><td></td><td></td><td></td><td></td><td></td><td></td></tr>
</table>

附件 2

区域绩效目标表

（2019 年度）

<table>
<tr><td>专项名称</td><td colspan="4">服务业发展资金——供应链体系建设</td></tr>
<tr><td>主管部门</td><td colspan="4"></td></tr>
<tr><td>资金情况
（万元）</td><td colspan="4"></td></tr>
<tr><td rowspan="2">总体目标</td><td colspan="4">年度目标</td></tr>
<tr><td colspan="4">目标 1：农产品流通成本明显降低，流通效率明显提高，产销对接更加顺畅。
目标 2：农产品产后商品化处理水平明显提高。
目标 3：农产品流通企业与新型农业经营主体利益联结更加紧密，产销衔接更加密切。</td></tr>
<tr><td rowspan="8">绩效指标</td><td>一级指标</td><td>二级指标</td><td>三级指标</td><td>指标值</td></tr>
<tr><td rowspan="4">产出指标</td><td rowspan="3">数量指标</td><td>围绕本地特色农产品形成的产销一体化农产品供应链条数</td><td>≥4</td></tr>
<tr><td>项目实施主体（地区）农产品产地商品化设施使用率</td><td>提高 30%以上</td></tr>
<tr><td>项目实施主体（地区）农产品冷藏仓储能力</td><td>提高 30%以上</td></tr>
<tr><td>质量指标</td><td>形成全链条标准化的农产品品种数量</td><td>≥2</td></tr>
<tr><td rowspan="2">效益指标</td><td>经济效益指标</td><td>项目带动农民收入水平</td><td>提高 5%以上</td></tr>
<tr><td>社会效益指标</td><td>建设改造农贸市场、社区菜市场等零售网点数量</td><td>≥40</td></tr>
<tr><td>满意度指标</td><td>服务对象满意度</td><td>消费者对农产品便民销售情况满意度</td><td>≥80%</td></tr>
</table>

注：此表为参考格式表。

附件 3

绩效评价指标体系

一级指标	二级指标	三级指标	分值	评分标准	评价文件材料	备注
合计			100			
工作组织（20分）	组织机构	建立工作协调机制	3	建立工作协调机制，并由分管领导（省级）牵头3分； 建立工作协调机制，但非分管领导（省级）牵头1分； 未建立工作协调机制0分	相关文件证明材料	
		明确责任分工	3	明确各级责任人，并将职责落实到位3分； 明确了部分责任人，落实部分职责1分； 责任人不明确，责任未落实0分	相关文件证明材料	
	制度保障	建立资金管理制度	2	有符合相关文件要求的专项资金管理制度2分； 未制定专项资金管理制度0分	相关文件证明材料	
		建立项目管理制度	2	建立完善的项目管理制度2分； 未建立项目管理制度0分	相关文件证明材料	
		建立监督检查和责任追究机制	2	建立监督检查和责任追究机制2分； 未建立监督检查和责任追究机制0分	相关文件证明材料	

（续）

一级指标	二级指标	三级指标	分值	评分标准	评价文件材料	备注
工作组织（20分）	动态跟踪	建立工作台账制度	2	建立工作台账制度2分； 未建立工作台账制度0分	相关文件证明材料	
		及时报送工作进展	3	按时上报季度工作进展和绩效自评报告3分； 没按时上报工作进展和绩效自评报告1分； 没有上报工作进展和绩效自评报告0分	上报证明材料	
		建立完整的项目档案材料	3	项目档案材料完整3分； 项目档案材料基本完整1分； 无项目档案材料或缺失较多0分	档案材料	
工作进展（24分）	前期准备	制定科学可行的实施方案	2	实施方案科学可行，符合文件精神和本地实际2分； 实施方案基本可行，符合文件精神和本地实际1分； 实施方案不可行，不符合文件精神或本地实际0分	实施方案材料	
		资金及项目安排情况	2	按程序及时公示资金及项目安排情况2分； 部分公示或未及时公示1分； 未进行公示0分	公示文件材料及可证明公示的材料（如照片、截图等）	

（续）

一级指标	二级指标	三级指标	分值	评分标准	评价文件材料	备注
工作进展（24分）	工作进度	资金拨付进度	10	全部拨付使用10分； 其他按照10分×资金拨付使用率计算	财政资金收拨款明细表、项目单位财政资金收支明细表等	
		项目建设进度	10	全部建成并完成验收10分； 其他按照10分×项目完成验收比例计算	支持项目信息表、项目完成及验收进度证明材料等	
资金支持和政策保障（10分）	资金支持	地方财政资金支持情况	2	地方财政安排资金支持专项工作2分； 地方财政未安排资金支持专项工作0分	相关文件证明材料	
		带动社会资本投入	4	带动社会投入达到中央财政资金10倍及以上4分； 带动社会投入达到中央财政资金4～10倍2分； 带动社会投入达到中央财政资金不足4倍0分	有关项目总投资和中央财政资金支持数额材料	
	政策保障	营造良好政策环境	4	在土地、税收、通行等方面出台支持政策4分； 未出台支持政策0分	相关文件证明材料	
工作成效（46分）	供应链建设	围绕本地优势特色农产品形成采取订单农业、产销一体、股权投资合作等形式的农产品供应链条	8	形成10条及以上8分； 形成5～10条6分； 形成1～4条2分； 没有形成0分	产品品种、供应链主体、生产基地、销售终端等情况材料	

（续）

一级指标	二级指标	三级指标	分值	评分标准	评价文件材料	备注
工作成效（46分）	基础设施支撑能力	项目实施主体（地区）农产品产地商品化设备使用率	8	平均提高50%及以上8分； 平均提高30%～50%6分； 平均提高10%～30%2分； 平均提高10%以下0分	产地商品化设备使用率=使用设备处理量/农产品年产量×100%	
		项目实施主体（地区）农产品冷藏仓储能力	8	平均提高50%及以上8分； 平均提高30%～50%6分； 平均提高10%～30%2分； 平均提高10%以下0分	冷库和仓储库容与项目实施前增加的幅度	
		供应链末端惠民服务能力	8	建设改造农贸市场、菜市场、社区菜店等零售市场网点80个及以上8分；70～80个7分；60～70个6分；50～60个5分；40～50个4分；30～40个3分；20～30个2分；10～20个1分；10个以下0分	相关文件证明材料	
		项目实施主体（地区）采取订单农业、产销一体、股权合作等长期稳定流通模式占比	6	平均提高10个百分点及以上6分； 平均提高5～10个百分点3分； 平均提高1～5个百分点%1分； 平均提高1个百分点及以下0分	项目实施主体（地区）采取订单农业、产销一体、股权合作等长期稳定流通模式的农产品交易额在项目实施主体（地区）农产品总交易额中的占比	

（续）

一级指标	二级指标	三级指标	分值	评分标准	评价文件材料	备注
工作成效（46分）	标准化	完善标准体系	3	针对5种及以上农产品形成全产业链条标准体系3分； 针对2种及以上农产品形成全产业链条标准体系1分； 2种以下0分	标准文本材料	
	经验模式推广	在推动农商互联，完善农产品供应链方面形成可复制推广的先进经验和典型案例	5	形成先进经验，并在其他地区复制推广5分； 形成先进经验，但尚未在其他地区复制推广2分； 未形成先进经验0分	先进经验和典型案例及复制推广文字、视频等材料	

政策三　商务部办公厅　财政部办公厅关于疫情防控期间进一步做好农商互联完善农产品供应链体系的紧急通知

内蒙古、辽宁、黑龙江、江苏、浙江、山东、河南、湖北、湖南、广东、广西、重庆、四川、贵州、陕西商务、财政主管部门：

2019年，财政部办公厅、商务部办公厅印发《关于推动农商互联完善农产品供应链的通知》（财办建〔2019〕69号，以下简称《通知》），在两年内支持农产品流通企业与新型农业经营主体进行深入对接，构建农产品现代供应链。为贯彻落实党中央、国务院决策部署，充分发挥中央财政资金效益，支持做好新型冠状病毒感染肺炎疫情（以下简称疫情）防控期间农产品市场供应，现就有关事项紧急通知如下：

一、高度重视，支持农产品流通企业做好应急保供工作

农产品批发市场、生鲜超市、菜市场、农产品仓储物流企业等流通企业是疫情防控期间保障生活必需品供应、促进价格稳定的重要载体。各地要在《通知》基础上，根据本地疫情防控需要，视情增加支持农产品市场保供的方向，

中央财政资金在同等条件下，向在疫情防控中承担保供任务的农产品流通企业倾斜，支持做好货源组织、储备和对接调运，确保蔬菜等重要农产品供应链不断链，切实保障市场供应。

二、因地制宜，科学制定资金支持方案

各地可根据本地实际情况，在2019—2020年服务业发展资金支持农商互联工作事项中合理安排一定比例资金用于支持保供工作，相关资金不受《通知》中70%资金比例用于支持产地商品化处理设施和农产品冷链物流的限制。支持方向主要包括农产品流通企业在承担保供任务中发生的运费、租金、保供储备、冷链、防疫以及供应链中断恢复过程中发生的相关费用补贴，具体支持方向、方式、比例及标准由省级商务和财政主管部门确定，有关支持方案报商务部、财政部备案。

三、突出重点，切实发挥保供作用

中央财政支持疫情防控期间市场保供，目的是调动农产品流通企业积极性，做好蔬菜等生活必需品市场保供工作。各地要认真制定支持方案，重点支持有较强实力，疫情防控期间发挥保供作用大，尤其是对湖北、广东、浙江等保供任务较重的地区发挥突出作用的企业。要严格落实主体责任，建立健全资金管理制度，完善事前、事中和事后全过程监管，在应急需要时及时拨付使用，务必保障财政资金的使用效率和安全。此前已经确认支持的农商互联项目和资金，继续按照《通知》要求执行。

各有关省份商务、财政主管部门要统一思想，提高站位，积极行动，主动作为，全力支持、引导农产品流通企业做好疫情防控期间市场保供工作，有关问题和情况及时上报。

商务部办公厅

财政部办公厅

2020年2月11日

政策四　商务部办公厅　发展改革委办公厅 中华全国供销合作总社办公厅 关于进一步推动农商互联 助力乡村振兴的通知

各省、自治区、直辖市、计划单列市及新疆生产建设兵团商务主管部门、发展

改革委、供销合作社：

为贯彻落实党中央、国务院决策部署，按照《商务部等17部门关于加强县域商业体系建设促进农村消费的意见》《发展改革委等30部门关于继续大力实施消费帮扶巩固拓展脱贫攻坚成果的指导意见》有关要求，进一步做好“十四五”时期农商互联和农产品产销对接工作，促进农民收入和农村消费双提升，现将有关事项通知如下：

一、强化监测分析和信息引导

深入产区开展调查研究，积极探索应用移动互联网、物联网、大数据、云计算等现代信息技术，针对不同农产品市场需求和行情，及时掌握本地区重点鲜活农产品种养殖规模变化、市场价格波动、主销区市场分布和差异化需求等情况，加强动态跟踪和会商分析，提前制定销售预案，落实销售渠道。强化与农业农村等相关部门的动态协作，及时发布农产品供应、需求、价格等动态信息，引导农户合理调整农产品种植品种、面积。同时，加强在田农产品品种、播种面积、产量、上市时间等信息调查，为农产品销售提供服务。

二、加强农产品流通基础设施建设

推进农产品流通骨干网络建设，优化县域农产品市场、物流基地布局，提升产地批发和零售等环节功能，促进流通节点有效衔接，完善跨区域产销链条。合理规划布局冷链物流设施，加大对农产品预冷、分拣、包装等集配设施推广力度，用好用足各类财政资金，支持农产品产地建设一批冷藏库、移动冷库等基础设施。引导供销及各类企业把服务网点延伸到脱贫村，有条件的地区，依托供销合作社县域城乡融合综合服务平台，完善冷链物流设施，对集中上市农产品进行错峰调节。

三、提升农产品收储加工能力

统筹发展农产品初加工、精深加工和综合利用加工，推动脱贫地区由卖“原字号”向卖制成品转变，把增值收益更多留在县域。积极发展农产品初加工，扶持各类农产品生产经营主体和流通企业建设保鲜、贮藏、分级、包装等产地初加工设施设备，减少产后损失，延长供应时间。引导食品加工企业与生产主体建立紧密的合作关系，采取腌制、脱水、密封杀菌等加工技术进行精深加工，延长货架期，增加附加值。

四、畅通农产品物流运输通道

完善县乡村三级物流体系，鼓励农村物流企业主动对接基层供销合作社、家庭农场、农民合作社、农业产业化龙头企业等，为农产品上行提供专业物流服务。支持农产品产地发展“电子商务＋产地仓＋快递物流”模式，提高农产品上行效率。充分利用供销合作社县域网点、仓储和配送资源，积极推行“一点多能、一网多用”，提高物流配送效率。主动协调相关行业主管部门，全力畅通省内省际农产品运输渠道，确保鲜活农产品“绿色通道”政策应享尽享。

五、健全农产品流通企业产销衔接机制

推动农产品批发市场转型升级，加快发展以批发交易为核心的城市集配中心，实现由单一交易向交易、加工、仓储、配送多功能于一体的物流中心转变，增强流通主渠道销售带动能力。鼓励超市扩大生产基地直采规模，进一步推广股份合作、生产托管等模式，强化对农民合作社种养殖、初加工等环节的指导，推动大型连锁超市与新型经营主体建立稳定、紧密、互利的利益联结关系。支持生鲜电商企业、垂直型生鲜电商通过直接投资、参股控股、兼并收购等多种方式，与生产主体形成产销优势互补、风险利益共担共享的投资合作关系，建立以“产地＋中心仓＋前置仓”为代表的生产服务体系，带动农产品分级、包装、预冷标准化。

六、防范化解脱贫地区农产品滞销风险

把应季集中上市农产品销售情况作为防止返贫动态监测的重要内容，对因价格波动、产品滞销等出现产业发展困难的脱贫户、边缘户，及时开展有针对性帮扶。深化特色农副产品进机关、进学校、进医院、进服务区、进金融机构等活动，鼓励食堂、内部商超等签订直供直销和长期供货合同，推动在同等条件下优先帮助脱贫地区产品销售。坚持并完善东西部协作机制，将主产区和主销区定向对接采购作为东西部协作和对口支援重要内容，强化以企业合作为载体的帮扶协作。帮扶省市主管部门要鼓励支持本地区各级机关、民营企业、社会组织和个人积极通过“832 平台”等渠道购买受援地产品和服务。受援地商务主管部门要主动对接帮扶省市农产品需求，形成符合标准产品的持续、稳定供应能力。

七、深化农村电商兴农助农频道帮扶

建设区域电商兴农助农频道，省级主管部门要结合本地实际开通本地电商兴农助农频道，选取符合条件的电商平台、直播电商、社区电商等企业加入，联合频道企业定期开展公益帮扶活动。完善本地化商品和服务流通体系，推动脱贫地区加快完善县域农村电子商务服务体系，充分发挥电商公共

服务中心等综合性服务机构的作用，培育本地电商服务企业，发展农村物流，丰富帮扶手段，保护农户利益。提高对接电商销售渠道能力，指导脱贫地区根据本地资源禀赋和产业特点，结合大型电商企业提供的标准化对接手册，因地制宜、梳理出具有相对优势的农产品、乡村旅游、民族产品等。规范产品的标准化生产流程和采后商品化处理流程，并向本地合作社、农户等推广，提高农村产品的品质控制和标准化水平，不断增强合作社、农户等对接频道的能力。

八、强化农产品市场公益功能保障

综合采取产权回购、现代化升级改造、购买服务等方式，逐步强化现有农产品批发市场、城市零售市场的公益性，有效降低交易费、摊位费等成本。对于新建农产品市场，通过参股入股、土地使用权作价入股、公建配套等方式，实行委托经营，企业按政府要求发挥公益功能。鼓励各级供销合作社企业积极承担由政府控股的农产品批发市场的建设、运营和管理。使用各级财政资金进行市场改造建设的经营主体要与政府签订协议，明确财政资金的用途和要求，逐步增强政府的调控能力。

九、组织开展形式多样的产销对接活动

立足扩大内需的战略基点，积极举办对接会、展览会、交易会、洽谈会等各类形式的产销对接活动，搭建线上线下产销对接平台，组织农产品生产和流通主体交流衔接，不断扩大消费规模。农产品主产区主管部门应根据产品销售需要，到销区举办各类宣介推广活动，提升本地优质农产品品牌知名度，拓展农产品外销渠道。销区主管部门应根据本地农产品消费需求，组织流通主体到农产品主产区联系采购，稳定供货渠道和货源，保障市场供应。商务部、供销合作总社每年举办全国农产品产销对接活动，有关省（区、市）商务主管部门、供销合作社应组织产销双方积极参与，及时上报跨区域协调等业务需求。

十、推广订单农业、产销一体等长期稳定对接模式

鼓励龙头企业、电商企业、农产品批发市场、大型超市采取“农户＋合作社＋企业”等模式，签订长期农产品采购协议，大力发展订单农业。引导从事农产品批发、运销、经纪的各类经营主体，通过建立自有、合作生产基地等方式，向生产环节延伸产业链条，形成以利益联结为核心的产销合作关系。支持专业大户、家庭农场、农民合作社等新型生产主体，通过直接开设销售门店或在农产品批发市场、超市、菜市场等场所设立销售专区等各种方式，向销售环

节延伸产业链条，实现“产+销”一体化经营。

十一、切实做好应急保供工作

各地主管部门要结合本地区气象特征，主动研究自然灾害发生规律，密切关注疫情动态，提前研判，探索符合本地实际的特殊时期应急保供处置方式。综合考虑节点功能、地理位置、产销规模等因素，整合接受过中央财政资金支持的农产品流通企业资源，确定一批本地区农产品骨干批发市场和骨干流通企业，建立骨干队伍名录，增强应急处理和对接调运能力。支持供销合作社建设县域生活生产物资应急储备中心，做好重要商品物资的稳价保供工作。如遇灾害、疫情等突发情况，各地主管部门要迅速摸清本地区农产品需求缺口、主要流通渠道等基本情况，组织农产品批发、零售企业与周边农产品主产区对接，尽快稳定供货渠道和货源，扩大居民日常消费主要品种临时收储规模和投放力度，确保市场供应。农产品零售网点受损的，要在抓紧恢复重建的同时，设置临时销售场所，便利居民消费。其他地区主管部门要做好应急准备，在确保本地区农产品充足供给的基础上，为受灾或受疫情影响地区农产品供应和调运提供便利。

十二、坚持目标导向、强化组织保障

各地主管部门要坚持目标导向、问题导向，在巩固脱贫攻坚成果同乡村振兴有效衔接的背景下整体谋划产销对接工作，在县域商业建设行动中统筹推进产销对接工作，以新型农业生产经营主体培育和骨干队伍建设为抓手，进一步提高对接效率、市场化运营能力及营销服务水平，充分发挥区域特色农产品对产业振兴的带动作用。要着力推动应季采购与长效对接相结合，加快形成市场主导、政府引导、社会参与、生产流通消费顺畅衔接的农商互联模式，力争到2025年，农产品营销渠道进一步拓宽，产销合作关系进一步稳固，初步建立起有形和无形结合、线上和线下融合、产地和销地匹配，畅通高效、长期稳定的农产品产销对接机制，防范化解农产品滞销卖难风险，提升服务“三农”和民生保障能力。

有关部门要在产销对接扶贫部门协作机制基础上，不断细化实化任务分工，夯实工作基础，加强协同配合，形成工作合力。要广泛动员各方力量，进一步加强产销对接常态化机制建设，不断丰富对接的形式、载体和内容，增强产销对接工作成效。各省级商务主管部门要加强工作计划和总结，明确年度产销对接工作的时间表、路线图，并于每年11月30日前，将本年度农产品产销对接工作进展情况、相关统计数据和下一步工作计划通过商务部“网站业务统一平台—全国农产品流通体系建设管理应用—管理端”在线填报。各省级供销合作社要将本系统年度推进农产品产销对接工作情况、相关数据和下一年度计划在每年年底前报送至供销合作总社（经济发展与改革部）。

附件：1. 产销对接活动开展情况明细表（略）
2. 长期稳定产销对接关系明细表（略）
3. 建立销售专档、专柜、专区明细表（略）

商务部办公厅
发展改革委办公厅
中华全国供销合作总社办公厅
2021 年 9 月 28 日

政策五 商务部等 17 部门 关于加强县域商业体系建设促进农村消费的意见

各省、自治区、直辖市人民政府，新疆生产建设兵团：

建设县域商业体系是全面推进乡村振兴、推动城乡融合发展的重要内容，是畅通国内大循环、全面促进农村消费的必然选择，是落实以人民为中心发展思想、满足人民对美好生活向往的客观要求。近年，我国县域商业发展迅速，在脱贫攻坚和乡村振兴中发挥了积极作用。但总的看，县域商业发展依然滞后，商品和服务供给不足，与构建新发展格局要求还存在差距。为加强县域商业体系建设，推动农村消费提质扩容，经国务院同意，现提出以下意见。

一、总体要求

（一）指导思想。以习近平新时代中国特色社会主义思想为指导，深入贯彻党的十九大和十九届二中、三中、四中、五中全会精神，认真落实党中央、国务院决策部署，立足新发展阶段，贯彻新发展理念，构建新发展格局，充分发挥市场在资源配置中的决定性作用，更好发挥政府作用，分层分类，因地制宜，实事求是，以渠道下沉和农产品上行为主线，推动资源要素向农村市场倾斜，完善农产品现代流通体系，畅通工业品下乡和农产品进城双向流通渠道，推动县域商业高质量发展，实现农民增收与消费提质良性循环。

（二）发展目标。“十四五”时期，实施“县域商业建设行动”，建立完善县域统筹、以县城为中心、乡镇为重点、村为基础的农村商业体系。到 2025 年，在具备条件的地区，基本实现县县有连锁商超和物流配送中心、乡镇有商贸中心、村村通快递，年均新增农村网商（店）100 万家，培育 30 个国家级农产品产地专业市场，经营农产品的公益性市场地市级覆盖率从40%提高到60%。

二、健全农村流通网络

（一）完善县城商业设施。把县域作为统筹农村商业发展的重要切入点，强化县城综合商业服务能力，推动县乡村商业联动。改造提升县城综合商贸服务中心和物流配送中心。鼓励城市大型流通企业拓展农村市场，共建共享仓储等设备设施，示范带动中小企业发展。（商务部、各省级人民政府等负责）

（二）建设乡镇商贸中心。鼓励企业通过自建、合作等方式，建设改造一批乡镇商贸中心，推动购物、娱乐、休闲等业态融合，改善乡镇消费环境。引导乡镇商贸中心向周边农村拓展服务，满足农民消费升级需求。（商务部、住房城乡建设部、各省级人民政府等负责）

（三）改造农村传统商业网点。鼓励商贸流通企业输出管理和服务，通过技术赋能、特许经营、供应链整合等方式，改造夫妻店等传统网点，发展新型乡村便利店。丰富村级店快递收发、农产品经纪等服务，满足农民便利消费、就近销售需求。支持邮政企业建设村级邮政综合服务站点，支持符合条件的农村加油点升级改造为加油站。（商务部、邮政局、中华全国供销合作总社、中国邮政集团有限公司等按职责分工负责）

三、加强市场主体培育

（四）支持企业数字化、连锁化转型。培育县域重点商贸流通企业，引导企业通过组织创新、资源整合做强做大。引导供销、邮政、快递和农村传统商贸流通企业运用5G、大数据、人工智能等技术，强化数据驱动，推动产品创新数字化、运营管理智能化、为农服务精准化，加快转型升级。支持发展直营连锁、加盟连锁等经营模式，鼓励品牌连锁流通企业通过连锁或股权加盟，促进县乡村商业网络连锁化。（商务部、工业和信息化部、邮政局、中华全国供销合作总社、中国邮政集团有限公司等按职责分工负责）

（五）培育农村新型商业带头人。鼓励各地开展新型商业带头人培育计划。举办创业创新和技能大赛，挖掘农村商业人才。利用县级电子商务公共服务中心、师资团队等县域资源开展品牌设计、市场营销、电商应用等专业培训，强化实操技能，提高就业转化率。引入县域外智力、人力资源，加强跨区域人员交流学习，提升对返乡农民工、大学生、退役军人等的就业创业服务水平。依托国家电子商务示范基地、全国电子商务公共服务平台，加快建立农村电商人才培养载体和师资、标准、认证体系。推广农村商业网络公开课，共享培训资源。（商务部、农业农村部、教育部、人力资源社会保障部、退役军人部、全

国妇联、中华全国总工会、共青团中央等按职责分工负责）

（六）壮大新型农业经营主体。实施家庭农场培育计划，把规模经营户培育成有活力的家庭农场。扎实开展农民合作社规范提升行动，鼓励以家庭农场为主要成员组建农民合作社，支持农民合作社联合社发展。培育壮大农业专业化社会化服务组织，支持开展面向小农户和粮食等大宗农产品生产关键薄弱环节的统防统治、代耕代收等服务。建设区域性农业全产业链综合服务中心。（农业农村部负责）

四、丰富农村消费市场

（七）开发适合农村市场的消费品。通过大型商贸流通企业、电商平台大数据分析，了解农民消费特征，支持消费领域平台企业挖掘市场潜力，增加优质产品和服务供给。以农民需求为导向，鼓励生产企业开发适合农村市场的日用消费品、大家电、家居、汽车等，促进农村耐用消费品更新换代。完善农村道路、水、电（充电桩）、通信等基础设施，改善耐用消费品等使用环境。（工业和信息化部、交通运输部、水利部、发展改革委、商务部、能源局、各省级人民政府等负责）

（八）优化农村生活服务供给。引导社会资本加大投入，加快建立完善县乡村协调发展的生活服务网络。依托乡镇商贸中心、农村集贸市场等场所，提供餐饮、亲子、洗浴、健身等服务。利用村民活动中心、夫妻店等场所，提供理发、维修、废旧物资回收等便民服务。鼓励城镇市场主体到乡村设点，直接向农民提供服务，缩小城乡居民服务消费差距。（商务部、各省级人民政府等负责）

（九）提升县域文旅服务功能。鼓励文旅、民俗等资源丰富的乡镇推动商旅文娱体等融合发展，吸引城市居民下乡消费。鼓励客栈酒店提供文旅服务，配合全国乡村旅游重点村镇、全国优选乡村民宿名录和森林景区建设，发展乡村民宿、自驾车旅居车营地、木屋营地、帐篷营地等，完善生活服务配套设施，提升服务水平。合理开发利用农耕文化遗产，培育乡村特色文化产业，建设一批特色文化产业村镇和文化产业群。推出一批休闲农业和乡村旅游精品路线，打造乡村休闲旅游聚集区，建设美丽休闲乡村和全国休闲农业重点县。创新举办特色农事节庆活动，发展会展经济，促进特色农产品销售。（文化和旅游部、农业农村部、乡村振兴局、商务部等按职责分工负责）

五、增强农产品上行能力

（十）提升农产品供给质量。建设国家粮食安全产业带。统筹推进现代农业产业园、农业产业强镇和优势特色产业集群建设，继续抓好特色农产品优势区，推动加工、仓储、物流等向主产区布局，实现产购储加销衔接配套。实施农业生产“三品一标”提升行动，加快推进品种培优、品质提升、品牌打造和标准化生产。加强农产品质量安全监管，稳步推进绿色农产品、有机农产品和地理标志农产品认证，全面试行食用农产品达标合格证制度。（发展改革委、农业农村部、粮食和储备局等按职责分工负责）

（十一）提高农产品商品化处理能力。支持产地建设改造具有产后商品化处理功能的集配中心、产地仓等，鼓励研发应用产后初加工、精深加工设施设备。支持农民合作社、家庭农场、中小微企业等发展农产品产地初加工，培育一批生产标准、技术集成、管理科学的农产品初加工企业。鼓励龙头企业和产业园区开展农产品精深加工，拓展延伸产业链，提升产品附加值。（农业农村部、乡村振兴局、商务部等按职责分工负责）

（十二）加强农业品牌培育。建设完善农业品牌标准体系，塑强一批精品区域公用品牌，带动企业品牌和农产品品牌协同发展。深入推进中国农业品牌目录制度，发布消费索引。挖掘品牌内涵，讲好品牌故事，创新品牌营销，支持流通企业、电商平台等开设品牌农产品销售专区，培育农产品网络品牌，促进品牌农产品销售。（农业农村部、商务部等按职责分工负责）

六、完善农产品市场网络

（十三）加快发展产地市场体系。推进以国家级农产品产地专业市场和田头市场为核心的产地市场建设，形成与农业生产布局相适应的产地流通体系。认定一批国家级农产品产地专业市场，提升价格形成、信息服务、物流集散、品牌培育、科技交流、会展贸易等主要功能。加快推进田头市场建设，促进小农户与大市场的有效对接。（农业农村部、商务部等按职责分工负责）

（十四）提高农产品市场公益性保障能力。各地要通过土地作价、投资建设、财政入股、购买服务等方式，支持经营农产品的公益性批发市场建设，增强保供稳价和综合服务能力。采取入股参股、产权回购回租、公建配套等方式，建设改造产地市场、农贸市场、菜市场等，提高便民服务水平。各地要与财政资金支持的农产品市场签订协议，明确市场公益性职责，持续增强民生保障能力。（商务部、农业农村部、自然资源部、中华全国供销合作总社、各省级人民政府等负责）

（十五）完善农产品流通骨干网。以农产品主产区、重要集散地和主销区为基础，提升产地初加工、批发和零售等环节功能，促进流通节点有效衔接，完善跨区域产销链条。综合考虑节点功能、地理位置、产销规模等因素，确定一批全国农产品骨干批发市场和骨干流通企业，带动农产品生产、运输、仓储、流通、消费等各环节信息互联互通、设施共用共享。（商务部、发展改革

委、农业农村部、中华全国供销合作总社、中国邮政集团有限公司等按职责分工负责）

（十六）加快补齐冷链设施短板。实施农产品仓储保鲜冷链物流设施建设工程，支持新型农业经营主体建设规模适度的产地冷藏保鲜设施，加强移动式冷库应用，发展产地低温直销配送中心。加强农产品批发市场冷链设施建设。引导生鲜电商、邮政、快递企业建设前置仓、分拨仓，配备冷藏和低温配送设备。推动农产品冷链技术装备标准化，推广可循环标准化周转箱，促进农产品冷链各环节有序衔接。科学布局农产品骨干冷链物流基地，提高冷链物流规模化、集约化、组织化、网络化水平。进一步加强冷链设施建设指导，新建设施要落实疫情防控要求，结合实际预留消杀防疫空间。（发展改革委、农业农村部、商务部、交通运输部、市场监管总局、卫生健康委、住房城乡建设部、邮政局、中华全国供销合作总社、中国邮政集团有限公司等按职责分工负责）

七、加强农业生产资料市场建设

（十七）健全农资流通网络。鼓励各类农资市场主体共建共享，发展直供直销、连锁经营、统一配送等现代流通方式。引导传统农资经销商创新营销模式，提高线上线下融合销售比例。发挥供销系统农资流通主渠道作用，推动传统农资流通企业向现代农资综合服务商转型，加快构建现代农资流通网络。鼓励品牌农资生产经营企业通过兼并、联合等方式进行资产和业务重组，增强核心竞争力。（中华全国供销合作总社等负责）

（十八）增强农资服务能力。引导服务组织面向小农户、家庭农场和农民合作社等新型农业经营主体，发展测土配方施肥、机具租赁等社会化服务，促进现代农业发展。支持供销系统、邮政乡镇网点巩固基层农资供应、农资配送、农产品收购等传统业务，因地制宜发展冷藏保鲜、烘干收储、加工销售、农技推广等生产性服务，打造乡镇区域服务中心。（农业农村部、中华全国供销合作总社、中国邮政集团有限公司等按职责分工负责）

八、创新流通业态和模式

（十九）支持大型企业开展供应链赋能。鼓励大型电商、邮政、快递和商贸流通企业以县镇为重点，延伸供应链，推广应用新型交易模式，为中小企业、个体商户提供集中采购、统一配送、销售分析、库存管理、店面设计等服务，增强农村实体店铺经营水平和抗风险能力。（商务部、邮政局、中华全国供销合作总社、中国邮政集团有限公司等按职责分工负责）

（二十）扩大农村电商覆盖面。强化县级电子商务公共服务中心统筹能力，为电商企业、家庭农场、农民合作社、专业运营公司等主体提供市场开拓、资源对接、业务指导等服务，提升农村电商应用水平。引导电商平台投放更多种类工业品下乡，弥补农村实体店供给不足短板。实施“数商兴农”，发展农村电商新基建。创新农产品电商销售机制和模式，提高农产品电商销售比例。深入推进“互联网+”农产品出村进城工程，建立健全适应农产品网络销售的供应链体系、运营服务体系和支撑保障体系。培育快递服务现代农业项目。加强部门协同、资源整合，鼓励农村电商服务站点、益农信息社、村邮站、供销社等多站合一、服务共享。（商务部、农业农村部、邮政局、中华全国供销合作总社、中国邮政集团有限公司等按职责分工负责）

（二十一）发展县乡村物流共同配送。支持邮政、快递、物流、商贸流通等企业开展市场化合作，实现统一仓储、分拣、运输、配送、揽件，建立完善农村物流共同配送服务规范和运营机制。在整合县域电商快递基础上，搭载日用消费品、农资下乡和农产品进城双向配送服务，推动物流快递统仓共配。推进邮快合作下乡进村工程。推动农村寄递物流公共信息服务平台建设，促进信息共享、数据互联。（商务部、交通运输部、农业农村部、邮政局、中华全国供销合作总社、中国邮政集团有限公司等按职责分工负责）

（二十二）强化产销对接长效机制。引导农产品流通企业与新型农业经营主体通过订单农业、产销一体、股权合作等模式实现精准对接。开展多种形式的产销对接活动，鼓励各地发挥东西部协作、对口支援、县企合作等机制作用，推动对接资源向乡村振兴重点帮扶县和脱贫地区倾斜。压实“菜篮子”市长负责制，加强城市郊区农产品基地建设，积极推进地产地销。（商务部、农业农村部、乡村振兴局、中华全国供销合作总社、中国邮政集团有限公司、各省级人民政府等负责）

九、规范农村市场秩序和加强市场监管

（二十三）强化农村市场执法监督。完善市场监管城乡联动机制，充实执法力量，加大执法力度。加强源头治理，落实企业进货查验责任和质量承诺制度。完善商品质量、“双随机、一公开”和进货台账、不合格商品退市等监管制度，依法查处无证无照经营行为。畅通农村消费投诉举报渠道，发挥社会监督作用。（市场监管总局负责）

（二十四）促进农资市场有序发展。结合春耕、夏种、秋播等重要农时，抓好化肥、农药、农膜、农业机械及零配件等重点农业生产资料市场监管。加快推进农资领域信用体系建设，积极引导农资市场主体加强行业自律，倡导行业内部推行守法经营或质量公开承诺制，规范农业生产资料经营行为。（农业农村部、市场监管总局、中华全国供销合作总社、中国邮政集团有限公司等按职责分工负责）

（二十五）加强市场质量安全监管。围绕与农村居民生产生活密切相关的产品，加大检查力度，依法查处商品销售中掺假使假、以假充真、以次充好、以不合格产品冒充合格产品行为。严格落实食品生产经营许可制度，加强对食品生产经营者食品安全现场检查和抽查，严厉打击生产经营假冒伪劣食品等违法违规行为。加强农村市场假冒伪劣食品整治行动，加强流通渠道管理，完善农村市场食品安全治理机制，加大宣传力度，切实保障食品安全。（市场监管总局、农业农村部、公安部、商务部、知识产权局、中华全国供销合作总社等按职责分工负责）

十、完善政策机制

（二十六）加强分级分类管理。将县域商业体系建设作为乡村振兴规划的重要内容。制定县域商业建设指南，立足东中西差异，明确商业设施、业态的结构和功能，各地根据人口结构、收入水平等情况，实事求是确定建设规模和标准，加强分级分类管理。（自然资源部、住房城乡建设部、商务部、中央农办、农业农村部等按职责分工负责）

（二十七）便利交通运输。严格执行鲜活农产品运输“绿色通道”政策，整车合法装载运输全国统一的《鲜活农产品品种目录》内的产品的车辆，免收车辆通行费，提高通行效率，减少拥堵，便利群众。（交通运输部、农业农村部、商务部、各省级人民政府等负责）

（二十八）加强财政投入保障。统筹用好中央财政服务业发展资金等现有专项资金或政策，支持符合条件的县域商业领域发展。各地优化财政支出结构，将县域商业设施、农产品产地流通设施建设纳入乡村振兴投入保障范围，加大支持力度。（财政部、商务部、各省级人民政府等负责）

（二十九）创新投融资模式。有序引导金融和社会资本投入县域商业体系建设。加强银企合作，深化信息协同和科技赋能，为县域商贸、物流、供销等领域企业和合作社提供资金结算、供应链融资、财务管理等服务。鼓励农村信用社等银行业金融机构结合县域商业实际使用场景，开展抵押、担保及信用类小额贷款业务。聚焦特色产业，用好新型农业经营主体名单制，对符合条件的可提供中长期贷款产品。（人民银行、银保监会等按职责分工负责）

（三十）完善标准统计等相关制度。制定强制性国家标准，对农产品市场分级管理。建立健全农村消费相关指标体系，加强农村限额以上批发零售企业统计工作，完善发布内容。推动农产品批发市场立法工作。（商务部、农业农村部、市场监管总局、统计局、司法部等按职责分工负责）

（三十一）强化指导考核。将县域商业建设情况作为乡村振兴工作的重要内容，对国有企业承担的公益性流通网络建设任务，在业绩考核中予以支持。各地要结合实际确定本地区县域商业体系建设的发展目标，按年度分解细化任务安排，明确责任主体、时间表和路线图，形成上下联动工作格局。（中央农办、发展改革委、住房城乡建设部、国资委、商务部、各省级人民政府等负责）

各地区各部门把加强县域商业体系建设作为全面推进乡村振兴、加快农业农村现代化的重要任务，商务部牵头建立县域商业体系建设工作协调机制，会同有关部门加强协调指导，各地方要抓好贯彻落实。重要情况及时按程序请示报告。

商务部　中央农办　发展改革委
工业和信息化部　公安部　财政部
自然资源部　住房城乡建设部　交通运输部
农业农村部　文化和旅游部　人民银行
市场监管总局　银保监会　邮政局
乡村振兴局　中华全国供销合作总社
2021 年 6 月 11 日

政策六　国家发展改革委等 30 部门关于继续大力实施消费帮扶巩固拓展脱贫攻坚成果的指导意见

"十四五"时期继续大力实施消费帮扶，是巩固拓展脱贫攻坚成果的重要举措，对带动脱贫人口和农村低收入人口增收致富，促进特色产业提质增效，激发振兴发展内生动力，推动形成强大国内市场具有重要意义。为建立健全消费帮扶长效机制，推动实现巩固拓展脱贫攻坚成果同乡村振兴有效衔接，现提出如下意见。

一、指导思想

以习近平新时代中国特色社会主义思想为指导，全面贯彻党的十九大和十九届二中、三中、四中、五中全会精神，紧紧围绕统筹推进"五位一体"总体布局和协调推进"四个全面"战略布局，立足新发展阶段，贯彻新发展理念，构建新发展格局，继续大力实施消费帮扶，持续促进脱贫地区产品和服务消费，推动形成以市场机制为主导，政府、市场、社会协同推进的消费帮扶可持续发展新模式，为巩固拓展脱贫攻坚成果提供重要支撑。

二、基本原则

（一）聚焦重点，统筹兼顾。以脱贫地区和脱贫人口为重点，聚焦乡村振兴重点帮扶县等巩固脱贫攻坚成果任务较重地区，兼顾其他欠发达地区和农村低收入人口，打通消费、流通、生产各环节痛点难点堵点，分级分层协调解决农产品卖难问题。

（二）政府引导，市场主导。继续发挥政府引导作用，建立健全体制机制，强化政策落地落实。进一步突出市场导向，发挥市场机制作用，持续提升市场参与度，推动形成消费帮扶“人人皆可为、人人皆愿为、人人皆能为”的全社会参与格局。

（三）创新方式，共享共赢。积极推广定向采购、以购代捐、以买代帮、助农集市、直播带货等帮扶方式，不断探索消费帮扶新业态新模式。完善利益联结机制，促进帮扶对象稳定增收致富，切实维护消费者权益，实现生产端消费端互利共赢。

（四）强化监管，逐步规范。进一步规范市场主体行为，完善市场准入促进公平竞争，坚决打击扰乱市场秩序的违法行为，构建政府监管、行业自律、企业自治、社会监督相结合的共同治理机制，推动消费帮扶规范、有序、可持续发展。

三、持续扩大产品和服务消费

（一）强化定向采购帮扶。继续把消费帮扶作为中央单位定点帮扶重要内容，各级机关、国有企事业单位等在同等条件下优先采购脱贫地区产品，继续组织开展特色农副产品进机关、进学校、进医院、进金融机构等活动，鼓励食堂、内部商超等签订直供直销和长期供货合同。各级预算单位预留一定比例食堂食材采购份额采购脱贫地区农副产品。各级工会按照有关规定同等条件下优先采购脱贫地区产品，优先安排到脱贫地区开展工会活动，引导干部职工自发消费脱贫地区产品和旅游服务。积极推广“黔货出山进军营”等经验做法，深化拓展军队副食品区域集中筹措试点，研究推进部队优先采购脱贫地区农副产品措施办法。（各地财政、教育、卫生健康、乡村振兴、工会等部门，各战区、各军兵种、军委机关各部门、军事科学院、国防大学、国防科技大学、武警部队政治工作部〔局、处〕，各中央企业具体负责）

（二）加强区域协作帮扶。开展消费帮扶重点产品认定，推动消费帮扶专柜、专馆、专区建设。继续将消费帮扶作为东西部协作和对口支援重要内容。帮扶省市要与受援地建立长期稳定的产销衔接机制，鼓励支持本地区各级机关、民营企业、社会组织和个人积极购买受援地产品和服务。受援地要主动对接帮扶省市农产品需求，加快调整优化农业产业结构，推进产地农产品分级、包装、追溯标准化。各地区要强化区域互助合作，围绕各自特色资源禀赋和产品比较优势，加快形成互助消费良好格局。（各地乡村振兴、发展改革、财政、农业农村、商务等部门具体负责）

（三）鼓励社会力量参与帮扶。组织实施“万企兴万村”行动，引导民营企业等通过“中国农民丰收节”、消费帮扶展销会等线上线下集中采购消费帮扶重点产品。引导推动行业龙头企业优先购买脱贫地区农副产品作为原材料。进一步发挥行业协会、商会、慈善机构等社会组织作用，组织动员爱心企业、爱心人士等积极参与消费帮扶。鼓励各地区在组织发放市民消费券时引导市民优先购买脱贫地区消费帮扶重点产品。动员金融机构、各类商超、电商平台等创新会员激励机制，探索通过“积分换购”“满赠满减”等方式引导社会力量持续扩大脱贫地区产品和服务消费。（各地工商联、发展改革、乡村振兴、工业和信息化、农业农村、商务、工会、共青团、妇联等部门具体负责）

四、加快完善物流和销售体系

（一）加强县乡村物流体系建设。以产地仓储保鲜为重点，建设多层次农产品仓储保鲜冷链网络，合理规划布局冷链物流设施，支持脱贫地区加快新建改建一批冷藏库、移动冷库等基础设施。加大对农产品分拣、加工、包装、预冷等一体化集配设施建设支持力度。强化县乡村三级物流网络建设，支持邮政企业、快递企业网点下沉，加快推进“快递进村”工程，推动村级寄递物流综合服务站点建设，积极推广共享运营。优化城市物流停靠、装卸等作业设施建设和管理，畅通物流运输“最后一公里”。（各地交通运输、农业农村、商务、发展改革、邮政管理、供销等部门具体负责）

（二）提升农副产品流通服务水平。深化脱贫地区交通运输与邮政快递融合发展，严格落实高速公路鲜活农产品运输“绿色通道”政策，对整车合法装载运输《鲜活农产品品种目录》内产品的车辆免收车辆通行费，进一步提高通行效率，构建从产地到餐桌的绿色、便捷、高效物流通道。培育快递服务现代农业金牌项目，打造一批网络覆盖率高、资源整合能力强、运营服务规范的农村物流服务品牌，降低脱贫地区物流成本。（各地交通运输、邮政管理、乡村振兴等部门具体负责）

（三）加大农副产品产销对接力度。引导批发市场、大型连锁超市、农产品流通企业与农民专业合作社、联合社采取订单农业、产销一体、投资合作等方式，持续扩大农副产品直采规模，建立长期稳定的直供关系。鼓励大中型城市做好农贸市场、社区菜场、生鲜超市、生鲜电商前置仓等终端网点规划布局，建立鲜活农副产品直供直销店，多渠道促进鲜活农产品终端销售。鼓励大中型城市与脱贫地区联合举办形式多样的农副产品产销对接活动，支持脱贫地区参加农博会、农贸会、展销会，集中推介、展示、销售特色农副产品。发挥行业协会、商会等社会组织优势，积极拓展新型产销衔接方式。（各地发展改革、农业农村、商务、财政、乡村振兴、粮食和物资储备、供销、工商联等部门具体负责）

（四）补齐脱贫地区电商服务短板。进一步推进脱贫地区4G网络深度覆盖，降低网络费率。实施“数商兴农”，提升农村电商基础设施网络化、数字化、智能化水平。充分利用脱贫地区现有电商中心（园区），支持各类农副产品、服务产品线上销售。鼓励各类电商平台、社交新媒体、网络直播平台持续加大对脱贫地区产品销售力度，并给予流量支持和平台使用费用减免。加强对脱贫地区电商人才培训指导，培养一批电商专业人才。（各地商务、网信、发展改革、工业和信息化、财政、广电、乡村振兴等部门具体负责）

五、加强化预警妥善应对农副产品滞销

（一）强化农产品滞销监测预警。切实用好农业农村大数据中心、重点农产品市场信息平台等现有载体，充分调动互联网、大数据、云计算等新平台在农产品产销监测领域的信息化优势，建立完善农副产品滞销监测预警机制。定期采集、分析、预判重点农产品市场价格走势，针对脱贫地区和脱贫人口等免费发布农副产品价格信息和市场行情分析，引导各地科学制定生产计划，合理安排农产品上市时间。针对可能发生的农产品滞销发布监测预警信息，指导种养殖企业、合作社、农户及时调整生产。（各地农业农村、发展改革、乡村振兴等部门具体负责）

（二）建立多方联动应急处置机制。各地要研究探索符合本地实际的农副产品滞销应急处置方式，制定相应工作方案。组织各级机关、国有企事业单位、金融机构、高等学校、城市医疗及养老服务机构等开展消费帮扶公益活动，采取“以购代捐”“爱心认购”等方式集中消纳滞销农副产品。鼓励重点企业加大市场化采购力度，适当增加商业库存，就地就近解决农副产品滞销。（各地发展改革、乡村振兴、商务、教育、财政、农业农村、卫生健康、供销、工商联等部门，人民银行有关分行、营业管理部、省会〔首府〕城市中心支行，各中央企业具体负责）

六、提升特色农副产品市场认可度和竞争力

（一）推动特色农副产品规模化发展。大力推进脱贫地区高标准农田建设，引导土地规范有序流转，发展多种形式的适度规模经营。支持脱贫地区建设区域化、专业化农业生产基地，规划发展乡村特色产业，打造优势特色产业集

群，积极推广“一县一业、一村一品”，进一步丰富农副产品品种。鼓励龙头企业、电商企业、农产品批发市场、大型超市采取“农户＋合作社＋企业”等模式，大力发展订单农业，增强特色农副产品持续供给能力。积极引导特色农副产品加工企业向脱贫地区县域、重点乡镇、易地扶贫搬迁集中安置区和产业园区集聚。（各地农业农村、发展改革、财政、乡村振兴等部门具体负责）

（二）切实提高特色农副产品质量。实施特色种养业提升行动，鼓励和引导农业院校、科研院所、龙头企业引进、选育（繁育）和推广优良品种，因地制宜推广先进适用种养技术，促进脱贫地区增加优质特色产品供给。加快推广优质农副产品生产技术标准，鼓励脱贫地区制定特色农副产品生产技术地方标准。开辟脱贫地区绿色食品、有机食品、地理标志农产品认证或登记绿色通道。强化农业生产过程管控，建立完善农产品质量安全监管追溯体系。积极发挥农业标准化示范区辐射带动作用，支持开展标准化生产示范。（各地农业农村、发展改革、科技、市场监管等部门具体负责）

（三）打造特色农副产品品牌体系。注重历史、文化、地理等资源挖掘，强化特色农副产品包装、设计和销售模式创新，着力培育一批脱贫地区特色农副产品知名品牌，提升产品附加值。在特色农副产品优势区、农业品牌目录认定中对脱贫地区予以倾斜，培育打造一批区域公用品牌和绿色有机地理标志，加强原产地保护。继续优先支持符合条件的脱贫县创建现代农业产业园、科技园、产业融合发展示范区。鼓励脱贫地区龙头企业、合作社、家庭农场等将经营理念、企业文化和价值观念等转化为品牌优势。强化特色品牌宣传，培育农产品网络品牌，鼓励脱贫地区利用各类平台开展特色农产品品牌展示推介。（各地农业农村、商务、发展改革、科技、乡村振兴、宣传部、广电等部门具体负责）

七、促进文旅休闲等服务业提质增效

（一）因地制宜促进乡村旅游发展。坚持绿色发展，引导脱贫地区乡村旅游向观光、休闲、度假、康养等复合型业态模式转变。围绕脱贫县、村推出一批休闲农业和乡村旅游精品线路，打造乡村旅游集聚区。改造提升休闲农业和乡村旅游基础设施和公共服务设施，完善通村公路、景区景点连接线，鼓励配套建设休闲步道、自行车道、自驾车房车营地、慢火车等体验式设施。深入实施农村人居环境整治提升，加快培育农家乐、特色民宿等农村生活性服务业，鼓励发展一批农业观光园，打造一批乡村旅游重点村镇，推介一批中国美丽休闲乡村。大力发展“乡村旅游＋互联网”模式，推进脱贫地区乡村旅游资源和产品数字化建设，支持创建全国智慧旅游示范村镇。（各地文化和旅游、发展改革、住房和城乡建设、交通运输、农业农村、乡村振兴等部门具体负责）

（二）大力培育乡村特色文化产业。加强脱贫地区文物古迹、传统村落、民族村寨、传统建筑等保护与利用，引导脱贫地区依托地域文化、民族文化、农耕文化等发展特色文化产业，建设打造一批文化产业展示区、特色文化产业乡镇、文化产业特色村和文化产业群。支持传统手工艺、戏曲曲艺等保护传承，积极开发传统节日文化用品和武术、戏曲、舞龙、舞狮、锣鼓等民间艺术和民俗表演项目，促进文化资源与现代消费需求有效对接。鼓励成立专业化文化形象营销机构，推广大众参与式评价、沉浸式体验等经营模式，推动文化与旅游等其他产业深度融合、创新发展。（各地文化和旅游、住房和城乡建设、农业农村、乡村振兴等部门具体负责）

八、保障措施

（一）强化组织领导。国家发展改革委、中央农办、国家乡村振兴局牵头建立消费帮扶部际沟通协调机制，进一步强化统筹协调，研究完善消费帮扶政策措施，协调解决工作推进中面临的困难和问题。各部门和单位强化协调配合，细化实化配套政策。各地区、各系统要落实主体责任，切实将消费帮扶作为巩固拓展脱贫攻坚成果的重要举措，制定贯彻实施方案和配套政策，抓好工作落实。

（二）强化示范引领。持续强化市场机制在消费帮扶工作中的重要作用，围绕供应链、流通链、生产链建设，组织创建一批消费帮扶示范城市，鼓励引导有关地方打造一批区域公用品牌、创建一批消费帮扶产地示范区、培育一批消费帮扶示范企业和社会组织，通过有关资金渠道予以适当支持。

（三）强化政策激励。继续发挥现有财政、投资、土地、金融、人才等政策作用，强化对脱贫地区消费帮扶政策支持。对积极参与消费帮扶且有突出贡献和影响的企业、单位及社会组织，通过消费帮扶论坛等平台予以推介宣传，鼓励有条件的地方政府在资金安排、项目布局、评先评优等方面采取适当方式给予倾斜支持。

（四）强化市场监管。市场监管、农业农村、文化和旅游、网信等部门切实强化对纳入消费帮扶范围的农副产品和相关服务的执法与监管。综合采取财税、土地、金融、征信、行业准入等手段，加强市场主体行为约束管理。持续强化消费者权益保护，提升消费者获得感和满意度。

政策七　福建省商务厅转发商务部关于推进农商互联助力乡村振兴的通知

各设区市商务局，平潭综合实验区经发局：

商务部印发了《关于推进农商互联助力乡村振兴的通知》（商建函〔2018〕

204号），现将该文转发给你们，请各地高度重视，做好以下工作：

一、支持农产品流通企业与新型农业经营主体对接。各地商务主管部门要形成包括农产品批发零售企业、经营生鲜农产品的大型连锁超市及农产品电商企业名录，并通过与农业、供销、邮政等部门联动，汇总形成农民合作社、农业产业化龙头企业、家庭农场等新型农业主体名录和特色优质农产品名录，创新开展网上对接、展销对接和田头对接等多种对接方式，构建长期稳定的产销衔接机制。

二、加强农产品流通基础设施建设。鼓励在产地就近建设交易厅（棚）、地面硬化、水电配套基础设施、分级、包装等农产品商品化处理设施。加强农产品冷链流通基础设施建设，补上冷链物流短板。加快特色农产品电商平台建设。

三、扶持贫困地区农产品产销对接。推动农产品流通企业深入贫困地区，帮助贫困地区发展特色、优势农产品产业，积极探索适合贫困地区的农产品产销对接措施，助力产业精准扶贫和乡村振兴。

四、推动农产品流通企业开展品牌推广活动。推动农产品流通企业开展品牌推广活动，集中进行品牌宣传，树立品牌形象。

五、做好总结推广工作。各地商务主管部门应建立农商互联工作台账，及时梳理汇总农商互联工作开展过程中出现的典型案例、数据，并于每季度下一个月底前汇总上报上季度工作情况统计表（附件）。

各地商务主管理部门要高度重视农商互联工作，要整合流通的各类资金向农商互联对接主体倾斜，把推进农商互联作为落实乡村振兴战略，促进农村产业兴旺、农民增收的重要工作抓紧抓好。

附件：

《关于推进农商互联助力乡村振兴的通知》（商建函〔2018〕204号）（略）

福建省商务厅

2018年7月11日

附 录 二

农商互联视角下永辉超市供应链运行效果的消费者感知评价

尊敬的先生（女士）：

您好！非常感谢您在百忙之中参与本次调查！我们正在开展永辉超市供应链运行效果感知的调查，此调查问卷采取不记名的方式填答，纯属学术研究，绝无商业用途，非常感谢您的参与！

说明：①农商互联是指农产品流通企业与新型农业经营主体进行全面、深入、精准对接，发展订单农业、产销一体、股权合作等模式，实现联产品、联设施、联标准、联数据、联市场，打造上联生产、下联消费，利益紧密联结、产销密切衔接、长期稳定的新型农商关系。②生鲜农产品主要包括蔬菜、水果、花卉、肉、蛋、奶以及水产品等。

1. 您的性别（　　）[单选题]* （* 为必答题）

A. 男　　B. 女

2. 您的年龄（　　）[单选题]*

A. 20 岁及以下　　B. 21～35 岁

C. 36～50 岁　　D. 51～65 岁

E. 66 岁及以上

3. 请问您现在的学历（　　）[单选题]*

A. 初中及初中以下　　B. 中专或高中

C. 大学专科或本科　　D. 硕士研究生及以上

4. 您目前的职业是（　　）[单选题]*

A. 政府机关或事业单位员工　　B. 企业职工

C. 个体工商户　　D. 农民

E. 学生　　F. 离退休人员

G. 其他

5. 您家庭的月收入是（　　）[单选题]*

A. 5 000 元及以下　　B. 5 001～15 000 元

C. 15 001～25 000 元　　D. 25 001～35 000 元

E. 35 001 元及以上

6. 您的家庭曾经在永辉超市购买过农产品吗（包含线上和线下）?（　　）[单选题]*

A. 有　　B. 没有（请结束问卷）

7. 您的家庭到永辉超市购买农产品的频率是（　　）[单选题]*

A. 每天都去　　B. 每周两至三次

C. 每周一次　　D. 每月一次

E. 其他

8. 您选择在永辉超市购买农产品的原因是（　　）? [多选题]*

A. 价钱便宜　　B. 品质有保证

C. 品种多　　D. 距离近或购买方便

9. 您了解永辉超市正在进行的农商互联的农产品供销模式?（　　）[单选题]*

A. 非常了解　　B. 有些了解

C. 不了解

10. 您认为永辉超市农产品比其他地方（如农贸市场）价格便宜吗?（　　）[单选题]*

A. 比其他地方便宜　　B. 差不多

C. 比其他地方贵　　D. 没比较过，不清楚

11. 您认为永辉超市农产品比其他地方（如农贸市场）质量更优吗?（　　）[单选题]

A. 比其他地方品质好　　B. 差不多

C. 比其他地方品质差　　D. 没比较过，不清楚

12. 消费者感知的供应链绩效产出指标 [矩阵量表题]*

	低	较低	一般	较高	高
1. 永辉超市产销一体化程度情况					
2. 永辉超市农产品产地商品化设施使用情况					
3. 永辉超市农产品冷藏仓储能力					
4. 永辉超市标准化的农产品品种数量情况					

13. 消费者感知的供应链绩效效益指标 [矩阵量表题]*

	弱	较弱	一般	较强	强
1. 永辉超市改造农贸市场、社区菜市场等零售网点情况					
2. 永辉超市带动农民收入水平					

14. 消费者对农产品便民销售情况满意度指标［矩阵量表题］*

	完全不同意	不太同意	一般	比较同意	完全同意
1. 我到永辉超市门店购买农产品十分便利					
2. 使用线上永辉生活小程序、App购买农产品十分便利					
3. 购买永辉生鲜农产品物流配送及时、迅速					

15. 您对永辉超市农产品供应链绩效提升有什么建议？［填空题］

感谢您的参与！祝您生活愉快！

图书在版编目（CIP）数据

农商互联前沿研究 / 林榅荷，郑秋锦著 .—北京：中国农业出版社，2023.9

ISBN 978-7-109-31150-3

Ⅰ.①农… Ⅱ.①林… ②郑… Ⅲ.①农产品流通—研究—福建 Ⅳ.①F724.72

中国国家版本馆 CIP 数据核字（2023）第 179389 号

中国农业出版社出版

地址：北京市朝阳区麦子店街 18 号楼

邮编：100125

责任编辑：姚　佳　　文字编辑：王佳欣

版式设计：王　晨　　责任校对：吴丽婷

印刷：三河市国英印务有限公司

版次：2023 年 9 月第 1 版

印次：2023 年 9 月河北第 1 次印刷

发行：新华书店北京发行所

开本：700mm×1000mm　1/16

印张：12.75

字数：242 千字

定价：78.00 元